Anatomía
de un
Plan de Negocio

*Una Guía Gradual para
Comenzar Inteligentemente,
Levantar el Negocio y
Asegurar el Futuro de su Compañía*

2011 Quatro Edición

Linda Pinson

Traductor:

**Roberto Quezada, Propietario
LÍbreria Hispanoamérica**

OM..IM

Out of Your Mind...
and Into the Marketplace™

*Step-by-step instructional books and software for
new and growth-oriented small business owners*

Traducido de la edición en ingles de *Anatomy of a Business Plan*

Autora: Linda J. Pinson

Traductor: Roberto Quezada, Owner, Líbreria Hispanoamérica
                  2502 W. 6th Street, Los Angeles, CA 90057

Editor: Lorena Ramirez

Foto de portada: Las foto de la portada se usa con permiso y derechos de autor del fotógrafo
                  Stephen Coburn, (© Stephen Coburn, Image from BigStockPhotos.com)

Quatro edición © 2011 por Linda Pinson

Publicado por: Out of Your Mind...and Into the Marketplace™
                  13381 White Sand Drive
                  Tustin, CA 92780-4565

                  714-544-0248 (Information)
                  800-419-1513 (Orders)
                  www.business-plan.com

Pinson, Linda
      Anatomia De Un Plan de negocio: Traducción en español de Anatomy of a Business Plan
      /Linda Pinson.

                  p.   cm.

      Incluye índice.

      ISBN 13: 978-0944205-48-8 (paper)
      ISBN 10: 0-944205-48-8 (paper)

      1. Plan de negocio. 2. Pequeño negocio. 3. Nuevas empresas. 4. Negocio exitoso–
      Estados Unidos. 4. Negocio – español..
      HD62.5 P565 2011

Dedicatoria

Es con mucho placer que dedicamos este libro a Tom Drewes, expresidente de Quality Books, Inc., nuestro mentor y amigo. Su generosidad y ánimos fueron nuestra inspiración en 1986. Porque él creyó en nosotras, nuestros libros se usan ahora en las bibliotecas de todo el país. Gracias, Tom, por sus muchos años de incansable dedicación a los publicadores independientes, y por el gusto de compartirse a sí mismo con tantos, pidiendo nada a su vez.

Gracias

Gracias, Roberto Quezada. Esta edición en Español de *Anatomía de un Plan de Negocio* fue completada por la atención y dedicacin de el traductor, Roberto Quezada, traductor de corte y dueño de la Libreria Hispanoamerica y Galeria de Arte en Los Angeles, California. Como autora del libro y puñde esta edición, ha sido un gran placer el trabajar con un caballero que demanda de si mismo nada menos que excelencia. Gracias, Roberto, for su contribución a la empresaría hispana y por permitirme la oportunidad de trabajar con usted en este projectoque fue totalmente emocionante. Yo estoy endeudada con usted para siempre.

Gracias en forma especial a Ndaba Mdhlongwa, mi editor associado. Su apoyo y ayuda con el proceso de publicación de esta edición de *Anatomía de un Plan de Negocio* ha sido de much valor.

Celia Madrid y a su padre, el Sr. George Esquivel (traductor de corte en Los Angeles). Ellos merecen ser reconocidos por el cuidado que ellos tienen de proveer educación de pequeños negocios de buena calidad a dueños de negocios Hispanos. Sus esfuerzos no serán olvidados.

Lorena Ramirez, yo extiendo mi gratitud por haber editado el manuscrito in ꞁ manera rápida. Yo aprecio no unicamente su trabajo, pero tambien su grací entusiasmo.

Linda Harasin. Yo sería negligente si fallo en mencionar una persona ꞁ suportó este projecto desde un principio. Gracias, Linda (Economic F Institute), for estar siempre presente cuando la necesité.

Yo aprendí hace mucho tiempo el valor the las palabras de una canción, *an island...No man stands alone."* (*No hombre es una isla...No hombre ꞁ* Cuando yo me pongo una meta, yo se que la lograré unicamente porque ayudan a pavimentar el camino. Ud. estoy agradecida.

Tabla de Contenido

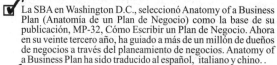

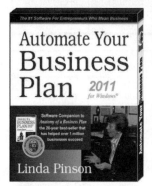

viii

Reconocimientos

Out of Your Mind...and Into the Marketplace™ quiere reconocer los trabajos de The U.S. Small Business Administration y de Small Business Development Centers (SBDCs) (Centros de Desarrollo para Negocios Pequeños) en todo el país, y por su incansable apoyo a todos los principiantes y los dueños de negocios pequeños. Más notablemente, Rhode Island SBA y la Red de Trabajo Illinois SBDC ofrecen material de alta calidad, como *Anatomía de un Plan de Negocio* y otros títulos, para aumentar la capacitación y la orientación de los empresarios en ese estado. Es el tipo de asociación pública o privada que ayudará a prosperar a los negocios pequeños de hoy.

Queremos extender nuestra gratitud a Mark Deion de Rhode Island SBA Advisory Council, Pat O'Rourke de Rhode Island SBA Business Information Center, Jane McNamee de UTSA South Texas Border SBDC Regional Office, San Antonio, Texas; David W. Murphy, de Madisonville Community College, Madison, Kentucky; y Pam Davis, de Georgia State University, SBDC, Atlanta, Georgia, por sus útiles comentarios y sugerencias.

Prefacio

Una de las razones principales que explican el fracaso de un negocio es la falta de un plan adecuado. Al considerar el concepto de planificación de negocios, salen a relucir factores críticos.

- **Todo negocio necesita un plan.** Ud. puede proceder por instinto, pero probablemente pagará las consecuencias. Los propietarios de negocios exitosos generalmente han tomado el tiempo para evaluar todos los aspectos de sus negocios, y han preparado planes para el futuro.

- **Todas las instituciones crediticias requieren un plan de negocio.** Los prestamistas y los inversionistas comparten el riesgo en su negocio. Ellos quieren saber cómo triunfará usted. Su plan de negocio es la única manera con que cuentan para decidir si toman o no el riesgo.

- **¡Pocos dueños de negocios saben cómo escribir un plan de negocio!** Todos han oído los vocablos "movimiento del efectivo", "plan de mercadeo", "capital fijo", "análisis de ganancias". etc. Aunque el propietario puede comprender algunos de esos vocablos, no es corriente que él o ella tengan un concepto de cómo combinarlos en un plan operable. La idea de tener que investigar y combinar toda esta información en un plan de trabajo puede ser onerosa.

El objetivo de este libro es eliminar el misterio en el proceso de producir el plan de un negocio. Queremos ofrecerle a Ud. un formato claro, conciso y fácil de comprender, que le ofrecerá un plan útil, ya sea que Ud. sea un nuevo propietario de negocio, o de uno ya en operación, que necesita un vehículo para implantar cambios en el transcurso de su negocio.

Anatomía de un Plan de Negocio tiene como fin primordial la simplificación de su tarea. Lo primero que Ud. debe hacer es leer este libro a fin de obtener una idea general sobre su formato y contenido. Después de leerlo, principie con la sección Plan de Organización y complete cada parte antes de continuar con la siguiente. Si Ud. sigue este método paso a paso, pronto habrá completado un plan de negocio.

También se incluye en este libro dos planes de un negocios real, para ayudarle a ver los resultados que obtuvo el dueño de un negocio que siguió nuestro formato. Ofrecemos nuestro agradecimiento a Bob Garcia, de "Marine Art of California", por su generosidad al compartir su plan con ustedes.

Si necesita formularios para su trabajo, ud. lo encontrará al final de este libro, en el Apéndice III.

Gracias por escoger este libro para que le ayude a alcanzar su meta. ¡Le deseamos éxito en la escritura de su plan de negocio!

Linda Pinson

Plan de Negocio Consideraciones

Un plan de negocio bien escrito puede ofrecer la senda hacia las ganancias para un negocio, ya sea nuevo o existente. Este capítulo está diseñado para ofrecerle información básica y guías que se deben considerar antes de comenzar a escribir un plan de negocio.

¿Por qué necesita Ud. un plan de negocio? Si Ud. necesita tener acceso a capital adicional, ¿qué necesita saber el prestamista o el inversionista? ¿Cuáles son las palabras claves que hacen más efectivo su plan? En las siguientes páginas responderemos esas preguntas.

- **Fines**

- **¿Qué buscan los inversionistas?**

- **La "clave" para escribir efectivamente**

- **Desarrollando La Estrategia De Salida**

- **Desarrollando Asunciones Financieras**

Fines

Todos los negocios se pueden beneficiar con la preparación de un plan cuidadosamente concebido. Hay tres razones principales para escribir ese plan. Hay un beneficio adicional si Ud. hace negocios con otros países.

1. Su plan de negocio le servirá de guía durante la existencia de su negocio. Es un plano que le proporcionará las herramientas para analizar su negocio e implantar cambios. Para que sea de valor, su plan del negocio se tiene que mantener al día. Mientras que los planes presentados a los prestamistas deben ir encuadernados, Ud. puede preferir que su copia de trabajo se guarde en un cuaderno de tres anillos. Entonces Ud. podrá agregar declaraciones financieras recientes, podrá actualizar sus hojas de tarifas, reciente información del mercado y otros datos que usted obtenga.

2. El plan de negocio es un requisito si Ud. piensa buscar financiamiento. Le ofrecerá a los probables prestamistas o inversionistas información detallada de todos los aspectos del pasado de su compañía, así como las operaciones actuales y futuras proyecciones. Obviamente, si su negocio es nuevo, Ud. no tendrá un historial. El plan de negocio de una compañía nueva tendrá que depender de los records crediticios y las declaraciones financieras de individuos involucrados en su negocio. Ellos le darán al prestamista o al inversionista una visión interna de la manera en que Ud. dirige sus negocios personales. La manera en que se dirigen los negocios de la compañía es un reflejo del estilo administrativo de la persona.

3. Si Ud. tiene negocios con otros países, un plan de negocio ofrece una manera de evaluar el potencial de su negocio en un mercado extranjero. Ahora más que nunca, el mercado mundial es esencial para la salud de la economía de los Estados Unidos y para el crecimiento de la mayor parte de las compañías de este país. Ningún negocio en estos días puede darse el lujo de ignorar el potencial del comercio internacional posible gracias a los cambios de comunicacion, la tecnología y la transportación. El desarrollo de un plan de negocio proveera formas en que su negocio puede competir en esta economía global.

Si Ud. busca un capital, los planes de un negocio explican en detalle cómo la inversión o el préstamo que se busca, ensanchará las metas de la compañía. Cada banquero o inversionista quiere saber cómo el préstamo aumentará el valor de la compañía, permitiéndole a Ud. pagar el préstamo (con interés) a su debido tiempo. Ud. tendrá que explicar detalladamente cómo se usará el dinero, respaldando sus cifras con informaciones sólidas, tales como estimados, normas de la industria, hojas con tarifas, etc. Los banqueros tienen acceso a estadísticas consideradas normales para diversas industrias, de modo que Ud. debe estar seguro que sus proyecciones son razonables.

Una de las principales razones que explican el fracaso en los negocios es la falta de planificación. Recuerde:

"El negocio que falla en planificar, planifica para fallar"

Tome el tiempo necesario para escribir un plan de negocio claro, conciso y exitoso. ¡El triunfo de su negocio depende de él!

¿Qué buscan los prestamistas y inversionistas?

Si Ud. busca prestamistas o inversionistas, es ventajoso que Ud. comprenda los elementos que a ellos les gustaría ver en un plan bien escrito. Recuerde, los banqueros son personas. Asi como Ud. tiene que presentarles su plan, ellos a su vez tienen que presentárselo al comité de préstamos del banco. Todos tememos el rechazo. Ud. teme que se le niegue el préstamo. El oficial de préstamos teme presentar un plan al comité que sea rechazado. Ud. podrá aumentar sus posibilidades de triunfar si considera los siguientes puntos. Recuérdelos cuando escriba su plan, y revíselos cuando lo haya completado.

1. ¿Cuál es su historial crediticio?

Presente informes sobre su crédito que demuestren que Ud. es un buen riesgo. Si su negocio ya existe, ofrezca información acerca de su historial de pagos. Una pasada bancarrota o un pasado de pagos atrasados puede servir de alerta y enviar el mensaje de que Ud. es un mal riesgo. Ud. tendría que probar con una Sección Fiscal bien preparada que Ud. comprende todos los costos involucrados en su negocio, y que Ud. comprende totalmente el concepto de circulación del efectivo. Si su negocio es nuevo, se hará un examen de su historial financiero personal. El banquero determina su carácter basándose en su historial financiero.

2. ¿Con qué garantía cuenta Ud.?

¿Con qué bienes cuenta Ud. y cuánto está dispuesto a arriesgar para triunfar en el negocio? Tal vez se le pida que ponga su casa como garantía. Ud. podría tener dinero en certificados de depósito (CD) o en inversiones que podrían calificar. La garantía que Ud. ofrezca muestra su interés en su compañía y retira parte del riesgo para el banco que concede el préstamo.

3. ¿Cómo ha decidido pagar el préstamo?

El inversionista quiere saber que Ud. comprende sus necesidades y que Ud. ha considerado la capacidad de su compañía para pagar el préstamo más interés.

a. **Cualquier bien que Ud. desee financiar debe durar tanto como el período del préstamo.** Por ejemplo, Ud. no puede obtener un préstamo de $25,000 por cinco años para obtener un equipo electrónico que bien podría ser obsoleto a los dos años de su compra.

b. **El bien debería generar los fondos para el pago del préstamo.** Muestre en su Sección Financiera (especialmente en sus proyecciones de Circulación del Efectivo y en su Declaración del Ingreso Proyectado para los Siguientes Tres Años) que el préstamo aumentará las ventas, aumentará la eficiencia, o recortará costos y, a su vez generará fuentes de ingreso para el pago del préstamo y el interés.

4. ¿Existe una demanda para su producto o servicio?

Esté preparado para mostrar evidencia de que su producto o servicio será bien recibido en su mercado (sus clientes). Ud. puede probar que existe una demanda con un historial favorable de ventas, con información sobre sus cuentas por cobrar, o sus órdenes de compra. Si su compañía es nueva, o es un negocio que ofrece un nuevo producto, demuestre la aceptación por parte de sus clientes de acuerdo con los resultados de pruebas de mercadeo, cuestionarios y encuestas. Para ser válidos, los testimonios tienen que proceder de su mercado-objetivo y no de amigos o parientes. Pruebe su producto en el mercado y obtenga algunas evaluaciones. Pida a personas que han recibido su servicio, que escriban cartas de testimonio.

5. ¿Ha establecido Ud. su posición como propietario?

Esto quiere decir si Ud. ha asegurado su posición en el mercado de alguna manera. Hay algo verdaderamente especial acerca de su negocio, y Ud. ha protegido esa característica en alguna forma. Eso se puede hacer a través de derechos de autor, marca de fábrica, o patente. Incluya una copia del documento que verifica tal protección. Si Ud. se halla situado en una galería de tiendas o en un centro comercial, tal vez podría llegar a un acuerdo con el administrador para que se limite su competencia de alguna manera. Por ejemplo, se podría determinar por escrito en el contrato de arrendamiento la ubicación de su competencia. Ud. podría asegurarse que Ud. será, por ejemplo, la única panadería en el pequeño centro comercial, o verá que se especifique en el convenio de arrendamiento que Ud. no tendrá competencia directa dentro de cierto radio desde su tienda. Incluya una copia del contrato de arrendamiento en la sección de Documentos Auxiliares y enfatice sus derechos de propietario cuando escriba sobre la ubicación de su negocio.

6. ¿Son sus proyectos realistas?

Base sus cifras en su participación actual en el mercado. Explique las oportunidades de crecimiento y demuestre cómo piensa Ud. aprovechar esas oportunidades. Cada industria tiene su rango de resultados financieros aceptables y de enfoques en el mercado. Examine los informes anuales de las compañías públicas en su campo. Use las bibliotecas situadas en su área. Prepare un plan de tiempo realista para alcanzar sus metas. Recuerde que los banqueros juzgan su plan en términos de las prácticas y normas de su industria.

La "clave" para una escritura efectiva

El texto del plan de negocios debe ser conciso y sin embargo contener cuanta información sea posible. Esto parece ser contradictorio, pero Ud. puede resolver este dilema si usa el enfoque de las **palabras clave**. Escriba las siguientes palabras clave en una tarjeta, y manténgalas frente a Ud. mientras escribe:

Quién	**Cuándo**	**Único**
Qué	**Por Qué**	**Beneficios al cliente**
Dónde	**Cómo**	**Cuánto**

Responda todas las preguntas que hacen las palabras clave en un párrafo, al principio de cada sección de su plan de negocios. Luego, ensanche su explicación de esas declaraciones, diciendo más sobre cada artículo en el texto que le sigue. Enfatice la originalidad y los beneficios al cliente que se refieran a la sección sobre la cual está Ud. escribiendo.

Se ofrecerán ejemplos en los siguientes capítulos para que le sirvan de guía. Recuerde que el prestamista tiene su tiempo limitado y que su plan no es el único que el tiene que revisar. A menudo, lo único que el va a leer es el primer párrafo que sigue al encabezado; por lo tanto, es muy importante incluir cuanta información sea posible en el primer párrafo y de una manera pertinente y concisa.

Uso efectivo de su tiempo

No hay longitud establecida para un plan de negocios. La medida común parece ser de 30 a 40 páginas, incluyendo la sección de Documentos Auxiliares. Divida el plan en secciones. Asigne fechas y tiempo especifico para trabajar y terminar el plan. Tal vez encuentre conveniente pasar dos noches cada semana en la biblioteca. No se verá interrumpido por el teléfono ni tentado por la refrigeradora o la televisión. Una ventaja es que tendrá a la mano cualquier material de referencia que necesite. Se requiere disciplina, tiempo y "privacidad" para escribir un plan de negocios efectivo.

Documentos auxiliares

Ud. ahorrará tiempo si prepara una lista de Documentos Auxiliares mientras escribe el texto.

Por ejemplo, mientras escribe sobre la estructura legal de su negocio, notará la necesidad de incluir una copia de su convenio de sociedad. Escriba "convenio de sociedad" en su lista de Documentos Auxiliares.

Cuando llegue el momento de recopilar esa sección de su plan, Ud. tendrá ya un listado de los documentos necesarios. Conforme progrese, pida la información que no tenga, tal como reportes de crédito. Si Ud. reúne los documentos necesarios de esa manera, los materiales que Ud. necesite para completar la sección Documentos Auxiliares estarán disponibles cuando Ud. esté listo para reunirlos.

Esbozo de un plan de negocios

Tomando en cuenta las consideraciones previas, Ud. se estará preparado para comenzar a formular su plan. A continuación se ofrecen las partes de un plan de negocios:

- **Hoja explicatoria**
- **Exposición de propósitos**
- **Resumen de ejecutivo**
- **Plan de mercadeo**
- **Documentos financieros**
- **Documentos auxiliares**

Cada una de estas áreas del proceso de planificación de un negocio se explica por separado en cada capítulo de este libro.

"Anatomía de un Plan de Negocio" está diseñado para ayudarle a escribir un plan completo, conciso y bien organizado que le guiará a Ud. y su compañía hacia un futuro de ganancia.

Desarrollando La Estrategia De Salida:
Empiece La Carrera Con La Meta Final En Mente

© 2011 John P. Neal & Linda Pinson

Antes de que inicie el proceso de planificación de su negocio, me gustaría presentarle el concepto de planear la estrategia de salida. Una estrategia de salida no es un plan para el fracaso. Es un plan para lograr el éxito. Desarrollando una estrategia de salida antes de que usted escriba su plan de negocio le permitirá tomar las mejores decisiones para su negocio. Cuando lea las páginas siguientes, entenderá lo que una estrategia de salida es y cómo puede aplicarla al proceso de planificación de su negocio.

Siempre es bueno utilizar los talentos de expertos que se concentren en áreas que van más allá de su especialización específica. Con eso en la mente, le pregunté a John P. Neal que trabajará conmigo para desarrollar una sección que incluya la Estrategia de Salida. John es el fundador de RCG Management en San Diego, un pionero en proveeer servicios gerenciales a compañías crecientes. Él es el Jefe Executive de ACE Group, Inc., uno de los revendedores más grandes del Sur de California de contabilidad, manufactura, recursos humanos, y sistemas de dirección en ventas. Él tambien sirve en diferentes juntas directivas de organizaciones lucrativas y no lucrativas y es Presidente del Comité para los Negocios Pequeños de la Cámara de Comercio de California.

¿Dónde está la Meta Final?

¿Ha visto alguna vez a los corredores alinearse para la carrera sin saber donde esta la meta final? ¿Esto nunca pasaría, verdad? Si usted está empezando un nuevo negocio o está extendiendo su negocio actual, la implicación es la misma. *Antes de que empiece la carrera necesita saber donde esta la meta final.*
Los negocios son iniciados por muchas razones. Algunas de las razones más comúnes incluyen:

- Para construir un negocio propio en lugar de para alguien más
- Para seguir una pasión (por ejemplo "yo siempre he querido tener un restaurante propio.")
- Para ser su propio jefe y el amo de su tiempo
- Para ganar dinero haciendo lo que realmente le gusta hacer (carpintería, artesanías, fotografía, escritura, etc.)
- Para capitalizarse de una invención
- Para reemplazar el ingreso de la pérdida de un trabajo
- Para crear capital neto (valuación de capital a largo plazo)

También es inherente en la composición de empresarios el pensar por adelantado sobre la expansión futura de sus empresas. ¿Qué nuevos productos o servicios pueden agregarse? ¿A qué nuevos mercados puede llegarse? ¿Puede la empresa emplear a más empleados? ¿Puede abrir más oficinas?

La lista de razones para iniciar el negocio propio o expander el mismo puede continuar. Sin embargo, lo que es de mayor importantancia, es entender que en todos los casos, es crítico desarrollar la estrategia de salida (la liquidez).

El Secreto es Desarrollar una Estrategia de Salida

Se sabe que el inversionista profesional (quien maneja Capital Especulativo), requerirá una estrategia de salida bien planeada como parte del plan de negocio para cualquier capital especulativo en que ellos planean invertir. Sin embargo, la mayoría de los empresarios, intentan crear una fuente inmediata de ingresos o simplemente se emocionan el mismo día y piensan en lanzar o extender su negocio, con el hábito de pasar por alto "la meta final" por consiguiente, no estan preparados para este evento y sus impuestos.

¿Así que, cuál debería de ser su estrategia? Antes de que continuemos, usted necesita entender que no hay ninguna estrategia correcta o mala, sólo diferente. *Su estrategia debe encajar sus metas.* El lugar lógico para empezar es con sus metas a largo plazo. La más obvia y a menudo expresada es la meta de jubilación. Algunos empresarios les gusta desarrollar un negocio y entonces dejarlo para empezar otra aventura. Usted puede tener otras razones por las cuales desea terminar su negocio propio en el futuro. Cualquiera que sean sus metas hay tres cosas que usted necesita saber antes de que empiece a construir un mejor plan de negocio:

1. **Hacia donde va**

2. **Cuando desea llegar allí**

3. **Como se verá su negocio cuando llege a su meta**

¿Cuáles son Algunas de las Formas de Salida?

Algunas de las formas potenciales de salida incluyen:

- **Vendiendo todo o parte del negocio:** Puede ser posible vender el negocio completo a un comprador independiente. Si éste es el caso, usted querrá aumentar al máximo el ingreso neto del negocio y evitar tener el capital activo atado en el negocio, el cual usted desea tener en su posesión personal.

- **Traspasar el negocio a un miembro de la familia:** Ésta puede ser una buena manera de transferir el valor en cierto modo a sus herederos y con esto minimizar los impuestos de propiedad. La estructura apropiada es importante, así como determinar quién manejará el negocio.

- **Vendiéndole a un empleado el plan de acciones de la propiedad (ESOP):** Este puede ser un vehículo valioso cuando el grupo del dueño esta formado de empleados claves en el negocio. Existen ciertas ventajas en los impuestos. La existencia del plan de acción de la propiedad también puede agregar al valor de la empresa dándoles un sentido de propiedad en el negocio a los empleados.

- **Convirtiendo la compañía en pública:** Para aquéllos interesados en ganar liquidez rápidamente ésta podría ser una buena opción, mientras tengan la elección de compartir la apreciación de acciones futuras. Las complejidades de esta forma de salida son sustanciales, tal como es la demanda del tiempo de la gerencia para realizar "el evento de salida" y de continuar despues de este. ¡Esta opción no es para el débil de corazón!

- **La liquidación:** En algunos casos, la mejor opción de ganar liquidez puede ser dejando de dirigir el negocio, simplemente venda su capital, pague a los acreedores, y guarde los beneficios (claro, después de liquidar los impuesto). Mientras esta es la opción más simple a menudo no es la menor en devolución al dueño por que existe poco o no valor dado a la llamada "buena voluntad" del negocio. Éste es a menudo el método usado cuando el valor del negocio esta atado estrechamente a bienes raíces u otro capital productivo. También es común para propietarios únicos dónde la producción del ingreso del negocio solamente depende en las habilidades del dueño.

Cada una de las formas anteriores envuelve una variedad de consideraciones. ¿Por ejemplo, si usted planea vender el negocio, qué tipo de mercado puede esperar para su tipo de negocio? ¿Que tan grande necesita ser para lograr el valor óptimo? ¿Si usted planea pasarlo a un miembro de la familia, quíen es? ¿Cómo lo entrenará para manejar el negocio? ¿La persona que tiene en mente estará interesado en tomar el mando cuándo usted esté listo para salirse? ¿Cuándo necesitará empezar la transición? Muchas de estas preguntas son difíciles de contestar, pero finalmente su salida exitosa dependerá de ellas.

Tomando Decisiones Basadas en Su Estrategia de Salida

Si se tomara el tiempo para pensar y contestar algunas de estas preguntas, un cuadro claro de su negocio empezará a tomar forma. Tres de las decisiones mayores que usted preparará para hacer serán: 1. seleccionar la fuente, tipo, y cantidad de capital que usted necesitará para su negocio, 2. decidir en la forma actual de organización, o la estructura legal, (la propiedad única, sociedad, o corporación) esto servirá mejor sus necesidades, y 3. considerar problemas con los impuestos que impactarán su negocio.

Financiando Su Negocio

Su opción de financiar (la fuente del capital) es importante e influirá directamente en su estrategia de salida. Tenga presente, cuando considere las opciones financieras no solo la facilidad con que usted puede levantar los fondos que necesita para alcanzar sus metas, si no tambien los costos de cada tipo de financiamiento en relación con el dinero. En el sentido más simple, el capital está disponible de cuatro fuentes: 1. usted, 2. los amigos y familia, 3. las instituciones financieras, y 4. el público en general. El costo monetario de cada una de estas opciones es generalmente inversamente proporcional a su persona o "a la relación" del costo.

- **Usted (el dueño quien financia).** La primer pregunta que usted debe hacerse es, "realmente necesito el financiamiento adicional para lograr mis metas, o simplemente necesito manejar mi flujo de dinero eficazmente?"

- **Los Amigos y Familia.** Los amigos y familia pueden ser la forma más fácil, más rápida, y menos costosa de financiar. Sin embargo, el costo emocional o de la relación puede ser muy alto. ¿Qué si su negocio falla y no puede pagarle a sus amigos y familiares? Los fondos receptores del prestamista tradicional o una ventura capital tomará más tiempo en lograr, pero es probable que el fracaso al no pagarles no afecte sus reuniones familiares.

- **Las Instituciones Financieras (las deudas del capital).** En medio están el banco tradicional o compañía de finanzas. Como el inversionista venturoso (ver abajo), antes de prestar cualquier dinero ellos quieren ver un plan de negocio completo. Sin embargo, ellos no tienden a enfocarse en su estrategia de salida. Al contrario ellos se enfocan en su salida, que es el reembolso del préstamo junto con el interés y otras cuotas aplicables. Estos prestamistas quieren ver si la gerencia podrá generar el ingreso suficiente y manejar el flujo del dinero en efectivo, de tal manera que asegure el reembolso oportuno. Ellos extensamente aseguran el reembolso. Típicamente píden garantías personales de los dueños y a menudo requerirán garantía subsidiaria adicional, como la hipoteca de su casa u otra propiedad.

- **Inversionistas (capital de deuda).** Inversionistas típicamente invierten en oportunidades en las que ellos esperan ganar una porción alta la cual proporcionará una salida (el retorno de su capital junto con ganancias, del capital invertido) dentro de cinco a siete años. Ellos requieren un plan de negocio completo con una estrategia de salida bien fundada. Salida en este caso, normalmente es vía una Oferta Inicial Pública (IPO) o por medio de la adquisición de una compañía pública, más grande. En cualquier caso, tal salida produce un cambio de dirección y pérdida del mando de la entidad típicamente por los fundadores. Mientras la opción del prestamistas puede ser atractiva, obviamente no es apropiado bajo varias circunstancias.

Lidiando con la Parte Legal y los Problemas de los Impuestos

Siempre es buena idea el buscar el consejo de un abogado corporativo con experiencia profesional de contabilidad en negocios. Como las leyes varían de estado a estado, es mejor escoger a consejeros familiares con el estado en que usted operará y vivirá.

La determinación de las necesidades financieras tiene una presión directa en la forma de estructura legal que necesitará para su negocio. Pensando sobre su estrategia de salida le proveerá la base para determinar la forma u organización que servirán mejor sus necesidades de acuerdo a sus metas. Si usted tiene un negocio nuevo la opción no esta bien definida, su abogado y consejero del impuesto pueden ayudarle a tomar la mejor decisión. Alternadamente, si usted tiene un negocio existente que está planeando extender a través del uso de préstamos o capital de deuda, pueden aconsejarle que tipo de cambios necesita su estructura legal para que le permita proteger sus recursos personales y asegurar su capacidad de tratar con su prestamista o inversionista.

1. Algunos problemas legales que usted y sus consejeros necesitan considerar:

- La obligación de Dueños, Directores, y Funcionarios: Los dueños, directores, y funcionarios pueden ser responsables por las acciones y deudas de la compañía en ciertos eventos. Protección razonable de tal obligación puede lograrse con una combinación de uso eficaz de elecciones y estructurando las alternativas, suplementando seguros de Directores y Funcionarios.

- Aplicabilidad de las leyes de seguridad del Estado y Federales: Las reglas con respecto a la solicitud de inversionistas son complejas y exigen la complacencia completa para evitar las multas criminales y civiles.

- Los derechos de dueños minoritarios: El acceso a los libros, archivos y el descubrimiento mínimo de las obligaciones requieren de la complacencia estricta.

- La facilidad y costo de traslado de propiedad: Dependiendo de su tiempo de salida, algunas estructuras legales son más fáciles de repartir que otras.

- Compra-venta de acuerdos entre socios o accionistas: Los términos y condiciones para comprar la parte de su socio/accionista o sus herederos deben deletrearse claramente al frente para evitar las disputas después.

2. Algunos de los Problemas del Impuesto a Considerar:

- El tratamiento de ganancias de capital en caso de la venta/transferencia del negocio: Los eventos del impuesto necesitan ser planeados con tiempo. Esto incluye las elecciones del impuesto disponibles para minimizar impuestos incurridos cuando todo o parte de su interés en un negocio es vendido.

- La sociedad y los impuestos personales: La estructura apropiada puede lograr un equilibrio óptimo entre la sociedad y los impuestos personales y evitar la imposición doble de contribuciones.

- Titulo de cualquier propiedad de bienes raíces: Cierta propiedad podria ser mejor si la sociedad/inversionistas fueren propietarios individualmente para despues arrendarsela al negocio y así lograr una reducción más baja de impuestos.

- Limites a la compensación razonable: El IRS (Departamento de Recaudación de Fondos) y las autoridades del estado que imponen contribuciones ponen los límites en el nivel de sueldos a los dueños que actuan como empleados. Pagos más alla de estos límites se convierten en dividendos que están sujeto a impuestos sobre el dueño y no me permite que sean deducidos por la corporación.

- Los planes jubilatorios: Un plan jubilatorio estable puede ser una herramienta clave para atraer a empleados de alta calidad así como para la jubilación de los dueños. Existe una variedad amplia de planes, desde la simplesa del Departamento de Recaudación de Fondos hasta los planes complicados de 401K. Cada uno tiene sus ventajas y limitaciones.

- Ingresos no relacionados al negocio: Si está planeando empezar una corporación "no lucrativa" la cual no está sujeta a los impuestos del ingreso normales usted necesitará seguir pautas específicas que restringen el tipo de ingresos que se pueden generar. Las ventas de productos no relacionados a el propósito del negocio pueden ser sujetas a la imposición de impuestos.

¡La Planificación de Salida Tiene Buen Sentido!

Ahora usted puede ver que pensar en la estrategia de salida futura lo ayudará en sus decisiones de financiamiento y con sus consideraciones legales y de los impuestos al escribir su plan de negocio. Obviamente, mientras menos complejo sea el negocio, usted tendrá que tomar menos decisiones.

No importa si usted está escribiendo un plan de negocio para un negocio nuevo, o para uno existente para el cual está planeando tomar una nueva dirección. La planificación del negocio es un proceso continuo. Al continuar operando su negocio sus metas pueden cambiar radicalmente. Las metas actuales y futuras y su impacto en su estrategia de salida necesitan ser reflejados continuamente en su plan de negocio.

Con su visión establecida su parecer financiero y legal, junto con las estrategias de impuestos eligidos, usted puede construir su plan comercial confiadamente y….

¡Empezar la Carrera con la Meta Final en Mente!

Desarrollando
Asunciones Financieras

¿Qué son Asunciones Financieras?

Las asunciones financieras son la racional con la que usted basa los números que entran en sus declaraciones financieras. Un ejemplo simplificado sería explicar que una proyección de gastos de mercadeo de $28,000 esta basado en mandar 4 envíos durante el año (enero, abril, agosto, y octubre) a un costo de $10,000 por el envío inicial y $6,000 por cada envío subsecuente.

Explicación de Como Agregar Asunciones Financieras a Su Plan de Negocio

Cuando este escribiendo la porción del texto de su plan de negocio, cada parte del plan no sólo debe desarrollarse como una idea conceptual, pero en términos de cómo generará los réditos y/o incurrirá los gastos. Por ejemplo, cuando decida que estructura legal es mejor para su propósito, camine un paso más allá y averigue qué costos incurrirá durante el proceso. Cuando tome decisiones con tiempo de quién servirá en la dirección, que estarán haciendo, y que tipo de compensación con referencia a costos de sueldo, impuestos, y beneficios necesitará. Cuando considere una campaña de mercadeo, determine sus costos, la respuesta probable, y proyecte los réditos.

En esencia, cada declaración financiera podría tener una hoja añadida que explique cómo usted llegó a sus números. Sin embargo existen varios escenarios a elegir para seguir.

1. Puede desarrollar una hoja llena de asunciones pro forma sobre la declaración de flujo de caja, añádalo a la parte trasera de la declaración de flujo de dinero en efectivo. En las otras declaraciones puede clarificar sólo artículos que necesitan explicación.

2. En todas las declaraciones financieras puede agregar las explicaciones al fondo para clarificar cualquier artículo que estaría confundiendo al lector. En este caso, no haría ninguna referencia al fondo de números que usted siente que no necesitan ninguna clarificación.

3. Puede incluir una página etiquetada "las Asunciones Financieras" ya sea antes o después de sus documentos financieros (o alguna otra situación que se documente en su tabla de contenido). En esta página(s), usted puede enlistar sus asunciones financieras. Es mejor en este caso dividirlos en categorías: réditos, gastos de inventario, gastos fijos y variables, préstamos recibidos, pagos del préstamo, compra de capital activo fijo, etc.También tiene una categoría del costo inicial si usted tiene un negocio nuevo.

De los escenarios de arriba mi opción es la número 1.

Esto es porque, después de una cierta cantidad de tiempo, aun el más astuto proyectista de negocio tiende a confundirse sobre de dónde vinieron algunos de los números. Este método pone la clarificación en la proximidad cercana al número que describe.

Teniendo la declaración pro forma del flujo de caja totalmente explicada, tiene una ventaja adicional si usted va con un prestamista o inversionista. Las formas pro forma de la declaración de flujo de caja es una de la prioridades más altas en determinar la validez de su demanda de fondos. Si usted se toma el tiempo para desarrollar la hoja llena de asunciones que cubra el flujo de dinero en efectivo, le ahorra tiempo valioso al prestamista o inversionista al tratar de determinar en que se basan sus números.

¿Cual es el Proceso para Desarrollar Sus Asunciones?

Hay un proceso lógico para crear las asunciones financieras. Los pasos son los siguentes:

1. Cuando usted desarrolle cada parte de su plan de negocio, recuerde el desarrollarlo en terminos a los réditos y gastos que espera generar (como en los ejemplos de arriba).

2. Mantenga papel para escribir a su lado. Cuando haya determinado la relacion en dólares del rédito y los gastos, apunte las asunciones desarrolladas. Incluya por seguro las explicaciones de cuanto serán los réditos y cuando se incurrirán los gastos.

3. Cuando usted esté listo para desarrollar su plan financiero, reuna sus asunciones en un lugar y úselos como la base al anotar sus números. Finalmente, añada sus asunciones a sus declaraciones financieras donde las necesita para clarificación.

¡Oh, No! ¡Otro Trabajo por Hacer!

Cada vez que reviso este libro y su compañero software pienso en agregar algo más al proceso de planificación del negocio, también pienso que el lector se encogerá porque hay un trabajo más que hacer. Permítame asegurarle que el beneficio de seguir el Proceso de las Asunciones Financieras será sumamente valioso para usted.

Cualitativo = Cuantitativo = Credibilidad + Defensa

Uno de los errores más frecuentes hecho por las personas que escriben un plan de negocio es que lo que ellos dicen en la porción del texto del plan no tiene relación con los números que usan en sus documentos financieros. De hecho, algunas personas intentan desarrollar sus planes financieros primero y despues desarrollan su plan de organización y de mercadeo. **Éste es un error fatal.** Usted debe desarrollar la información cualitativa y entonces debe cuantificarlo en su plan financiero. Si los números no funcionan, entonces regrese a la tabla de dibujo y tome nuevas decisiones que le darán buenos resultados financieros.

Por medio de utilizar el proceso de las asunciones financieras, usted estará desarrollando su plan de la manera correcta, pensando en lo que se refiere a los réditos y gastos; enliste sus asunciones en una hoja de papel; transfiera los números en sus documentos financieros; añada cualquier asunción que necesite para clarificación de los números en sus documentos financieros.

El proceso de la asunción financiera hará dos cosas para usted. Le ahorrará tiempo porque tendrá todos sus números a la mano cuando esté listo para desarrollar su plan financiero. Sin embargo, el beneficio más importante, será que su plan de negocio tendrá la continuidad absoluta entre lo que usted dice en las palabras (en el texto) y lo qué usted diga en los números en el plan financiero. En otros términos, la parte cualitativa de su plan dirá la misma cosa que la parte cuantitativa de su plan y el plan tendrá credibilidad y defensibilidad.

En la página 45 (del Apéndice II), de Dayne Landscaping, Inc. en la muestra del plan de negocio encontrará un ejemplo de como documentar en lista las asunciones financieras. El escritor en este ejemplo eligió incluirlo como uno de los Documentos De Apoyo. Usted también puede ver un ejemplo de clarificación de un solo artículo en la línea de la forma pro forma sobre la declaración de flujo de fondos en la página 30 del mismo plan.

CAPÍTULO

2

La Hoja Explicatoria
y
La Tabla de Contenido

———————

La Hoja Explicatoria de su plan de negocio es como la cubierta de un libro. Necesita ser atractiva y contener alguna información importante.

La Tabla de Contenido tambien es una parte importante de un buen plan de negocio. Necesita ser bien organizado ya que lector puede encontrar rápidamente información en cualquier aspecto de su negocio.

Las siguientes páginas cubren lo siguiente:

■ **Hoja explicatoria: que incluir**

■ **Muestra de hoja explicatoria**

■ **La Tabla de Contenido**

La Hoja Explicatoria

La primera página de su plan de negocio será la hoja explicatoria. Sirve como título y contendra la siguiente información.

♦ Nombre de la compañía

♦ Dirección de la compañía

♦ Número telefónico de la compañía (incluyendo el área telefónica)

♦ Logotipo, o logo, si lo hay

♦ Nombres, títulos, direcciones y números telefónicos de los propietarios o los funcionarios de la corporación.

♦ Mes y año en que se presenta el plan

♦ Número de la copia

♦ Nombre de quien prepara el plan

El nombre, la dirección y el teléfono de la compañía deberan aparecer dentro de la tercera parte superior de la hoja. Si se tiene un logotipo o emblema, puede mostrarse en la parte superior izquierda de la página, o donde se prefiera.

La información sobre los propietarios o los funcionarios de la corporación o del negocio aparecerán en el centro de la página.

La tercera parte inferior de la página contendrá el resto de la información. El mes y año en que se escribe el plan permitirán que el prestamista sepa que la presentación es reciente. Por ejemplo, si el plan fue escrito cinco meses antes, el prestamista podría pedir que se actualizara cierta información financiera. Algunos prestamistas prefieren que el plan lo escriban uno o más propietarios o funcionarios del negocio. Esto involucra un enfoque más directo de la conducción del negocio. Al numerar sus copias puede controlarlas mejor. Guarde un diario con la siguiente información: número de la copia, nombre de la persona que revisó la copia, número telefónico del examinador, fecha en que se presentó la copia. De esa manera, Ud. puede ir al paso del proceso y puede hacer llamadas recordatorias al prestamista, si es necesario.

A continuación mostramos un ejemplo de una hoja explicatoria. Como puede ver, esta página única contiene una buena cantidad de información. Ofrece el nombre, la ubicación y el número telefónico de su negocio. Al listar al propietario único, los socios o los funcionarios corporativos, el prestamista conoce la estructura legal del negocio y sabe cómo ponerse en contacto con el personal clave para obtener información adicional. Recuerde que los prestamistas tienen que revisar muchos planes de negocios en un tiempo limitado. Sera ventajoso para Ud. y el prestamista el ofreciéndole un plan completo y conciso.

Muestra De Hoja Explicatoria

ABC CORPORATION
3372 East Main Street
Burke, NY 10071
(207) 555-4319

Vicente Enriquez, Presidente
742 South Street
Jamestown, NY 10071
(207) 555-0221

Carmen Barrios, Vicepresidente
86 West Avenue
Burke, NY 10071
(207) 555 1213

Héctor Pacheco, Secretario
423 Potrero Avenue
Jessup, NY 10602
(207) 555-1648

Roberto Polanco, Tesorero
321 Mason Street
Adams, NY 10604
(207) 555-0201

Plan preparado en octubre de 2011
por los funcionarios de la Corporación

Copia 2 de 6

La Tabla de Contenido

La Tabla de Contenido es una parte importante del plan terminado del negocio. Necesita ser bien organizado ya que lector puede encontrar rápidamente información en cualquier aspecto de su negocio. Por ejemplo, si su resumen ejecutivo da una vista general de los directores de su compañía, el lector debe ser capaz de mirar en la tabla del contenido y encontrar el número de página en su plan de la organización donde usted dirige la administración. Por la misma razón, la página en que el resume puede ser funda en la sección Secundaria de Documentos debe ser listado también. En la misma manera, los resultados que venden se pueden trazar por el plan que vende y retrocedió con copias de estudios demográficos, etc. En los documentos secundarios.

La tabla del contenido no se puede terminar hasta que su plan sea completo. Usted puede usar los títulos en su plan del negocio para desarrollar la tabla del contenido. Una vez que usted ha terminado su plan usted puede meter los números de página. Si, en alguna vez, usted escoge alternamente imprimir y atar sólo porciones de su plan, la tabla del contenido se puede escalar para emparejar hacia abajo esa versión.

La longitud de la tabla del contenido será dependiente en la complejidad de su plan. Los negocios de puesta en marcha muy pequeños necesitarán sólo una página. Las compañías existentes tendrán información histórica y declaraciones financieras así como también proyecciones. Las compañías más complejas más grande hacen muy probable más ha detallado títulos, especialmente si ellos persiguen la capital de la aventura.

En total casos, su plan del negocio tendrá las divisiones mayores siguientes en la tabla del contenido. Los subtítulos dependerán de lo que usted decide incluir en su plan.

- ◆ El Resumen ejecutivo
- ◆ Parte I: El Plan de Oganización
- ◆ Parte II: El Plan de Marcadeo
- ◆ Parte III: Documentos Financieros
- ◆ Documentos Auxiliares

 La Tabla del Contenido en los planes del negocio del ejemplo al final del libro lo debe ayudar a ver cómo puedes ser orgazinado. (Apéndices I y II)

Los capítulos 3 a 7 de este libro cubrirán el encima de sujetos y lo indicará por el contenido y desarrollo de cada uno. En ese punto, llegará a ser obvio a usted lo que usted decidirá dirigir en su propio plan y cómo el se dirige a esos temas quedarán dentro de la tabla del contenido.

El Resumen Ejecutivo

El Resumen Ejecutivo es la declaración de la tesis de su plan de negocio. Concluye quién es usted, lo que su compañía hace, hacia dónde va su compañía, por qué, y cómo llegará allí. Si usted está buscando fondos economicos con prestamistas o inversionistas, especifique el propósito de los fondos y justifique la viabilidad financiera de su plan.

Aunque el Resumen Ejecutivo aparece casi al frente del plan, es más eficaz el escribirlo después de haber terminado el resto de su plan de negocio. En ese momento, sus conceptos ya estarán bien desarrollados y toda la información y los datos financieros necesitados estarán disponibles.

Use el enfoque de la *Palabra Clave* ya mencionada en este libro. En conciso, la declaración es de una página la cual resumirá la esencia de su plan de negocio por medio de incluir las respuestas a las preguntas siguientes:

- **¿Qué?**

- **¿Quién?**

- **¿Dónde?**

- **¿Cuándo?**

- **¿Por qué?**

- **¿Cómo?**

El Resumen Ejecutivo

Como ya se menciono en la introducción, el Resumen Ejecutivo es la tesis de su plan de negocio. Este sintetiza el contenido y propósito de su plan de negocio ya terminado, el cual cubre todos los puntos importantes. Especifica quién es usted, lo que su compañía hace, hacia dónde va su compañía, por qué va donde va, y cómo llegará allí. El Resumen Ejecutivo puede ser aproximado de las siguientes dos perspectivas.

Si el plan es sólo para uso interno y no está buscando fondos

Esta declaración resumirá su negocio. Será un resumen breve de las metas de la compañía y la declaración de cómo se enfocará para llegar a las proyecciones.

Si usted está buscando fondos

El Resumen Ejecutivo especifica el propósito de los fondos buscados y justifica la viabilidad financiera de su plan para con el prestamista o inversionista. El prestamista o inversionista que unicamente lea el Resumen Ejecutivo debe ver rápidamente el nombre, edad, estructura legal, localidad, naturaleza, y singularidad de su negocio. El Resumen Ejecutivo debe proporcionar un resumen rápido de la actividad pasada del negocio y de sus metas futuras y cómo planea lograrlos. Si usted está buscando inversionistas que manejan capital especulativo la información sobre el equipo de dirección es indispensable. Finalmente, el Resumen Ejecutivo incluiría la cantidad y propósito del préstamo o solicitud de inversión, mientras cronometrando las necesidades, la justificación del por que necesita fondos economicos, y una declaración del reembolso (para el prestamista) o declaración de regresos potenciales a los inversionistas (capital especulativo).

Para el prestamista. Conteste la pregunta de como reembolsará el préstamo. El prestamista necesita ver la habilidad de su compañía de pagar los gastos de interés así como los reembolsos principales. El prestamista querrá saber para cuando necesita el préstamo y lo que usted usará como garantía.

Para angeles. El inversionista ángel, graciosamente se refiere a "el Banco de Mamá y Papá," generalmente es un individuo adinerado quien se involucra personalmente con una company que apenas inicia — prestando hábilidad, experiencia, y dinero. Es mejor tener un plan de negocio sólido para justificar el uso de los fondos. Sin embargo, dependiendo del nivel de familiaridad, usted puede poder sobrevivir con un plan no tan perfecto.

Para un capitalista especulativo. Los días del flujo fácil de capital especulativo hace mucho tiempo que se fuerón. Desde la corrección del mercado público en abril del 2000, las compañías no pueden depender de futuros fondos especulativos. Ellos necesitan mostrar evidencia de progreso y de fuertes relaciones. Necesitará indicar cómo llegara a sus metas de crecimiento y ganancias. Recuerde que un inversionista será un compañero de equidad en su compañía. Después de consolidar, el inversionista especulativo probablemente se siente en su junta directiva y sirva como consejero para la gerencia. Incrementalmente, los inversionistas han estado buscando regresos anuales de 45% a 60% de la inversión inicial, durante tres a cinco años.

El Resumen Ejecutivo debe generar excitación y brindarle al lector conocimiento de la singularidad de su negocio y las cualificaciones de su equipo de gerencia. No exagere su potencial. Más bien, apeguese a proyecciones que puedan apoyarse con hechos. Uno de los errores más grandes de los escritores del plan de negocio es la exageración de la porción del mercado proyectado y las ganancias potenciales.

Use el enfoque a la *palabra clave* ya anteriormente mencionada. Sea conciso y claro. El Resumen Ejecutivo generalmente se contiene en una página si es para el uso interno. Si usted está intentando buscar prestamista o inversionista, no debe exceder dos o tres páginas.

Cuando escriba su plan de negocio y refine sus ideas, descubrirá nuevas ideas e información la cual querrá incorporar en su plan de negocio para hacer su negocio más eficaz y aprovechable. Por esta razón, el Resumen Ejecutivo es más eficaz cuando se escribe después de que su plan se ha completado. En ese momento, toda la información y los datos financieros estarán disponibles y podra deducirlos del texto escrito y las hojas de cálculo financieras.

Lo siguiente es un ejemplo de cómo las *palabras claves* pueden usarse para ayudarle a formar su Resumen Ejecutivo:

Quién

¿Quiénes son los funcionarios de la compañía?
(Guzman, Thompson, Choi, Johnson)

¿Quiénes son los gerentes de la compañía?
(Guzman-Jefe Executivo, Thompson-Mercadeo, Choi-Administración, Johnson-Finanzas, Smith-Producción)

Qué

¿Cómo se llama el negocio?
(AeroTech, Inc.)

¿Cuál es su estructura legal?
(Corporación-S)

¿Qué producto o servicio está involucrado?
(Fabricante de partes especializadas para la industria aerospacial)

¿Qué hará el préstamo para la compañía?
(Modernizar el equipo que producirá un 35% de aumento en la producción y disminuya el costo de la unidad 25%)

¿Qué usará como garantía?
(La propiedad en 372 E. Main St., Burke, NY, valuada a $800,000 en el 2010)

Dónde

¿Dónde esta el negocio localizado?
(372 E. Main Street, Burke, NY 10071)

Por qué

¿Por qué necesita el préstamo?
(Para aumentar el crecimiento del capital)

Cómo

¿Cuánto dinero necesita?
>   ($250,000)

¿Cómo se usará el préstamo?
>   (Para la compra de equipo nuevo y más moderno y para entrenar
>   al personal en el uso del nuevo equipo)

¿Cómo pagará el préstamo?
>   (El resultado final será un aumento neto suficiente para pagar el préstamo e
>   interes en 3 años)

Cuándo

¿Cuándo se estableció el negocio?
>   (2002)

¿Cuándo se necesita el préstamo?
>   (Los fondos se necesitan para que el equipo pueda entregarse y este en lugar
>   por el 23 de Mayo del 2011. Hay un período de espera de dos meses entre la
>   fecha en que se ordena y la fecha de entrega.)

¿Cuándo puede empezar a hacer pagos?
>   (Dentro de 30 días despues de recibir los fondos)

En Resumen

El Resumen Ejecutivo simplemente es eso - un resumen de su plan de negocio. Si usted está escribiendo su plan para que le sirva como una guía para su negocio, y no esta planeando buscar a un prestamista o inversionista, el escribir el resumen ejecutivo lo ayuda a formular una buen esquema resumiendo hacia dónde está planeando ir con su negocio. Si usted está buscando un prestamista o inversionista, el resumen ejecutivo sera la primera introducción a su negocio y debe contestar preguntas importantes relacionadas al negocio y su potencial para el crecimiento y ganancias.

Recuerde que el resto del plan debe apoyar lo que usted dice en el Resumen Ejecutivo. Por ejemplo, si usted está comprando una pieza de equipo para incrementar la producción o extender servicios, no sólo debe mostrar las figuras de su costo, si no también debe mostrar un mercado listo para los productos adicionales o servicios en la secciones de mercadeo y finanzas. En los documentos de apoyo, usted puede apoyar la cantidad pedida con información, tales como órdenes de compra, estimados de los proveedores, hojas de proporción, y resultados de mercadeo.

Cuando termine con la formulación de su plan de negocio y haya contestado las preguntas claves, ya estará listo para escribir el Resumen Ejecutivo.

> ➡ **Nota.** Para ayudarlo hay ejemplos en las próximas dos páginas—uno para la compañía cuyo plan es sólo para uso interno y uno para la compañía que está buscando fondos por medio de un préstamo.

Muestra del Resumen Ejecutivo

1. Si usted no está planeando buscar un prestamista o inversionista

Lo siguiente es un ejemplo del Resumen Ejecutivo para una compañía cuya meta no involucra el financiar por medio de prestamistas o inversionistas. Este ejemplo es diferente al segundo en que no involucra justificación financiera o una fecha para el recibo de fondos, el reembolso del préstamo, o planes para el pago de la inversión a un capitalista de capital especulativo (asociados de equidad).

Compañia *BestCARE*
Resumen Ejecutivo

La Compañía de BestCARE es una sociedad establecida en 2004, cuyo propósito es proporcionar cuidado de calidad de tiempo completo al anciano en la casa huésped a través de una junta directiva autorizada.

La compañía esta localiza estrategicamente en 1234 Hillside Drive en la ciudad de Laguna Hills, California, la casa de Jennifer López, R.N., quien es una de dos asociados de equidad. Además de asistir a la administración y deberes de contabilidad, la Señorita López también vigila los servicios médicos para los ancianos residentes. Su socio, Henry Johnson, se encarga del mantenimiento de las casas y hace todas las compras de comida, muebles, provisiones para los pacientes, etc.,

La Compañía de BestCARE posee y opera tres casas de cinco-recamaras dentro del Condado de Orange, California. Cada casa proporciona servicios de cuidado completos 24-horas al día, para hasta seis residentes. Se han contratado dos cuidadores totalmente especializados para cada casa y quienes viven en las mismas. Los cuidadores que rinden servicio por contrato supleén a los trabajadores residentes en sus días libres.

Durante los últimos tres años, las tres casas actuales han traido buenas ganancias. Investigaciónes actuales muestran que las familias que buscan casas huéspedes, las cuales son el estilo de vida preferido para sus ancianos padres, ha incrementado dos veces mas que en el año 2004. Esto ha creado una demanda alta dónde el abastecimiento es limitado.

La Compañía de BestCARE está planeando el extenderse comprando dos casas más durante los próximos cinco años. Las dos casas nuevas serán hipoteca-libres. Se comprarán con dinero en efectivo por medio de las ganancias anteriores de la compañía que se han retenido e invertido por los asociados de equidad.

Este plan de negocio servirá como un plan de cinco-años que guiará a la compañía en la administración, mercadeo, y controversias financieras que son inherentes al querer lograr una meta de crecimiento que doblará el tamaño de la compañía.

Muestra del Resumen Ejecutivo

2. Si usted está planeando buscar un prestamista o inversionista

Lo siguiente es una Declaración de Propósitos para una compañía cuya meta es buscar finanzas de prestamista o inversionista. Al contrario de nuestro primer ejemplo en la página anterior, la declaración de propósito tendrá que enfocarse en las necesidades financieras de la compañía, cuando se necesitan los fondos, cómo planea la compañía usarlos, cómo el uso de esos fondos logrará el resultado deseado, y cómo y cuando se le háran los pagos al prestamista. En el caso de capital especulativo, necesita hablar del retorno al inversionista por medio de la inversión.

AeroTech, Inc.
Resumen Ejecutivo

Formado en 2002, AeroTech, Inc. es una corporación S que opera en un espacio de almacenaje y manufactura de 10,000 pies-cuadrados en Aerospace Tech Park, un parque industrial ligero, localizado en el 372 E Main Street, Burke, New York. En los últimos dos años, la Corporación de Desarrollo Económico (EDD) de Burke ha tenido éxito estimulando a grandes corporaciones aeroespaciales y de tecnología que se muevan a la compañía. *AeroTech, Inc.* ha desarrollado excelentes relaciones de trabajo con las compañías relocalizadas. Actualmente la compañía sirve al 20% del mercado total con ganancias en bruto de $3,650,000.

AeroTech, Inc. diseña y fabrica partes hechas a la medida especialmente para la industria aerospacial. La compañía está buscando capital de crecimiento en la cantidad de $250,000 con el propósito de comprar equipo automatizado y para entrenar al personal existente en el uso de ese equipo. La modernización del equipo producirá un 35% de aumento en la producción y disminuirá los costos de unidad un 25%.

AeroTech tiene un equipo de dirección muy fuerte así como una junta directiva comprendida de varios líderes industriales y de la comunidad. John Guzman, Presidente y Jefe Ejecutivo Principal fue el Jefe Ejecutivo Principal de Omni Aerospace el fue la fuerza detrás de su crecimiento bien-documentado entre 1994 y 2001. Roberta Thompson, VP es Directora de Mercadeo. previamente sirvió como directora de mercadeo de la división de los productos de la Corporación ABC. Thomas Choi, secretaria de la corporación encabeza a la Administración, capitalizando sus doce años como administradora ejecutiva con USAmerica Air. Althea Johnson, el CFO fue socio mayoritario con la Contabilidad de JFG y con éxito lograron dar vuelta a varias corporaciones de multi-millones de dólares. Donald Smith, Producción, vino a AeroTech con 20 años de experiencia como ingeniero de investigación y desarrollo para la Electrónica de Bordman. (Vea los curriculum vitae en los Documentos de Apoyo)

Las proyecciones de Burke EDD a través del año 2014 indican un 30% de aumento en el alquiler en Tech Park por las compañías aeroespaciales. Las estadísticas gubernamentales federales proyectan un 25% de aumento en los Estados Unidos en el desarrollo aeroespacial a través del año 2020. Información de las asociaciones de ingenieria y aeroespaciales indican que la automatización es necesaria para que la compañía permanesca competitiva. Por medio de edificar en las relaciones de trabajo pasadas con las compañías actuales y por medio de usar el mercadeo con los nuevos residentes del Tech Park, AeroTech, Inc. podra capturar un 15% del mercado adicional; entonces la porción de la Corporación será el 35% del mercado total.

Los fondos se necesitan a tiempo para que el equipo sea entregado y este en su lugar para el 23 de mayo del 2011. Hay un período de dos-mes entre la colocación de la orden y la fecha de entrega. Entrenamiento de empleados en el nuevo equipo se proyecta que cubrira un período de dos-semanas despues de la colocación del equipo.

Se espera que la compañía salga a la par en 24 meses después de terminar el período de entrenamiento de los empleados. El reembolso del préstamo e interés puede empezar rápidamente dentro de 30 días despues de recibir los fondos. El préstamo puede asegurarse con bienes raíces que son parte de la compañía con un valor de $800,000, evaluada en el 2010.

CAPÍTULO

4

Parte I
El Plan de Organización

La primera sección especial de su plan de negocio cubre los detalles organizativos de su negocio. Incluya información sobre su industria en general y su negocio en particular.

Nuevamente usando las palabras clave, responda a los siguientes elementos. No hay formato establecido para su arreglo. Ud. puede cubrir cada artículo en el orden que le parezca lógico.

- **Descripción del negocio**

- **Productos o servicios**

- **Ubicación**

- **Estructura legal**

- **Administración y personal**

- **Contabilidad y legal**

- **Seguros**

- **Seguridad**

Comience esta sección preparando un resumen de una página que muestre los elementos clave de su negocio. El prestamista debe contar con un cuadro claro de los orígenes y objetivos de su compañía. Indique hacia donde se dirige y cómo va a llegar allí. El texto que precede al resumen de su negocio se expandirá en cada área que se presente. Esté preparado para respaldar sus declaraciones y justificar sus proyecciones con datos en la sección Documentos Auxiliares.

Ud. puede formular el plan de organización usando de nuevo el sistema de palabras clave. Responda las preguntas conforme se refieran a las áreas de cada sección. No hay un formato establecido para su arreglo. Cubra cada tópico en el orden que le parezca lógico. Recuerde, Ud. está escribiendo un resumen. Sea conciso.

Escenarios de casos peores o mejores

Tal vez Ud. oiga que un prestamista habla de los mejores y los peores excenarios. Esto quiere decir que el prestamista quiere que Ud. pueda identificar los problemas probables y que prepare soluciones antes que esas dificultades ocurran. Es también ventajoso para Ud. que se prepare para lo inesperado, demostrando que de esa manera su negocio seguirá funcionando armoniosamente. Si no se obtienen las ventas proyectadas, ¿existen otras formas para que Ud. genere nuevos ingresos? ¿podrá Ud. reducir su personal o podrán ellos llenar otras posiciones? Por ejemplo, si las ventas disminuyen en su almacén de artículos deportivos, ¿podría el personal aumentar los ingresos dando clases en el almacén o presentando clínicas deportivas?

Algunos negocios fracasan porque triunfan demasiado pronto. Por lo tanto, es conveniente planificar para lo que se llama el escenario del mejor caso. Si Ud. se ve inundado con órdenes, su plan de negocio debería contener la información necesaria para localizar y contratar nuevos empleados, poniéndose en contacto con proveedores adicionales. Por ejemplo, si Ud. cree que el volumen de su negocio requerirá personal adicional en los próximos seis meses, proyecte los salarios adicionales y transfiera esos montos a la Declaración del Movimiento del Efectivo. Su plan de negocio es su llave a una pronta respuesta a los sucesos inesperados, a fin de mantener su negocio progresando armoniosamente.

Descripción del negocio

Esta es la sección del plan en que Ud. presenta un breve resumen de la organización de su negocio y su historial, su estado presente, y sus futuras proyecciones para investigación y desarrollo. Enfatice las características de su producto y explique cómo puede Ud. beneficiar al cliente. Proyecte una idea de lo que Ud. espera llevar a cabo en los próximos tres o cinco años.

Responda preguntas tales como cuándo y por qué se fundó la compañía, la naturaleza de los servicios o productos que ofrece, cómo se desarrolló la compañía y qué se proyecta para el futuro.

Ejemplo. Lo que sigue es una muestra de una decripción del negocio para la ABC Corporation:

La ABC Corporation se estableció en 2001 para satisfacer la demanda de partes especializadas en la industria aeroespacial. Esta industria tuvo un desarrollo moderado con el aumento de contratos a partir de 2009. Las proyecciones de la industria indican una creciente demanda para el tipo de productos que la compañía fabrica. ABC Corporation mantiene una ventaja competitiva con el pronto cumplimiento de sus órdenes, sus excelentes relaciones con los clientes, y sus capacidades de diseño para cada cliente. La compañía está adecuadamente alojada en un área de 25,000 pies cuadrados y desea satisfacer la creciente demanda de sus productos con la compra de equipo nuevo y más moderno, que ofrecerá la oportunidad para presentar propuestas de más amplio enfoque, mayores capacidades de diseño personalizado, costos más bajos por unidad y un tiempo de entrega más corto.

Después de completar la "Descripción del Negocio," expándase en cada uno de los siguientes tópicos en el orden que le parezca lógico.

Productos o servicios

Si ud. se halla involucrado en la manufactura o distribución de un producto

Ofrezca una descripción detallada sobre el desarrollo de ese producto, desde el material bruto hasta el artículo acabado. Desarrolle un diagrama de fabricación. Este le ayudará a identificar las etapas de la producción, y servirá como representación visual del desarrollo del producto ante el prestamista.

El diagrama de fabricación le ayudará a desarrollar un horario para demostrar cuándo se debe ordenar el material bruto, cuánto tiempo se necesita en la producción, cuánto tiempo se requiere en el almacenamiento del inventario, en su envío y entrega. ¿Qué materiales brutos se usan y cuánto cuestan? ¿Quiénes son sus proveedores, dónde están situados y por qué los escogió Ud.? Incluya un desglose del costo y una hoja de precios en la sección Documentos Auxiliares a fin de respaldar sus declaraciones. Aunque Ud. ordene solamente de un proveedor, incluya datos sobre proveedores alternos. Explique cómo se enfrentaría Ud. a un aumento repentino de órdenes, o a la pérdida de un proveedor principal. ¿Cómo se haría el trabajo, quién lo haría y a qué costo? Ud. usará proyecciones sobre el costo de mano de obra nuevamente cuando desarrolle una Declaración del Movimiento del Efectivo en su sección Documentos Auxiliares.

Describa su equipo y sus instalaciones.La información sobre vehículos, equipo y edificios que sean propiedad de su compañía aparecerán como artículos en la sección Documentos Financieros de su plan. Cuando prepare su Hoja de Balances, Ud. se valdrá de esta sección para obtener información sobre los valores actuales.

Si Ud. está desarrollando un producto para la exportación, o si anticipa importar material en bruto o productos acabados para vender en ese país, ensanche su plan de negocio para incluir información global. El desarrollo de un diagrama de fabricación le ayudará a identificar los pasos necesarios para introducir los productos a este país, o enviarlos al extranjero, así como el tiempo y costo involucrados. Tal vez Ud. tenga que trabajar con fabricantes y agentes extranjeros. Ud. tratará con despachadores de mercadería y agentes de aduanas. El costo de sus servicios y el tiempo y método de pago se mostrará en la Declaración del Movimiento del Efectivo y en la sección de Documentos Financieros de su plan.

Si Ud. es un comerciante al por menor

Describa los productos que vende y proporcione información sobre sus fuentes primarias y secundarias de aprovisionamiento. Describa su proceso de selección del producto y explique por qué escogió a ciertos proveedores y vendedores. Incluya descripciones del producto y hojas con precios en la sección Documentos Auxiliares.

Tal vez Ud. quiera desarrollar un diagrama de fabricación para demostrar el proceso de distribución. ¿Cómo llegan los productos que Ud. vende en su almacén desde el manufacturero a través de sus canales normales de distribución hasta el almacén, a los estantes, y a las manos de los clientes?

¿Tiene Ud. un sistema para administrar y controlar su inventario? ¿Qué volumen de productos almacena Ud. en su inventario, cómo determina el valor de su inventario, quién será responsable de verificar el inventario? Válgase de esta sección para obtener información sobre su inventario cuando complete la Declaración Financiera del Negocio, o la solicitud de préstamo para el prestamista.

Si Ud. ofrece un servicio

Explique en qué consiste ese servicio, por qué puede Ud. proporcionarlo, cómo lo hará, quién hará el trabajo y dónde se realizará el servicio. Diga por qué su negocio es único y qué tiene Ud. de especial para ofrecer a sus clientes. Si Ud. cuenta con un producto y un servicio que juntos beneficiaran a su cliente (una garantía de servicio para los productos que Ud. vende), asegúrese de mencionarlo en su plan. Explique dónde va a obtener sus partes y por qué escoge a sus proveedores. Proyecte el costo de sus gastos generales y los gastos del vehículo. ¿Ofrecerá Ud. sus servicios en la residencia del cliente o trabajará Ud. en una oficina? ¿Cuánto tiempo requerirá el servicio, y cuántas de esas horas se le pueden cobrar al cliente?

En todos los casos

Haga una lista de los futuros servicios o productos que Ud. piensa agregar a sus servicios. Trate de anticipar el área de problemas probables, y prepare un plan de acción. Ud. debe mencionar en esta sección los derechos de propiedad, tales como los derechos de autor, patentes o marcas de comercio. Necesitará respaldar sus declaraciones, incluyendo copias de fotos, diagramas y certificados en la sección Documentos Auxiliares.

Ubicación

Si la ubicación del negocio está relacionada con factores de mercadeo, no se incluirá en esta sección. Por ejemplo, si Ud. va a abrir una tienda de venta al menudeo y necesita ser accesible a sus clientes, la elección de su local se verá determinada por su mercado-objetivo, y por lo tanto se le discutirá en su Plan de Mercadeo (vea capítulo 5). Sin embargo, si Ud. es un manufacturero y si hace sus envíos por servicios corrientes, United Parcel Service por ejemplo, la ubicación de su negocio no tiene necesariamente que depender del mercado-objetivo. En ese caso, la ubicación de su negocio se discutirá **aquí** en su Plan de Organización. Ud. podría comenzar con una declaracion como:

> *ABC Corporation está situada en una bodega con un espacio de 25,000 pies cuadrados situada en 372 E. Main St., Burk, NY. Se escogió ese espacio por su accesibilidad a las intalaciones para envíos, buenas disposiciones de seguridad, bajo costo por pie cuadrado, y proximidad a las fuentes de aprovisionamiento.*

Ahora, explique extensamente cada razón y respáldela con una descripción física del sitio y una copia del contrato de arrendamiento. Su contrato de alquiler o de arrendamiento contendrá la información financiera necesaria para los proyectos de costo mensual de la Declaración del Movimiento del Efectivo. El valor de la propiedad se transferirá a la Hoja de Balances de la sección de Documentos Financieros.

Ofrezca información sobre el historial del sitio escogido. Haga una lista de otros posibles sitios y explique por qué escogió este lugar. Será una buena idea incluir copias de fotos, planos o dibujos del sitio en la sección Documentos Auxiliares.

Hoja de trabajo del análisis del sitio. Al final de esta sección se incluye una Hoja de Trabajo del Análisis del Sitio. Ud. podría duplicarlo para su propio uso al reunir datos, necesarios para hacer una decisión sobre la ubicación de su negocio. Esta hoja de trabajo servirá como guía para escribir un análisis de la ubicación del sitio. Cubra sólo los tópicos importantes para su negocio.

Estructura legal

Siga el diagrama de organización describiendo la estructura legal de su negocio. Si Ud. es el único propietario, describa sus habilidades e incluya su curriculum. Sea honrado acerca de las áreas en las cuales Ud. necesitará ayuda y explique cómo va a obtener esa ayuda. ¿Contratará Ud. los servicios de un gerente de oficina? ¿Trabajará con un contador? ¿Buscará el consejo de alguien en el área del mercadeo?

Si Ud. ha formado una sociedad, explique por qué escogió a sus socios, qué aportan ellos a la compañía, y cómo sus talentos se complementan entre sí. Muestre la experiencia y calificaciones de ellos, incluyendo copias de sus curriculums. Incluya una copia del convenio de sociedad en la sección Documentos Auxiliares. Su convenio debería incluir provisiones para permitir que los socios se desliguen de la sociedad o para la disolución de la compañía. Debe explicar detalladamente la distribución de las ganancias y las responsabilidades financieras en caso de haber pérdidas. Explique su razonamiento tras las condiciones de su convenio.

Si Ud. se ha incorporado, describa la estructura de la corporación y dé una información detallada sobre los funcionarios de la corporación. Quiénes son ellos, cuáles son sus talentos, por qué se les escogió, y qué van a aportar a la organización. Incluya una copia de la carta titular y otros artículos en la sección Documentos Auxiliares.

Si Ud. cree que ocurrirán cambios en el futuro en su estructura legal, haga proyecciones respecto a las razones para explicar por qué cambiaría Ud., cuándo tendrían lugar los cambios, quién estaría involucrado, y cómo estos cambios van a beneficiar a la compañía. Recurra a esta sección para obtener información de la estructura legal cuando complete el estado Financiero del Negocio o en la Solicitud de Préstamo de un prestamista.

Administración y personal

Los posibles inversionistas en un negocio preguntarán : "¿Por qué vamos a confiar nuestro dinero en su grupo de administradores?" Como propietario de un negocio, algunas de sus preguntas serán: "¿Cuáles son las áreas principales de la administración de mi negocio?" "¿Cuál será la estructura de la organización?" "¿Quién dirigirá el negocio?" "¿Qué ayuda exterior debo conseguir?" "¿Cuántos empleados voy a necesitar y cuándo se les debe contratar?" Todas esas preguntas se pueden contestar con el desarrollo de un plan de negocio realista.

La administración de su administración y personal serán determinadas por la capacidad de los propietarios del negocio, por la cantidad de tiempo que podrán dedicar al negocio, y por las demandas del mercado. Los negocios pequeños generalmente comienzan con sus dueños haciendo la mayor parte del trabajo. Conforme el negocio crece y aumentan las ventas, se agrega personal. Proyecte cómo crecerá su compañía y cuándo tendrá que agregar empleados adicionales. La política de contratación de empleos, la descripción de los trabajos, y los contratos de los empleados son parte de todo el plan de organización.

Diga cómo compensará a sus empleados: salarios, prestaciones, bonos, tiempo para vacaciones, planes para la compra de acciones.

Un diagrama de la organización puede mostrar visualmente las áreas de responsabilidad y el personal encargado de cada sección junto con el número de empleados que supervisarán. Por ejemplo, Ud. podría necesitar personal clave encargado del mercadeo, la administración, las finanzas y las operaciones. Cada uno de estos individuos tendrá empleados qué supervisar. El prestamista podrá identificar a las personas clave en su negocio, y Ud. tendrá una representación gráfica de su administración y su personal.

Las compañías involucradas en el comercio internacional necesitarán miembros adicionales en el equipo de operaciones. Es importante conocer el idioma del país para poder construir fuertes lazos comerciales. Ud. podría necesitar el servicio de un traductor. Los productos importados necesitan permisos y documentación. Los agentes de aduanas y los agentes de cargas se encargan de la documentación y se aseguran que el envío llegue a tiempo, intacto, y al precio previamente convenido. Se encargarán de los costos de flete, los impuestos de puerto, las cuotas consulares y los costos del seguro.

Tal vez debería Ud. considerar el uso de los servicios de una compañía administradora o contratar los servicios de un representante extranjero. La International Trade Administration (ITA) preparará las evaluaciones aduaneras, conocidas como Reportes de Datos de los Comerciantes Mundiales (World Traders Data Reports) sobre probable socios comerciales. Su personal comercial en el extranjero verificará la reputación de la firma en la comunidad local de negocios, su valor crediticio y su confiabilidad en general así como su adaptabilidad como contacto comercial. La ITA es administrada por el departamento de comercio de los EEUU.

Los gastos que se incurran en el desarrollo de un mercado extranjero se verán proyectados en la hoja de trabajo del Efectivo por ser Pagado. El costo de esos servicios y el tiempo y método de pago serán transferidos a la Declaración del Movimiento del Efectivo en la sección Documentos Financieros de su plan.

El poder llegar a ser un exitoso importador o exportador depende de la determinación y el sentido de responsabilidad de toda la compañía. Su grupo administrativo y su fuerza de trabajo deberan comprender los procedimientos involucrados en el comercio internacional. Su oficina local de Trade Administration puede proporcionarle información acerca de las leyes específicas de comercio que afectarán su negocio.

Contabilidad y legal

Contabilidad

Describa su departamento de contabilidad. Diga qué sistema de contabilidad usará y por qué fue elegido. ¿Qué porción de la contabilidad/archivos se harán internamente? ¿Quién será responsable de la confiabilidad y eficacia de los archivos? ¿Contratara a un contador de afuera para aumentar al máximo sus ganancias? ¿Si ese es el caso, quién dentro de su compañía tendrá la experiencia para trabajar con el contador — y quien será responsable para leer y analizar las declaraciones financieras proporcionadas por el contador?

Es importante no sólo el mostrar que ya se encargo de la contabilidad, pero que tendrá algunos medios de como usar las declaraciones financieras para llevar a cabo cambios que obtengan más ganancias para la compañía. Después de leer esta sección, el prestamista o inversionista debe tener confianza en la habilidad de su compañía de guardar e interpretar los archivos financieros. A menudo los prestamistas potenciales e inversionistas piden información de sus metodos de contabilidad y la inspección de los libros que contienen la Declaración Financiera proporcionada. Si usted planea contratar a alguien para hacer la contabilidad dentro de la compañia, el monto de los sueldos debe cubrirse en la sección de la gerencia o el personal. Si continua contratando contadores profesionales de afuera, asegurece de incorporar estos gastos en el plan financiero.

Legal

La Ley de Murphy prevalecerá con seguridad en esta área. Simplemente cuando piensa que no necesita ayuda legal, es cuando la necesidad se presenta. Antes que su compañía se encuentre en una posición que requiere los servicios inmediatos de un buen abogado (contratos, problemas de propiedad, disputas, etc.), usted debe practicar la diligencia debida y debe tener un acuerdo con una empresa legal que se especialice en problemas legales de acuerdo a su tipo de negocio. Las empresas más grandes tienen a menudo una sección legal interna. Una vez mas — el presupuesto para el personal interno deve ser incluido en la sección de su plan del personal. Si usted planea retener a un abogado, esté seguro en incluir la cantidad en las asunciones financieras.

Seguros

El seguro es un factor vital en todos los negocios. La seguridad del producto es my importante, especialmente en ciertas industrias. Los negocios que ofrecen servicios al público se preocupan por la responsabilidad personal, asegurando los artículos de los clientes mientras éstos se hallen en el local o durante el transporte de esos artículos. Si un vehículo se usa con fines comerciales, su seguro debe reflejar ese uso. Si Ud. es dueño del local, necesita contar con un seguro sobre la propiedad. Algunos negocios necesitan tener una fianza. Tal vez los socios busquen un seguro de vida en el que cada uno sea beneficiario.

Los exportadores pueden rebajar sus riesgos comprando un seguro sobre el crédito que se usa para la exportación, y que vende el agente del Banco Export-Import en los Estados Unidos, Foreign Credit Insurance Association. Las pólizas disponibles incluyen seguro para financiar u operar arrendamientos, seguro de plazo medio, la nueva póliza de seguro nuevo-para-exportar, o la póliza de cubrimiento total.

Considere los tipos de protección apropiada para su negocio. Diga qué tipo de protección tiene Ud., por qué lo escogió, qué tiempo cubre, y quién es la agencia aseguradora.

Mantenga al día la información sobre su seguro. Al final de esta sección se incluye un **Formulario para mantener al día el seguro.** Si sus cuotas aumentan repentinamente, Ud. podrá recurrir a su hoja de trabajo a fin de encontrar otra compañía aseguradora. La Sección de Información Financiera ofrece datos que su prestamista puede necesitar.

Seguridad

Según la Cámara de Comercio de los Estados Unidos, más del 30 por ciento de los fracasos de un negocio se debe a la falta de honradez de los empleados. Esto incluye no sólo el robo de mercadería sino también el robo de información.

Discuta el tema de la seguridad en su negocio. Por ejemplo, si Ud. tiene que desechar datos impresos en la computadora, sería conveniente contar con una máquina desmenuzadora. Todos hemos visto esas piezas sensitivas que se prenden a la ropa y vestidos que se venden en ciertos almacenes. Anticípese a las áreas de problema en su negocio, identifique las medidas de seguridad que pondrá en práctica, y lo que espera obtener de ellas. Discuta este problema con su agente asegurador. Tal vez pueda Ud. reducir ciertos costos del seguro al mismo tiempo que protege su negocio.

Resumen

Ud. ha cubierto ahora las áreas que se deben discutir en el Plan de Organización. Use las palabras clave, sea conciente, anticipe las áreas de problema en su negocio y esté preparado con las soluciones en mano. Analice las corrientes o inclinaciones de la industria y prepárese para impulsar su negocio hacia el futuro.

El capítulo 11, "Fuentes de Información", contiene listas de recursos disponibles para Ud. La mayoría se puede hallar en las bibliotecas públicas o universitarias. Uselas para obtener la información necesaria para escribir un plan de negocios comprensivo. Cuando haya completado el Plan de Organización, Ud. estará preparado para pasar al siguiente capítulo y comenzar a formular el Plan de Mercadeo.

Hoja de trabajo para el analisis de la localidad

1. Dirección:

2. Nombre, dirección, teléfono del corredor de bienes raíces o persona responsable:

3. Pies cuadrados/costo:

4. Historial de la localidad:

5. Localidad respecto a su mercado-objetivo:

6. Formas en que se desplazarán los clientes:

7. Formas en que se desplazarán los proveedores:

8. Disponibilidad de estacionamiento (incluir diagramas):

9. Tasa de criminalidad en el área:

10. Calidad de los servicios públicos (por ejemplo: policía, bomberos):

Hoja de trabajo para el analisis de la localidad (cont.)

11. Notas tomadas al visitar el área:

12. Atmósfera de las tiendas y negocios vecinos:

13. Regulaciones urbanas o de la zona:

14. Suficiencia de los servicios públicos (obtener información con los representantes):

15. Disponibilidad de materiales básicos/provisiones:

16. Disponibilidad de mano de obra:

17. Salarios en el área:

18. Disponibilidad de viviendas para los empleados:

19. Tasas de impuestos (estatales, del condado, sobre los ingresos, sobre los salarios, impuestos especiales):

20. Evaluación del sitio con respecto a la competencia:

Formulario para actualizar los seguros

Compañía asegurada: ABC Company   **Fecha: Octubre 2011**

Compañía	Contacto	Protección	Costo anual
Aseguradora Iris 511 Park View St. Los Angeles, CA 90057	Aura Jerez (111) 123-4567	Póliza general para negocios (ver documentos)	$ 750
Agencia Paz de Seguros 2345 Avenida de los Arboles Ciudad de Panama U.S.A. 23456	Silvia Barillas (223) 567-8909	Worker's Compensation	$ 617
AAA Life Insurance Co. Route 7, Box 2222 Ruraltown, U.S.A. 77777	George Esquivel (333) 987-6543	Seguro de vida por $200.000 Beneficiario: Aura J..	$ 1,642
BBB Life Insurance Co. 4444 Any Street Best Town, U.S.A. 22222	Susan Barillas (222) 876-5432	Seguro de vida por $200,000 Beneficiario: Vicente	$ 1,576
Best Insurance Company (Dirección: Ver arriba)	Rolando Monroy (111) 123-4567	Automóvil Vehículo 1 (Ver póliza actual)	$ 634
Best Insurance Company (Dirección: Ver arriba)	Rolando Monroy (111) 123-4567	Automóvil Vehículo 2 (Ver póliza actual)	$ 583
Industry Insurance Specialists 465 Insurance Blvd., Suite A Sue Town, U.S.A. 66666	Sandra M. Barillas (666) 666-6666	Responsabilidad del producto	$ 1,270
1. Costo total anual de los seguros			**$ 7,072**
2. Costo promedio mensual de los seguros			**$ 589**

NOTAS

1. *Asegúrese de tomar póliza inclusiva por $1,000,000 cuando Vicente se jubile.*
2. *Evalúe las prestaciones de los empleados; la asociación ofrecerá nueva cobertura en 2012.*

CAPÍTULO

5

Parte II
El Plan de Mercadeo

La segunda sección principal de su plan de negocio cubre los detalles de su plan de mercadeo. En esta sección Ud. incluirá información acerca de todo el mercado, con énfasis en su propio mercado-objetivo.

Nuevamente usando las palabras clave, responda a los siguientes elementos. No hay un formato fijo para su arreglo. Cubra cada tópico en el orden que le parezca más lógico.

- **Análisis del Producto-Mercado**
- **Mercado-objetivo**
- **Competencia**
- **Métodos de distribución**
- **Promoción**
- **Precios**
- **Diseño del producto**
- **Oportunidades para entrar en el mercado**
- **Ubicación**
- **Corrientes dentro de la industria**

Análisis Del Producto-Mercado

contribuido por

Donald R. McCrea
Director de Educación Ejecutiva, en la Universidad de California, Irvine,

© 2011 Linda Pinson & Donald R. McCrea

Antes de que escriba su Plan de Mercadeo, lo más importante que necesita hacer es analizar su mercado y decidir sobre el producto-mercado. Hay dos partes a esta decisión:

1. **La opción de qué necesidades del cliente vá a satisfacer—** reflejándose en que producto específico o servicio venderá a sus clientes.

2. **La opción de los clientes específicos a quienes usted desea vender su producto o servicio** (su segmento del mercado objetivo).

Una vez ya hecha la decisión, estará listo para escribir su plan de mercadeo, como se describe en la próxima parte de este capítulo. Si usted se toma el tiempo para hacer este análisis y cuidadosamente escoger a qué clientes comercializará su producto o servicio, encontrará que casi cada prospecto con quien hable tendrá una necesidad por lo que usted está vendiendo.

Escogiendo un grupo de clientes para venderles – ejemplo, seleccionar un segmento del mercado objetivo –significa seleccionar a los clientes potenciales según el criterio que haya determinado con relación a la probabilidad que estos clientes quieran comprar su producto o servicio. El criterio puede incluir los factores demográficos como la edad, los ingresos, lugar donde viven; o factores del estilo de vida como el interés en los deportes, el coleccionar antigüedades, el leér novelas de misterio, o el ver películas extranjeras. Su trabajo como persona de negocio es determinar qué factores se relacionan a la probabilidad de que sus clientes compren su producto o servicio.

Siga las cuatro reglas de mercadeo y éxito en las ventas

Las siguiente cuatro reglas de mercadeo y éxito en las ventas se diseñaron para ayudarle a analizar su mercado y escoger a los clientes que con mayor probabilidad desean comprar su producto o servicio. Enfocando su mercadeo y esfuerzos de ventas en estos clientes harán el hallazgo de encontrar y manterner a los nuevos clientes más fácil que si usted es menos selectivo sobre que clientes son parte de su segmento.

Nota. Estas reglas aplican ya sea que esté vendiendo a los consumidores o a otros negocios. También le aplican si su negocio es nuevo o es un negocio existente.

Regla#1: Encuentre clientes potenciales quienes quieran su producto o servicio

¿Si sus clientes potenciales son consumidores, podrán reconocer que tienen una necesidad o deseo? ¿Si sus clientes son los negocios, reconocerán que tienen un problema que necesita resolverse o una oportunidad para explotarla?

Si el grupo de clientes que ha elegido para venderles claramente reconoce su necesidad, problema, u oportunidad, entonces es más probable que quieran comprar su producto o servicio. Note, sin embargo, no es suficiente que reconozca que sus prospectos tienen una necesidad o problema: tambien tendrá que determinar si ellos lo reconocen.

Si sus prospectos no reconocen su necesidad o problema, entonces el primer plan de acción de su mercadeo y actividades de ventas serán crear o elevar el conocimiento de sus prospectos a su necesidad o problema. Esto requerirá esfuerzo específico de su parte, y se hace típicamente atravéz de un programa integrado de comunicaciones de mercadeo.

Sin embargo, es más simple y menos costoso, si (durante el análisis) puede identificar que hay un grupo seleccionado de clientes potenciales que ya reconocen la necesidad o problema. Entonces este grupo valida su plan convirtiéndose en su *segmento de mercado objetivo*, y sus tareas de mercadeo y ventas serán más fáciles con este grupo.

La pregunta que debe contestar es: ¿Cuáles són las características de sus clientes potenciales que se relacionan a su necesidad o deseo de su producto o servicio? *La hoja de trabajo del Mercado Objetivo* al final de este capítulo le ayudará a contestar esta pregunta. Por ejemplo, si usted está vendiendo un cepillo de dientes eléctrico, las personas que visitan al dentista regularmente son más probables a que esten interesadas en su cepillo de dientes que aquéllos que no visitan a menudo al dentista. Las características que se relacionan a la probabilidad de que el cliente visite un dentista podrían incluir ingresos y educación. Por consiguiente usted podría escoger el sólo vender su cepillo de dientes eléctrico a individuos que ganan más de $50,000 al año y que por lo menos tengan una licencia de cuatro-años de la universidad.

Regla #2: Identifique a clientes que están listos para comprar

¿Causarán los deceos/necesidad/problema/opportunidad a sus prospectos bastante dolor o la perspectiva de bastante placer para que ellos puedán tomar acción?

Si sus prospectos están listos para actuar al llenar su necesidad o resolver su problema del negocio, entonces es más probable que ellos comprarán su producto o servicio. Por otro lado, si la necesidad o problema de sus clientes potenciales no es bastante para motivarlos a tomar acción, entonces necesitará más esfuerzo en ventas y mercadeo para convencerlos de que se beneficiarán al satisfacer su necesidad o resolver el problema. Tenga presente que sus prospectos probablemente tienen varias necesidades o problemas. Así que debe mostrarles que el que usted puede llenar o resolver es de alta prioridad por eso deben de satisfacerlo antes que los otros. Por su parte de nuevo esto requeriría esfuerzo específico, y se volverá otro requisito para su programa integrado de comunicaciones de mercadeo. Podrá ahorrarse mucho de este esfuerzo, sin embargo, si planea refinar su segmento de mercado objetivo para incluir sólo esos prospectos que ya reconocen su necesidad o problema y quiénes están deseosos de actuar en esa necesidad o problema.

Entonces, para continuar su análisis, la próxima pregunta que se debe hacer es: ¿Existen características adicionales del cliente que me dirán que estos clientes estarán listos para comprar? extendiendo en el ejemplo de arriba - Aquéllos que visitan al dentista regularmente, y con una probabilidad más alta de enfermedad de la encía pueden estar más listos para comprar su cepillo de dientes eléctrico que aquéllos con los dientes y encías saludables. Una característica del cliente que se relaciona a una incidencia más alta de enfermedad de la encía es la edad. Por consiguiente podría escoger vender su cepillo de dientes eléctrico a esos individuos que tienen mas de 45 años de edad.

Cuando usted combina esta característica con las otras características previamente seleccionadas de ingresos y educación su análisis ha determinado que su segmento de mercado objetivo ahora seran esos individuos que ganan $50,000 o más al año, con una licencia de cuatro-años de la universidad y que son mayores de 45 años de edad.

Para completar su análisis, hay dos reglas más que aplicar una vez ya identificado su segmento del mercado objetivo. Ambas reglas ayudarán a su negocio a lograr el éxito.

Regla #3: Hágale Saber a Sus Clientes Que Usted Puede Llenar Su Necesidad

¿Sus pospectos reconocerán que usted puede llenar su necesidad o deseo o que puede resolver su problema de negocio? ¿Si su negocio es existente, sus prospectos ya reconocen su habilidad de llenar su necesidad o de querer resolver su problema de negocio?

Si usted es un negocio existente, y ellos ya saben, entonces su programa de comunicaciones de mercadeo ya ha hecho su trabajo, ya ha construido buenas relaciones con estos prospectos. Ya se puede mover a la regla #4.

Si sus prospectos no reconocen su habilidad todavía para satisfacer su necesidad o resolver su problema, entonces debe figurar cómo demostrarles la habilidad que usted tiene. Esta actividad se volverá parte de su programa integrado de comunicaciones de mercadeo. y formará el centro de sus actividades de ventas iniciales. Sus prospectos deben reconocer que usted tiene la solución a su necesidad o problema antes de que ellos se comprometan a gastar tiempo o recursos con usted.

Si ya eligió el segmento del mercado objetivo que satisface las Reglas #1 y #2, entonces el volumen de sus actividades de mercadeo ventas y gastos se dedicará a satisfacer la Regla #3 y #4 de abajo. La Regla #3 se llenará por medio de sus actividades de publicidad y promociones.

Una vez que ya haya deducido cómo educar sus prospectos en su habilidad de satisfacer su necesidad o resolver su problema, usted puede moverse a la Regla #4.

Regla #4: Encuentre clientes que ván a pagarle

¿Sus prospectos le pagarán para satisfacer su necesidad o resolver su problema de negocio?

Hay dos partes a esta Regla:

1. ¿Pagarán sus prospectos?   y   2. ¿Le pagarán sus prospectos a usted?

Aunque sus prospectos reconoscan su necesidad o problema, estan motivados para tomar acción, reconocen que usted tiene una solución, tal vez no esten listos o tengan la facilidad para pagar, o para pagarle a usted.

Debe asegurarse que sus prospectos tengan fondos guardados o disponibles para llenar esta necesidad o resolver este problema. También debe asegurarse que esté tratándo con los que toman las decisiónes. En el caso de una familia, el esposo y esposa tal vez toman decisiones juntos, sobre todo en las compras grandes. En el caso de un negocio, varios individuos tal vez son parte "del circulo de compras," incluyendo un agente de compras, un ejecutivo, un funcionario financiero, y posiblemente otros.

Una vez que determine la habilidad y voluntad de pagar de su prospecto, debe asegurarse que ellos le pagarán a usted - ejemplo, ellos reconocen que usted puede llenar su necesidad o resolver su problema en cierto modo que ningún otro competidor o producto suplente pueden hacerlo. Ellos deben ver claramente el mayor valor en lo que usted tiene que ofrecerles, y confiar que usted esta detrás de su producto o servicio el cual vá a satisfacer su necesidad o resolver su problema. Si sus prospectos no pueden distinguirlo de sus competidores, no confían en usted, o no pueden distinguir su producto o servicio de otros productos o servicios ofrecidos a ellos, entonces una porción de su mercadeo y actividades de ventas tendrá que ser gastada en educarlos sobre su singularidad y fidelidad. Claro, la singularidad y fidelidad deben tener el valor a sus prospectos antes de que ellos tengan el deseos de pagar. Utilice *La Hoja de Trabajo de Evaluación de la Competencia* al final de este capítulo.

Conclusión

Si su negocio es nuevo, cuando analize su mercado, recuerde que cada empresa debe satisfacer estas cuatro reglas de mercadeo y éxito en ventas. Si tiene un negocio existente y esta teniendo dificultad al encontrar clientes que compren su producto o servicio – o - está gastando mucho tiempo "convenciendo" a sus prospectos a comprar, considere como punto clave el mercado objetivo que satisface Las Reglas #1 y #2. Entonces, encontrará que casi cada prospecto con quien hable tiene una necesidad por lo que usted está vendiendo. Así podrá concentrar sus esfuerzos de mercadeo y ventas en satisfacer las Reglas #3 y #4, para asegurarles cómo puede llenar fácilmente sus necesidades mejor que cualquiera de sus competidores.

Si los resultados de su muestra de análisis del producto-mercado muestran que hay clientes válidos para su producto o servicio, ya está listo para escribir su plan del mercadeo. El beneficio al seguir las cuatro reglas serán ciclos de ventas más cortos, un porcentaje más alto de prospectos convertidos en clientes, y uso más productivo de dólares en mercadeo y ventas.

Plan de Mercadeo

Cont.

¿Qué es un plan de mercadeo?

Su plan de mercadeo es la sección de su plan de negocio que se dedica a llevar su producto o servicio al cliente o al "mercado-objetivo". Tal vez Ud. prefiera pensar en el mercadeo como **El Proceso de IAR".** Ud. necesitará **(1) Investigar, (2) Alcanzar y (3) Retener** su mercado-objetivo. Los elementos que se incluyen en este capítulo le ayudarán a organizar la información necesaria para lograr un plan que le dara buenos resultados.

Un buen plan de mercadeo es esencial para el desarrollo de su negocio y su éxito. Será necesario que Ud. incluya información acerca del total del mercado, con énfasis en su mercado-objetivo. Debe Ud. tomar el tiempo necesario para identificar a sus clientes, y hallar los medios para que sus productos les sean atractivos y disponibles. La clave es tiempo. Se necesita tiempo para investigar y desarrollar un buen plan de mercadeo, pero es tiempo bien empleado.

La mayor parte de la información que Ud. necesitará se puede hallar en la biblioteca pública y en las publicaciones del Departamento de Comercio de los EEUU, la Oficina de Negocios Pequeños (SBA) y la Oficina del Censo de los EEUU (vea capítulo 11, "Fuentes de Información" para hallar fuentes específicas). Recuerde, Ud. necesita tener una clara comprensión de quién comprará su producto, quién lo usará, por qué escogerán su compañía y cómo llegarán a saber de ella.

Comience esta sección con un resumen que cubra los elementos claves de su plan de mercadeo. El texto que sigue se expandirá en el área presentada en el resumen. Respalde sus declaraciones y justifique sus proyecciones con los datos de la sección Documentos Auxiliares. Una vez más, el sistema de palabras clave le ayudará a cubrir concienzudamente cada área. Los tópicos se pueden cubrir en el orden que mejor le parezca.

Mercado-objetivo

Se le ha definido como "ese grupo de clientes con un establecido grupo de características que les distingue de otros clientes". Ud. quiere identificar ese "juego de características comunes" que hará suyos esos clientes.

Explique cómo realizó su investigación del mercado. ¿Cuáles fueron sus recursos y cuáles los resultados? ¿Cuál es la demografía de su mercado objetivo? Sus clientes, ¿dónde viven, trabajan y hacen sus compras? ¿Hacen sus compras donde viven o donde trabajan? ¿Cuál es su conformación sicológica? ¿Son compradores impulsivos? Si Ud. se dedica a reparar aparatos VCR, ¿cuántos propietarios de VCR viven dentro de un radio específico de su taller? ¿Le traería ventaja repararlos en su lugar de residencia y sería beneficioso para el cliente? ¿Cuál es su demografía con respecto a edad, sexo e ingresos? ¿A qué se dedican en su tiempo libre? Respalde sus descubrimientos con informes de censo, cuestionarios, resultados de pruebas de mercadeo. Explique cómo cree que Ud.

puede servir ese mercado en cuanto a sus recursos, puntos fuertes y débiles. Concéntrese en proyecciones razonables y dignas de fe en cuanto al tamaño de su mercado en potencia.

Las compañías involucradas en el comercio internacional identificarán los productos o servicios adecuados para la importación o la exportación. ¿Cuáles son sus características de venta? ¿Qué necesidades satisfacen? Describa el país o países en los cuales Ud. piensa establecer negocios y dé a conocer su estrategia para alcanzar esos mercados. Tal como los mercados son diferentes, así lo son las necesidades de sus clientes en potencia. Las variaciones en el clima, el ambiente físico, el ingreso personal, los hábitos de gastos, las creencias religiosas, y las tradiciones nacionales influirán en la clase de productos o servicios que los clientes extranjeros encuentran necesarios y aceptables.

Nota. Se ha incluido una **Hoja de trabajo para su mercado-objetivo** al final de este capítulo para que la use al identificar a los clientes. Complete las preguntas que se hacen en la hoja de trabajo. Luego formule la información reunida en un texto. Después de leer esta sección, el prestamista debe saber que Ud. ha identificado a sus clientes y que cuenta con los datos para apoyar sus descubrimientos.

Competencia

La *competencia directa* consiste en ofrecer el mismo producto o servicio en el mismo mercado. La *competencia indirecta* la ofrece una compañía con el mismo producto o servicio pero en otro mercado-objetivo. Por ejemplo, una tienda de regalos está en competencia directa con otra tienda de regalos, y en competencia indirecta con una compañía que vende por catálogos y ofrece los mismos productos. Si Ud. es un contador público que va a un cliente, su competencia indirecta será con un contador público que trabaje en una oficina. La diferencia entre competencia directa e indirecta a menudo se determina por el método que use para entregar su producto o servicio.

Evalúe ambos tipos de competidores. Ud. quiere determinar las imágenes de los competidores. ¿Qué parte del mercado trata Ud. de atraer? ¿Puede Ud. atraer el mismo mercado de una mejor manera? ¿O puede Ud. descubrir un mercado inexplotado?

Para ayudarle

Use la **Hoja de trabajo para una evaluación de la competencia** que se ofrece al final de esta sección para compilar, organizar y evaluar la información sobre la competencia. Su análisis de esta información le ayudará a planificar su ingreso al mercado. ¿Qué porción del mercado está bajo el control de la competencia (qué porcentaje del total de la base del cliente es de ellos)? ¿Puede Ud. aprovechar ese porcentaje o tendrá Ud. que hacer su propio nicho (su rodaja del pastel)? Haga una comparación con la estructura de precios de la competencia y de la calidad del producto o del servicio.

Para ayudarle con su investigación, le estamos proporcionando una **Lista de referencia para localizar información sobre compañías.**

Después de completar un análisis de la competencia, Ud. y su prestamista sabrán quiénes son los competidores, dónde están situados, que productos o servicios ofrecen, cómo piensa Ud. competir, cómo sus clientes pueden tener acceso a su negocio, y por qué Ud. puede proporcionar un servicio o producto que es único y beneficioso.

Metodos de distribución

Distribución es la manera en que los productos son físicamente transportados al consumidor y la forma en que los servicios se hacen disponibles al cliente. La distribución está íntimamente relacionada con su mercado-objetivo.

Establezca las normas de compras de sus clientes. Si Ud. vende un producto, ¿sus clientes compran por correo directo, por medio de catálogos, o hacen sus compras en los almacenes? ¿Venderá Ud. directamente a través de un representante del fabricante? Si Ud. envía sus productos, ¿quién absorberá los costos de envío y qué forma de envío se usará?

Use las **palabras clave** para responder a las preguntas referentes a sus planes de distribución. Respalde sus decisiones con informes estadísticos, hojas de tarifas para los transportadores, contratos con los representantes de los fabricantes, o cualquier otro documento auxiliar.

Si Ud. está involucrado en un negocio de servicios, ¿proporcionará Ud. servicio en su propio taller? ¿Hará Ud. visitas a domicilio? Y si es así, ¿cómo resolverá el problema del millaje? ¿Qué tiempo piensa que transcurrirá entre el momento en que el cliente requiera sus servicios y Ud. los pueda proporcionar?

Si Ud. piensa importar o exportar mercadería, necesita conocer las prácticas de distribución, regulaciones en las importaciones, requisitos de licencias en los países donde llevará a cabo sus negocios. Verifique las tarifas de impuestos, las cuotas y otras restricciones sobre los negocios que imponen los gobiernos.

También debería Ud. familiarizarse con el sistema legal de ese país y su marco de regulaciones, incluyendo las leyes de contratos, el sistema de impuestos, restricciones monetarias y restricciones sobre las inversiones y operaciones extranjeras. Esta información se puede obtener en la Administración de Comercio Internacional del Departamento de Comercio de los Estados Unidos.

Haga una lista de las ventajas y desventajas de los diversos métodos de distribución y ofrezca las razones de sus preferencias. Tenga en mente el **escenario de los peores casos** mencionados en la sección de la organización. Presente las alternativas. Por ejemplo, si su via de transportacion de servicios se descompone, ¿cuenta Ud. con un vehículo que podría usarse como respaldo? Si es Ud. el único que ofrece el servicio, ¿cómo se las arreglará para mantener contento a su cliente si Ud. se enferma o tiene que alejarse de su negocio por cierto tiempo? Anticipe un curso armonioso de su negocio. Proyecte los costos por un año y desglóselos en gastos mensuales. Estas sumas se transferirán a la Declaración del Movimiento del Efectivo.

Si Ud. piensa importar o exportar mercadería, Ud. necesita conocer las prácticas de distribución y las regulaciones comerciales de los países con los que hará negocios. El cumplimiento de una orden involucra una combinación de servicio de contenedores por mar, aire o tierra, y Ud. necesitará los consejos de un agente de importaciones y exportaciones.

Promociones

La promoción de sus negocios involucra el uso de todos los medios disponibles para hacer llegar su mensaje a sus clientes de que su producto es bueno e indispensable.

Ud. tendrá que identificar lo que es **original** acerca de su negocio y cómo esa originalidad **beneficiará al cliente.** Esta originalidad y los beneficios de sus productos o servicios alimentarán su promoción y desarrollará su imagen. Los párrafos que siguen discuten algunos tipos de promoción que Ud. puede tener en mente mientras escribe su plan:

A. **La publicidad pagada** es un medio de promoción disponible a través de la radio, la televisión, los periódicos y las revistas. Para que sea efectiva, su promoción debe estar adaptada a su mercado-objetivo. ¿Qué revistas y periódicos leen ellos? Analice la publicidad de sus competidores en esas publicaciones. Su investigación del mercado ya le habrá mostrado qué programas de televisión, estaciones de radio y publicaciones son de interés para su mercado-objetivo. En el ejemplo de la ABC Corporation, las publicaciones del oficio y la sección de negocios de sus principales periódicos serían apropiados. Esté preparado para respaldar sus decisiones. Dígale al prestamista dónde pondrá Ud. sus dólares de publicidad, por qué ha escogido esos métodos, cómo llegará su mensaje a los clientes, cuándo comenzará su campaña publicitaria, cuánto costará su plan, y qué formato tomará su publicidad. Incluya copias de sus anuncios y hojas con los precios de la publicidad en la sección Documentos Auxiliares.

B. **Las listas de directorios** tales como las Páginas Amarillas o los directorios profesionales son otro medio para promover su negocio. Tome en cuenta que los directorios se publican en diversas partes del año. ¿Cuál es el programa de publicación, qué cóstos se incurren, cuál es la circulación, qué segmentos de su mecado-objetivo tienen acceso a esos directorios y serán costeables? Los costos serán transferidos en su Declaración del Movimiento del Efectivo.

C. La publicidad es la cobertura "gratis" de los medios informativos que Ud. recibió o piensa buscar. Incluya muestras de sus comunicados de prensa que Ud. piensa enviar y un plan para ponerse en contacto con las personas claves de los medios informativos. Ud. encontrará listas con nombres en la sección de referencia de su biblioteca local. Incluya copias de la cobertura que haya recibido de los medios informativos en la sección de Documentos Auxiliares. Explique con quién piensa entrar en contacto, cuándo ha decidido contactarlos, qué ángulo promocional piensa presentar, y cómo piensa aprovecharse de esa publicidad. La publicidad puede ser muy valiosa para su negocio y puede incrementar su credibilidad. Cuando Ud. paga por la publicidad, Ud. le dice a su cliente que su producto o servicio es bueno. Cuando un miembro de los organismos informativos o alguien de fuera de su organización promueve su producto o servicio, se le toma como un juez imparcial y puede valer más que varios anuncios pagados.

D. El correo directo puede ser una forma efectiva de enviar información específica a un gran número de personas. El correo directo puede adoptar la forma de hojas con datos baratos, cartas, campañas promocionales, concursos, cupones de descuento y folletos. Explique cómo escogerá su lista de correo directo, qué va a enviar así como qué clase de respuesta espera recibir. Si ya ha enviado Ud. el correo directo, diga cuáles fueron los resultados. ¿De qué magnitud fue el envío por correo?¿Cuántas respuestas recibió? ¿Fue costeable?¿Usaría usted el correo directo en el futuro? Incluya muestras del material promocional en la sección Documentos Auxiliares.

E. El involucramiento en los negocios y en la comunidad por medio de su participación en exhibiciones comerciales y en eventos comunitarios, o la membresía en organizaciones cívicas o de negocios, son una forma de promoción. Las cuotas de membresía, las subscripciones a publicaciones del oficio, y las cuotas para asistir a conferencias, así como su participación en ellas, se deben proyectar e incluir en la Declaración de Movimiento del Efectivo.

Las compañías internacionales tendrán que determinar qué medio informativo va a promover sus productos o servicios más eficazmente en todo el mercado extranjero. La ayuda local puede ser altamente importante para el éxito de su plan de anuncio y publicidad. Las personas familiarizadas con la cultura local podrían ayudar a diseñar los materiales de promoción. Por ejemplo, las ventas y los mensajes de garantías se deben traducir a lenguajes locales fáciles de comprender. Asegúrese que el nombre de su compañía y los nombres de sus productos y servicios no ofrecen problemas de traduccion. En algunos países, tanto la televisión como la radio no ofrecen publicidad.

En resumen. Dígale a su prestamista dónde piensa invertir sus dólares de promoción, por qué ha escogido Ud. ese camino, cómo va a llegar su mensaje a su mercado-objetivo, cuándo comenzará su campaña promocional, cuánto costará su plan, y qué formato tomará su publicidad. El momento en que Ud. entrara al mercado o cuando realmentecomenzará su negocio o introducirá un nuevo producto o servicio pueden verse conectados a su programa de promociones. Por ejemplo, si Ud. piensa comenzar su negocio durante una temporada festiva y los nuevos directorios telefónicos se publican en noviembre, Ud. probablemente tendrá que poner su anuncio en julio para que se le incluya. Puesto que la ABC Corporation piensa aumentar su producción en un 35 por ciento comenzando en mayo de 2010, la compañía tendrá que comprometerse a llevar a cabo cierta campaña de publicidad y promoción en los meses precedentes, a fin de entrar a tiempo y ser efectivo en la creación de compradores adicionales. Póngase en contacto con sus fuentes de promoción para determinar el calendario de las publicaciones.

Precios

Su estructura de precios es crítica para el triunfo de su negocio, y se determina por medio de una investigación del mercado y un análisis de las consideraciones financieras. Una estrategia básica de mercadeo es ofrecer un precio dentro del rango entre el *precio máximo* y el *precio mínimo.* El precio máximo lo determina el mercado. Es el costo más alto que un consumidor pagará por un producto o servicio y se basa en el valor percibido. ¿Cuánto está cobrando la competencia? ¿Cuál es la calidad del producto o servicio que Ud. ofrece? ¿Cuál es la naturaleza de la demanda y cuál es la imagen que Ud. proyecta? El precio mínimo es el monto más bajo a que se puede vender un producto o servicio, cubriendo los costos, y todavía así ofreciendo la ganancia buscada. Considere todos los costos: costos de manufactura, gastos variables, gastos indirectos, gastos de interés, y gastos de impuestos. El precio mínimo también tomará en cuenta la ganancia anual que Ud. busca. Aparte de pagar sus costos, los ingresos del negocio deben generar una ganancia. Un negocio viable opera entre el precio máximo y el precio mínimo. La diferencia permite que se tome en cuenta los descuentos, las deudas incobrables, y las ganancias. Justifique su sistema de precios basándose en esas consideraciones. Sea específico para explicar cómo llegó a su estructura de precios y deje lugar para cierta flexibilidad.

Aparte de las consideraciones normales para establecer un precio, un negocio involucrado en negocios internacionales debe agregar el factor de los costos agregados, específicamente los que se relacionan con ventas en el extranjero. Entre ellos se incluye costos promocionales y de entrega del producto más elevados, impuestos, los honorarios del corredor aduanero, y los impuestos al valor agregado de cada localidad. ¿Cuánto de esos costos se pueden incorporar al precio y cuánto será facturado por separado?

El *posicionamiento* o la predeterminación del valor percibido en los ojos del consumidor se puede obtener por medio de actividades promocionales. Para triunfar, Ud. debe decidir qué puede ofrecer su producto o su servicio que la competencia no ofrece, y promoverlo como si fuera un beneficio especial. Muy pocos artículos en el mercado tienen atractivo universal. Su producto o servicio no pueden satisfacer totalmente a todo mundo. Sin embargo, si Ud. se concentra y posiciona su producto o servicio adecuadamente, los posibles compradores o usuarios reconocerán inmediatamente lo que les beneficia. Una mezcla de mercados que involucre productos complementarios o un paquete total de servicios puede beneficiar al cliente y permitirle a Ud. cobrar un precio alto pero aceptable.

Diseño del producto

El empaquetamiento y el diseño del producto pueden jugar un papel principal en el éxito de su negocio. Es lo que primero atrae el ojo del cliente. Considere los gustos de su mercado-objetivo en el diseño final de su producto y su empaque. Decida qué será más atractivo en cuanto a tamaño, forma, color, material y texto editorial. El empaque atrae mucho la atención del público. Entérese de la Ley de Empaquetamiento y Etiqueteo que establece requisitos obligatorios en las etiquetas. La Administración de Alimentos y Drogas tiene procedimientos estrictos para poner marbetes a los artículos que caen dentro de su jurisdicción. Las reglas para empaquetar se pueden obtener poniéndose en contacto con la agencia o leyendo una copia de las regulaciones en alguna biblioteca.

Los exportadores se deben preocupar por la calidad, seguridad y las normas estandar que podrían ser requeridas en un país con el que se va a entrar en negocios. El empaque apropiado se debe considerar para protección contra rotura o desperdicio en el transporte. Las diferencias en voltaje o la conversión al sistema decimal se tienen que tomar en cuenta. Las especificaciones técnicas de su producto y sus códigos ¿aseguran la compatibilidad con los productos manufactorados localmente?

Siga el mismo formato usando las palabras claves para responder a las preguntas con respecto al diseño y empaque de sus productos. Asegúrese de interpretar sus planes en cuanto a los requisitos financieros y use esa información para ayudarse a determinar las proyecciones en el costo de los artículos que piensa vender.

Momento para entrar en el mercado

El momento para entrar en el mercado es crítico y necesita una planificación e investigación cuidadosas. Es más importante tener los productos y servicios disponibles en el momento y lugares adecuados para comprender la disposición del cliente, que su agenda organizativa. La manera en que el nuevo producto es recibido por el consumidor puede verse afectada por el tiempo del año, el clima y los feriados o asuetos.

Los principios de enero y septiembre son los mejores para enviar por correo volantes y catálogos, ya que los consumidores parecen ser más receptivos a la compra por correo en esa parte del año. Las exhibiciones de regalos se celebran en los meses de verano (junio, julio, agosto) y nuevamente en enero y febrero. La mayor parte de las compras al mayoreo tienen lugar en esas exhibiciones. Noviembre y diciembre no son buenos meses para introducir nuevos servicios, a menos que se relacionen de alguna manera con las fiestas por llegar. La primavera es el mejor tiempo para introducir un nuevo servicio. Hay otros factores que se deben tomar en cuenta. Por ejemplo, si su fuente principal de publicidad es en las Páginas Amarillas y éstas salen en noviembre, necesitará preparar su plan para entrar al mercado como se necesite.

La información que obtenga en las revistas y asociaciones profesionales, le ayudarán a determinar las fluctuaciones en su industria. Explique cuándo piensa entrar su producto al mercado, y cómo llegó a esa decisión.

Ubicación

Si la selección de la ubicación se relaciona con su mercado-objetivo, Ud. la discutirá en esta sección. Por ejemplo, la ubicación de un almacén minoritario es una decisión de mercadeo. Debe estar situado cerca de su mercado-objetivo o de los clientes, ofrecer estacionamiento de autos adecuado, y cumplir con las leyes de la ciudad.

Haga una lista de las razones por las que escogió ese sitio. ¿Cuáles son las características del vecindario? ¿El sitio que escoge proyecta su imagen del negocio? ¿Cuáles son los patrones de tránsito? ¿Cuáles son las condiciones del arrendamiento? Si el dueño del edificio proporciona servicios, ¿cuáles son ellos? ¿Cuál es el historial de los alquileres en esa zona? ¿Alguna compañía se ha declarado en bancarrota en esa área? Si es así, trate de averiguar si tuvo algo que ver con la zona. ¿Está el área en que Ud. desea establecer su negocio apoyada por una base económica sólida? ¿Qué sitios alternos se ha considerado? La cámara de comercio, los departamentos de policía y las comisiones de planificación de la ciudad podrán proporcionarle información que le ayudará a determinar la mejor ubicación.

Nota. Use la **Hoja de análisis de ubicaciones** que se ofrece al final de la sección Plan de Organización. También podría consultar **Ubicación** en el capítulo 4 para obtener información adicional.

Corrientes de la industria

Manténgase alerta ante los cambios en su industria. El propietario de negocio inteligente sigue las corrientes de la industria, analiza la economía, proyecta "los mejores y los peores escenarios" y busca maneras de mantener saludable su negocio.

Las asociaciones comerciales y profesionales y sus revistas y reportes de la industria en su campo le ayudarán a escribir acerca de esa área. La nueva tecnología puede traerle nuevos productos al mercado que pueden generarle a Ud. nuevos negocios. Proyecte cómo puede aprovechar esos cambios y qué piensa hacer para mantener el paso con ellos. Por ejemplo, *El reportero de regalos,* una revista comercial para negociantes minoritarios, indicó en 1995 que había interés por los productos que presentaran dinosaurios. Ahora podemos ver dinosaurios rellenos, dinosaurios en las tazas de tomar café, cereales con dinosaurios, y ropa con temas de dinosaurios.

Esas corrientes se pueden extender a otras industrias. ¿Qué se proyecta hacer en su industria? ¿Qué nuevos productos o servicios se están desarrollando? ¿Cómo ha pensado Ud. mantener el paso con esos desarrollos? Algunos grupos como el American Association of Importers and Exporters y la Administración de Negocios Internacionales del departamento de comercio pueden darle información sobre las estadísticas de la industria y los desarrollos más recientes en la industria. En el **Capítulo 11: Fuentes de información**, se ofrece referencias que muestran los perfiles de muchas industrias, y da proyecciones hacia las futuras corrientes.

Analice la industria y dese cuenta de las predicciones financieras y políticas. Por ejemplo, ABC Corporation manufactura partes especializadas para la industria aeroespacial. ¿Habrá una demanda continua por tales partes? Si hay recortes en el presupuesto federal, podría ABC equiparse con herramientas nuevas y salir en busca de nuevos contratos? Lea los informes del gobierno así como revistas y periódicos de su industria.

Proyecte algunos de los mejores y de los peores escenarios para el futuro. Haga un análisis sobre cuánto tiempo y dinero se gastaría en cambiar el enfoque de su negocio a fin de permanecer competitivo. Estas consideraciones se pueden traducir en proyecciones financieras a fin de determinar si el negocio puede permanecer viable.

Responda a preguntas tales como: ¿Cómo puede el negocio permanecer competitivo? ¿Cuál sería el mejor escenario para este negocio? ¿Cuál sería el peor escenario para este negocio? ¿Que gastos se tendrían que incurrir para mantener el crecimiento del negocio? Incluya copias de los informes de la industria en la sección Documentos Auxiliares como respaldo de sus declaraciones.

Hojas de trabajo y referencias

Las siguientes páginas contienen las hojas de trabajo que se mencionan en este capítulo. Use la Sección de Referencias de este libro para obtener fuentes que le ayudarán a reunir información para responder a las preguntas de las palabras clave. Cuando haya cubierto todas esas áreas que se mencionan en el Plan de Mercadeo, Ud. estará preparado para comenzar a trabajar en la sección de Documentos Financieros.

Hoja de trabajo del mercado-objetivo

1. ¿QUIENES SON MIS CLIENTES?

    a. Nivel económico (escala de ingresos):

    b. Sexo:

    c. Escala de edad:

    d. Conformación sicológica (Estilo de vida):

    e. Hábitos de compras:

2. UBICACION:

    a. ¿Dónde viven mis clientes?

    b. ¿Dónde trabajan?

    c. ¿Dónde hacen sus compras?

Hoja de trabajo del mercado-objetivo

(continuación)

3. TAMANO PROYECTADO DEL MERCADO:

4. ¿CUÁLES SON LAS NECESIDADES DEL MERCADO?

    a.

    b.

    c.

    d.

    e.

5. ¿CÓMO PUEDO SATISFACER ESAS NECESIDADES?

    a.

    b.

    c.

    d.

    e.

6. ¿POR QUÉ ES MI NEGOCIO DIFERENTE?

NOTA: Complete las preguntas formuladas en formato de reseña. Entonces formule la información reunida en el texto.

Hoja de trabajo de evaluación de la competencia

1. COMPETIDOR:

2. UBICACIÓN:

3. PRODUCTOS O SERVICIOS QUE OFRECE:

4. METODOS DE DISTRIBUCIÓN:

5. IMAGEN:

    a. Empacado:

    b. Materiales promocionales:

    c. Métodos de publicidad:

    d. Calidad de productos o servicio:

Hoja de trabajo de evàluación de la competencia
(continuación)

6. ESTRUCTURA DE PRECIOS:

7. HISTORIAL DEL NEGOCIO Y ACTUAL ESTADO:

8. PARTICIPACION EN EL MERCADO (número, tipos y ubicación de los clientes)

9. PUNTOS FUERTES (la potencia de la competencia puede ser suya)

10. DEBILIDADES: (examinando los puntos débiles de la competencia puede ayudarle a hallar la forma de ser único y beneficiar a sus clientes)

Nota: Una Hoja de Trabajo como ésta se debería hacer por cada competidor. Mantenga y actualice estos expedientes. Vale la pena evaluar al competidor durante la duración de su negocio.

Lista de referencia de la competencia
(Para localizar información sobre las compañías)

¿Es la compañía propiedad pública o privada/propietaria?
1. *Directory of Companies Required to File Annual Reports with the SEC.*

¿La compañía tiene una compañía matriz o subsidiarias?
1. *Directorate of Corporate Affiliations*
2. *International Directory of Corporate Affiliations*
3. *America's Corporate Families*

¿Necesita Ud. conocer el tipo de negocios de la compañía, sus funcionarios ejecutivos, número de empleados y volumen anual de ventas?
1. *Standard & Poor's Register of Corporations*
2. *Dun and Bradstreet's Million Dollar Directory*
3. *Ward's Business Directory of Largest U.S. Companies*
4. *Career Guide: Dun's Employment Opportunities Directory*
5. *Standard Directory of Advertisers*

¿Necesita Ud. saber el historial corporativo de la compañía y sus datos financieros?
1. *Standard and Poor's Corporate Records*
2. *Moody's Manuals*
3. *Walker's Manual of Western Corporations*

¿Es la compañía de interés periodístico?
1. *Predicasts F & S Index*
2. *Business Periodicals Index*

¿Se halla la compañía listada en un directorio especializado?
1. *Thomas Register of American Manufacturers*
2. *Best's Insurance Reports*
3. *Standard Directory of Advertising Agencies*
4. *U.S.A Oil Industry Directory*
5. *Who's Who in Electronics*
6. *Fairchild's Financial Manual of Retail Stores*
7. *World Aviation Directory*
8. *Medical and Healthcare Marketplace Guide*

¿Cuál es el rango de la compañía dentro de la industria?
1. Ediciones anuales de *Fortune, Forbes, Inc.* y de *Business Week*
2. *Dun's Business Rankings*

Nota: Llame a la sección de referencia de la sección de negocios en su biblioteca local o de su universidad más cercana para verificar la disponibilidad y uso de esas referencias. Muchasbibliotecas cuentan con servicios de computadoras y bases de datos que son disponibles para el público.

Parte III
Documentos Financieros

Como se dijo antes, el cuerpo de un plan de negocio se divide en tres secciones importantes. Por haber completado los planes de organización y de mercadeo, Ud. está ahora preparado para desarrollar la tercera área de su plan.

Los Documentos Financieros son los registros que se usan para mostrar las finanzas del pasado, así como las actuales y las proyectadas para el futuro. En esta sección discutiremos los principales documentos que Ud. querrá considerar e incluir en su plan de negocio. Ellos consisten en las declaraciones proforma (proyectada) y las declaraciones financieras reales. Su trabajo se facilitará si se hace en el orden presentado.

- **Resumen de las necesidades financieras**

- **Declaración de la distribución de los fondos del préstamo**

- **Declaración del movimiento del efectivo (presupuesto)**

- **Análisis del presupuesto trimestral**

- **Proyección de ingresos en los próximos tres años**

- **Analisis del punto de equilibrio**

- **Hoja de balance**

- **Declaraciones de ganancias y pérdidas**

- **Solicitud de préstamo/historial financiero**

- **Análisis de las declaraciones financieras**

Advertencia sobre el orden de preparación

Ud. comienza ahora la sección Documentos Financieros de su plan de negocio. Queremos enfatizar que es mejor que prepare estos documentos en el orden que los hemos presentado, pues así simplificará el proceso. De la misma manera que un constructor prepara la base, construye las paredes y finalmente instala el techo, Ud. verá cómo su estado financiero se construye basándose en lo anterior. Cada uno usará la información del documento anterior. Si Ud. trata de adelantarse, su tarea será más difícil.

Objetivo de los documentos financieros

En las dos primeras secciones, Ud. ha escrito acerca de sus operaciones y sus planes para descubrir y llegar a sus clientes. La sección Documentos Financieros es la interpretación cuantitativa de todo lo que Ud. ha declarado en la parte escrita de su plan. Las declaraciones financieras bien preparadas le proporcionarán el medio para considerar realísticamente su negocio en base a su capacidad de producir ganancias.

Generalmente, un probable prestamista o inversionista examina primero los documentos financieros.

Los documentos financieros que se incluyen en su plan no tienen como único fin satisfacer al prestamista o al inversionista en potencia. La principal razón al escribir un plan de negocio es para que sirva como guía durante la existencia de su negocio. Es extremadamente importante que Ud. lo mantenga actualizado. Esto quiere decir, examinar sus declaraciones financieras a menudo, comparar sus logros reales con los proyectados, revisar sus proyecciones si es necesario.

Tipo de Documentos Financieros

Hay tres tipos de documentos financieros que se discutirán en esta sección. Antes de comenzar a trabajar, será mejor comprender lo que son y el fin de cada uno.

Declaración de sus necesidades y de los usos de los fondos procedentes de un prestamista o inversionista. Los dos primeros documentos que se discuten son "Resumen de las necesidades financieras" y "Declaración de la distribución de los fondos del préstamo". Estos dos documentos son los únicos que se escriben en párrafos y no en hojas de filas y columnas. Se incluyen únicamente si su negocio busca fondos de un prestamista o un inversionista (o de alguna otra fuente).

Declaraciones en pro forma. La palabra "pro forma" se usa en contabilidad como "proyectada". Estas son las declaraciones que se usan para predecir las futuras ganancias del negocio. Ud. no es un mago y no podrá tener la razón en un 100%. Sus proyecciones, sin embargo, se deberán basar en una investigación realista y en suposiciones razonables. Es peligroso exagerar sus ingresos o tasar en menos sus gastos.

Declaraciones de su verdadera ejecutoria. Son las declaraciones financieras que se basan en las operaciones pasadas de su negocio. Si Ud. prepara un negocio nuevo, no tendrá historial. Por lo tanto, Ud. no tendrá declaraciones qué incluir. Sin embargo, una vez que Ud. haya estado en operación por lo menos durante un período contable, ya contará Ud. con una Declaración de Pérdidas y Ganancias y una Hoja de Balances por esos períodos.

Análisis de su estado financiero. Una vez que Ud. haya completado los documentos financieros arriba descritos, será importante que los use como medios para examinar su negocio, lo que le ayudará a hacer las futuras decisiones que le permitan aumentar las ganancias de su negocio. El Análisis del estado financiero utiliza la declaración de ingresos y la hoja de balances, y el estudio de las relaciones y comparaciones entre componentes individuales en las declaraciones individuales o comparativas. En la última sección de este capítulo, Ud. aprenderá a usar su declaración de impuestos y su hoja de balances para preparar el análisis del estado financiero de su negocio.

Cómo proceder

Los documentos se presentarán en el orden que se discutió antes. Será necesario que Ud. determine su situación individual y que decida qué documentos incluir. A continuación se ofrecen cinco descripciones. Ud. decida cuál se ajusta mejor a su negocio y proceda de acuerdo:

1. Si su negocio es nuevo y Ud. busca un prestamista o un inversionista

Incluya la "Solicitud de Fondos en Préstamo" y la "Declaración de la Distribución de los Fondos del Préstamo". Ud. también deberá incluir todas las declaraciones pro forma. Ud. no cuenta con un historial financiero y no puede incluir declaraciones sobre sus ejecutorias reales. El análisis de las declaraciones financieras se basará solamente en proyecciones y usará la proyección de ganancias y pérdidas por los próximos tres años (ingresos) y la hoja de balance proyectada.

2. Si su negocio es nuevo y Ud. no busca un prestamista o un inversionista

Ud. no incluirá la "Solicitud de Fondos en Préstamo" ni la "Declaración de la Distribución de los Fondos del Préstamo". En vez de ello, incluirá todas las declaraciones pro forma. Una vez más, el análisis de las declaraciones financieras se basará en las proyecciones y usará la proyección de ganancias y pérdidas por los próximos tres años (ingresos) y la hoja de balance proyectada.

3. Si su negocio ya está en operación y Ud. va a buscar un prestamista o un inversionista

Necesitará incluir todos los documentos financieros que se discuten en este capítulo.

4. Si su negocio ya está en operación pero Ud. no busca ni un prestamista ni un inversionista

Ud. incluirá todos los documentos financieros que se discutieron en este capítulo, con excepción de "Solicitud de Fondos en Préstamo" y la "Declaración de la Distribución de los Fondos del Préstamo".

5. Si este plan de negocio se escribe para una división dentro de un negocio más grande

Considere a esa división como un negocio dentro de otro negocio, e incluya lo que se indica en 1.4.

Ahora Ud. está listo para preparar sus documentos financieros

Los tres tipos de documentos financieros se presentarán en el siguiente orden:

- **Declaraciones de necesidades financieras y usos de los fondos procedentes de un prestamista o un inversionista**
- **Declaraciones pro forma**
- **Declaraciones financieras reales**

Sugerencias útiles

1. Trabaje en orden. Ud. debera trabajar con los documentos financieros en el orden en que se presentan en este libro. Hará su trabajo más fácil. La mayoría de sus documentos financieros usarán la información de los que Ud. ya ha completado.

2. Agregue explicaciones cuando se necesiten. Cuando Ud. prepare sus declaraciones financieras, es buena idea agregar una explicación escrita de los artículos que parecen inusuales o que no parecerían claros al prestamista o al inversionista.

Ejemplo

a. Si Ud. está en el negocio de la manufactura y ha suspendido sus operaciones por un período de tiempo para instalar nuevo equipo, agregando una explicación aclararía cualquier pregunta acerca de la razón de la disminución en los ingresos, o en los niveles de inventario durante ese tiempo.

b. Si Ud. tiene un aumento considerable en los gastos de publicidad, pero un aumento en los ingresos se notará en una futura declaración financiera, Ud. puede agregar una explicación acerca de los beneficios que espera recibir en períodos futuros.

Declaración de necesidades financieras

y

Usos de los fondos
de un piestamista o un Inversionista

Los dos documentos de textos financieros, que se cubren en las siguientes páginas, describen sus necesidades de un capital que se quiere inyectar a su compañía por medio de fondos prestados o invertidos. También describen en términos generales el uso que Ud. piensa hacer de esos fondos.

Incluya estas dos declaraciones si Ud. busca fondos de un prestamista o de un inversionista.

Los dos documentos son:

■ **Resumen de las necesidades financieras**

■ **Declaración de la distribución de los fondos del préstamo**

Resumen de las necesidades financieras

Si Ud. solicita un préstamo, sus prestamistas e inversionistas analizarán los requisitos de su negocio. Ellos van a distinguir entre tres tipos de capital, como sigue:

■ **Capital de Trabajo**
Necesidades fluctuantes que se deben pagar con efectivo (liquidez) durante el siguiente ciclo de operaciones del negocio, generalmente un año.

■ **Capital de Incremento**
Necesidades que se deben pagar con las ganancias en un período de unos cuantos años. Si Ud. busca capital de incremento, se esperará que Ud. pueda mostrar cómo usará el capital para aumentar las ganancias de su negocio, de tal manera que pueda pagar el préstamo (más interés) en unos pocos años (generalmente no más de siete).

■ **Capital por Acciones**
Necesidades permanentes. Si Ud. busca este tipo de capital, éste se debe reunir entre los inversionistas que correrán riesgos a fin de obtener retornos en forma de dividendos, o ganancias de capital, o una participación específica en el negocio.

Teniendo todo esto en cuenta, Ud. debe preparar ahora un Resumen de las Necesidades Financieras. Este documento es un esbozo que ofrece la siguiente información:

1. **Por qué** solicita el préstamo.

2. **Cuánto** necesita.

Nota. En la siguiente página se ofrece un ejemplo de un Resumen de las Necesidades Financieras.

Muestra de un Resumen de las Necesidades Financieras

Resumen
de las
Necesidades Financieras

I. ABC Corporation busca un préstamo para aumentar su capital de incremento en las siguientes áreas de producción:

  A. Equipo (nuevo y más moderno)

  B. Capacitación del personal en las operaciones mencionadas arriba

II. Los fondos necesarios para alcanzar las metas antes mencionadas serán $100,000.

  A. Ver "Declaración de la Distribución de los Fondos del Préstamo" para la declaración de la distribución de los fondos y su respaldo.

Declaración de la distribución de fondos

Usos del financiamiento. El prestamista potencial querrá ver una declaración de cómo se usará el dinero que Ud. piensa pedir prestado. Será necesario que Ud. le diga:

1. Cómo piensa utilizar los fondos del préstamo.

2. Respalde su explicación con datos.

Los siguientes dos ejemplos ayudarán a clarificar su comprensión de los puntos arriba señalados.

Ejemplo 1

Cómo se usará el dinero. Fondos para publicidad

Respaldo de lo dicho. Lea la sección de publicidad de su plan. Esa sección debe contener una pormenorización de cómo piensa hacer su publicidad. Debería incluir hojas de tarifas en los Documentos Auxiliares.

Ejemplo 2

Cómo se usará el dinero. Fondos para expansión. Incluya una explicación concisa de cómo piensa ensancharse.

Respaldo de lo dicho. Incluya la siguiente información:

    a. Costo proyectado de la realización del plan.

    b. Proyección sobre cómo esa expansión al final producirá mayores ganancias para su negocio, lo que le permitirá pagar su préstamo.

    c. Referencias a otras secciones de su plan de negocio que se relacionan con el proyecto de expansión.

Ud. debe estar seguro que sus datos pueden ser fácilmente identificados por el encargado de préstamos que examina su solicitud. Si su información no está bien organizada y no es fácil de comprobar, Ud. corre el riesgo de que su solicitud de préstamo sea rechazada simplemente porque no se puede localizar la información. La necesidad de tener un Indice bien escrito se discutirá en el Capítulo 10: Organizando su Plan.

Muestra de una Declaración del Uso de los Fondos del Préstamo

Declaración del Uso de los Fondos del Préstamo

1. Uso de los Fondos del Préstamo

ABC Corporation usará los fondos que se anticipan en la suma de $100,000 para modernizar su equipo de producción. Esto necesitará la compra de dos nuevas piezas y la capacitación del actual personal en la operación de ese equipo.

2. Declaración de Respaldo

a. El equipo necesario es el siguiente:

    (1) Prensa Atlas F-34 de alta velocidad (precio de compra: $65,000)

    (2) S71 Jaworski Ebber (precio de compra: $18,000)

b. La capacitación la proporciona el fabricante en un programa intensivo de tres semanas (costo: 10 empleados @ $1200 = $12,000)

c. Los restantes $5000 del fondo del préstamo serán usados para hacer el primer pago mensual del préstamo (un período de baja producción debido al período de capacitación de los empleados en la fábrica).

d. El equipo dará como resultado un aumento del 35% en la producción, disminuyendo el costo por unidad en un 25%. El resultado final será un aumento en la ganancia neta, suficiente para pagar el préstamo y su interés en tres años, con un margen de ganancia del 15% (*)

(*) Nota: *Vea la página 17 para el plan de producción de la ABC Corporation. Vea las páginas 27 y 28 de la sección de mercadeo para leer sobre investigaciones del mercadeo y las proyectadas tendencia del mercado en la industria. (Ver nota al pie de la página).*

Las páginas que se mencionan en este ejemplo son hipotéticas y no corresponden con la páginas de *Anatomía de un Plan de Negocio*.

Cuando escriba su propio plan de negocio, asegúrese que su plan de producción incluya una descripción del equipo, de cómo se hará el trabajo, por quién y a qué costo.

La investigación del mercado mostrará la demanda del producto que se projecta, demostrando así que el aumento en la producción dará como resultado un aumento en las ventas, y por lo tanto en la capacidad de su compañía de pagar el préstamo en una manera exacta.

Declaraciones pro forma

Las declaraciones financieras que siguen son declaraciones pro forma. Muestran sus proyecciones de las utilidades que rendirá la compañía.

Todos los planes de negocios deben contener las siguientes declaraciones pro forma:

- **Declaración del movimiento de fondos**
- **Ingresos proyectados para los siguientes tres años**
- **Análisis de pérdidas y ganancias**

Hemos incluido formularios en blanco de las tres declaraciones pro forma en el Apéndice III. Están listas para que Ud. las use y que ingrese sus propias cifras.

Se podría necesitar también una Hoja de Balance proyectada. Un prestamista potencial o un inversionista pueden pedir que Ud. incluya una Hoja de Balances (o una proyección) Pro Forma para una fecha específica en la vida de su negocio (por ejemplo: "día 1", "fin de año" etc.). Ud. encontrará instrucciones para el desarrollo de una hoja de balances bajo "Declaraciones Financieras Reales" en el siguiente capítulo. Hay también ejemplos en los Apéndices I y II.

En esta sección también se incluye:

- **Efectivo por pagarse y hojas de trabajo de fuentes de efectivo**
  Estas hojas de trabajo le ayudarán a desarrollar sus declaraciones del movimiento del efectivo y se les puede incluir en su plan de negocio.

- **Hoja para el análisis trimestral del presupuesto**
  Esta es su herramienta para comparar las proyecciones de su compañía con su verdaderos logros. Su declaración del movimiento del efectivo será efectiva sólo si se le revisa cada tres meses, reflejando los resultados en el negocio por ese período de tiempo.

Si su negocio es nuevo, no tiene actuación para usar como comparación. Por lo tanto, no tendrá un análisis trimestral del presupuesto hasta que su negocio tenga tres meses de operación.

Si Ud. ha estado en el negocio por uno o más trimestres: Haga un análisis trimestral del presupuesto, revise sus declaraciones del movimiento del efectivo, e inserte la declaración revisada del movimiento del efectivo en su plan de negocio.

Declaración pro forma del movimiento del efectivo (presupuesto)

Es un hecho que una tercera parte o más de los negocios de hoy en día fracasan debido a la carencia de circulación o movimiento del efectivo. La declaración del movimiento del efectivo es lo primero que un prestamista va a examinar en su plan de negocio.

¿Qué es una declaración del movimiento del efectivo?

La Declaración Pro Forma del Movimiento del Efectivo es un documento financiero que **proyecta** el significado de su negocio en dólares. Esta declaración es igual que un presupuesto. Es una declaración pro forma (o anticipada) que se usa en una planificación interna y que calcula cuánto dinero entrará al, y saldrá del, negocio durante un determinado período de tiempo, generalmente el siguiente año fiscal. Sus ganancias al final del año dependerán del balance adecuado entre el efectivo entrante y el saliente.

La Declaración del Movimiento del Efectivo identifica cuándo se espera recibir el efectivo, y cuándo se le debe gastar para pagar cuentas y deudas. También permite que el gerente determine de dónde procederá el efectivo necesario.

Esta declaración se concierne únicamente con **transacciones en efectivo realmente realizadas**, y no con la depreciación y la amortización de un crédito o de otros artículos de gastos no efectuados con dinero. Los gastos se pagan con el efectivo en mano, o con la venta de bienes, con ingresos por ventas o servicios, con el interés ganado en inversiones, dinero obtenido de un prestamista, o por ingreso de capital a cambio de acciones en la compañía. Si su negocio necesita $100,000 para cubrir sus gastos, y $50,000 para sostener a los propietarios, Ud. necesitará un ingreso igual a esa suma a su negocio solamente para mantener el statu quo. Cualquier suma menor hará que eventualmente Ud. no pueda pagar a sus acreedores o a Ud. mismo.

La disponibilidad, o no disponibilidad, de dinero en efectivo cuando se le necesita para cubrir los gastos, llega al meollo del asunto. Por medio de una cuidadosa planificación, Ud. debe tratar de proyectar, no sólo **cuánto** dinero tendrá que entrar al, y salir del, negocio, sino también **cuándo** será necesario que entre o salga. Un negocio puede ser capaz de planificar el recibo del producto de las ventas brutas para cubrir sus necesidades. Sin embargo, si esas ventas no se realizan a tiempo para cubrir los gastos, su empresa podría pasar a la historia, a menos que Ud. se haya preparado para recurrir a otras fuentes de ingresos para poder continuar con sus negocios hasta que se efectúen los otros ingresos.

Período de tiempo. La Declaración del Movimiento del Efectivo se debera preparar mensualmente para el siguiente año fiscal de su negocio. Para ser efectiva, la Declaración se debe analizar y revisar trimestralmente para que refleje la verdadera ejecutoria del negocio en los previos tres meses de operaciones.

Preparación de las hojas de trabajo

Para ayudarle a preparar su declaración pro forma del movimiento del efectivo

Antes de preparar su presupuesto, podría ser útil recopilar proyecciones individuales y presupuestos. Ellos podrían ser como sigue:

- **Ingresos anticipados (producto y servicio)**
- **Compras de inventario**
- **Presupuesto de gastos (ventas) variables (con Presupuesto de Mercadeo)**
- **Presupuesto de gastos (administrativos) fijos**

Preplanificación de las hojas de trabajo

Puesto que la declaración del movimiento del efectivo trata con la entrada y salida del efectivo, el primer paso en la planificación se lleva a cabo mejor preparando dos hojas de trabajo.

1. Efectivo por pagarse

Esta hoja de trabajo documenta la salida del efectivo del negocio. Identifica las categorías de los gastos y obligaciones y el monto anticipado de efectivo necesario en cada categoría. Usa la información de sus presupuestos individuales (compras de inventario, gastos directos, gastos administrativos, giros sobre cuenta del propietario, etc.)

No siempre es fácil estimar esos gastos. Si el suyo es un negocio nuevo, será necesario que Ud. haga muchas encuestas de mercadeo. Si su negocio ya existía antes, combine la información de pasadas declaraciones financieras, con las corrientes que afectan su industria.

2. Fuentes de efectivo

Use esta hoja de trabajo para documentar el movimiento del efectivo en su negocio. Le ayudará a calcular cuánto dinero está disponible en otras fuentes. Para completar esta hoja de trabajo, tendrá que tomar en cuenta el efectivo en mano, los ingresos anticipados, bienes que se pueden liquidar, probables prestamistas o inversionistas, y participaciones en los negocios que se podrían considerar contribuciones. Esta hoja de trabajo le obligará a Ud. a considerar probables posibilidades para aumentar el efectivo disponible.

Muestras de hojas de trabajo

En las siguientes cuatro páginas, Ud. verá ejemplos de dos hojas de trabajo junto con la información pertinente que explica cada una de las categorías usadas. Las hojas de trabajo representan una compañía ficticia, ABC Company, para ayudarle a comprender el proceso.

Sírvase notar que las Hojas de Efectivo para Pagar muestran que necesita $131,000. Fue necesario anticipar Fuentes de Efectivo para explicar la necesidad de $131,000 sin las ventas anticipadas, puesto que su pago se espera recibir hasta en noviembre y diciembre (muy tarde para satisfacer las necesidades entre enero y octubre). En el año siguiente, sus ingresos se verán reflejados como efectivo en mano, o como otros bienes vendibles.

Cuando Ud. haga sus propias hojas de trabajo:

■ *Trate de ser tan realista como sea posible. No menosprecie ingresos y/o exagere los gastos. Este es un gran error que se comete durante el proceso de planificación.*

■ *Asegúrese de incluir todos sus estimados en ambas hojas de trabajo para el mismo período (es decir, anualmente, trimestralmente, mensualmente).*

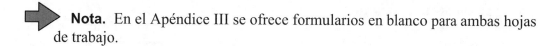 **Nota.** En el Apéndice III se ofrece formularios en blanco para ambas hojas de trabajo.

Explicacion de los categorias:
Hoja de Trabajo de Efectivo Para Pagos

1. Costos de arranque

Estos son los gastos en que se incurre para echar a andar un negocio. Generalmente se hacen sólo una vez y se capitalizan con fines tributarios (pagos de impuestos).

2. Compras deiInventario

Efectivo que se gasta por un tiempo para comprar artículos que luego se venderán. Si Ud. compra artículos manufacturados, esto incluye el desembolso para tales compras. Si el fabricante es Ud., incluya la mano de obra y los materiales en las unidades por producirse.

3. Gastos variables (Gastos de venta o directos)

Estos son todos los costos de todos los gastos que se relacionarán directamente a su producto o servicio (aparte de los costos de manufactura, o precio de compra de inventario).

4. Gastos fijos (Gastos administrativos o indirectos)

Incluye todos los costos anticipados de mantenimiento de oficina. Si hay cuentas que se deben pagar con anticipación, incluya ese desembolso, no importa que el período cubierto se extienda al año siguiente.

5. Bienes (Compras a largo plazo)

Estos son los bienes de capital, o capital activo, que se depreciarán en cierto número de años (tierra, edificios, vehículos, equipo). Determine cómo piensa pagar por ellos e incluya todo el efectivo pagado en el período actual.

Nota: El terreno es el único bien que no se deprecia, y se le incluirá en el precio de costo.

6. Responsabilidades

¿Qué pagos espera hacer para cancelar una deuda o un préstamo? ¿Tiene Ud. cuentas qué pagar cuando comienza el nuevo año? Ud. necesitará determinar el desembolso que se debe hacer en el año que corre. Si Ud. tiene un préstamo de $20,000 por la compra de un auto, y debe pagar $500 mensuales por 12 meses, Ud. tendrá un desembolso de $6,000 en el año venidero.

7. Participación del propietario

Este factor es frecuentemente ignorado al planificar el movimiento del efectivo. Si Ud., como propietario, necesita $2,000 al mes para vivir, debe pensar que $24,000 anuales saldrán del negocio. El no incluir este factor ha llevado muchos negocios al fracaso.

Nota: Asegúrese de usar el mismo período de tiempo en su hoja de trabajo.

✳ Ud. debe determinar las categorías de gastos fijos y variables ✳

Cada negocio tiene gastos que son específicos para la industria. Ud. tendrá que adaptar sus categorías de gastos fijos y variables para acoplarse a su negocio. Hemos sugerido algunas en nuestros ejemplos de cómo comenzar un negocio. Ud. tendrá que escribir sus propios encabezados en las hojas de trabajo. Conforme Ud. comience a operar su negocio, Ud. podrá determinar mejor cuáles son los gastos reales en que incurre el negocio. *Sin embargo, para su Plan de Negocio, necesitará preparar sus encabezados para los gastos, comenzando con la hoja de trabajo, usando los mismos todo el tiempo.* Más tarde Ud. podrá cambiarlos si Ud. cree que las categorías actuales no satisfacen sus necesidades.

Hoja de Trabajo de Efectivo a Pagarse

Nombre de la compañía: **ABC Company**   Período cubierto: **Enero 1 - Dic. 31, 2012**

1. Gastos iniciales		1,450
Licencia del negocio	30	
Registro de la corporación	500	
Gastos legales	920	
Otros gastos de iniciación:		
a.		
b.		
c.		
2. Compras de inventario		
Efectivo para artículos de reventa		32,000
3. Gastos variables (Ventas)		
Publicidad/mercadeo	8,000	
Flete	2,500	
Cumplimiento de órdenes	800	
Costos de empaque	0	
Salarios y comisiones por ventas	14,000	
Gastos de viajes	1,550	
Misceláneos	300	
Total de gastos de venta		27,150
4. Gastos fijos (Administrativos)		
Administración financiera	1,800	
Seguros	900	
Licencias y permisos	100	
Salarios de oficina	16,300	
Gastos de alquiler	8,600	
Servicios	2,400	
Misceláneos	400	
Total de gastos administrativos		30,500
5. Bienes (Compras a largo plazo)		6,000
Efectivo por pagarse en el período actual		
6. Obligaciones		9,900
Desembolso en efectivo para cancelar deudas, préstamos y/o cuentas a pagar		
7. Participación del propietario		24,000
Efectivo que retirará el propietario		
TOTAL DE EFECTIVO A PAGAR		**$131,000**

Explicación de categorías:
Hoja de Trabajo de Fuentes de Efectivo

1. Efectivo en mano

Dinero que Ud. debe tener en mano. Asegúrese de incluir la caja chica y el dinero que aún no ha depositado.

2. Ventas (Ingresos)

Incluye ingresos que se anticipan por la venta de su producto y/o servicio. Si no espera recibir pago durante el tiempo cubierto por esta hoja, no incluya esa porción de sus ventas. Piense en el momento en que espera hacer esas ventas. Si los recibos se verán retrasados más allá del tiempo en que se necesita una gran cantidad de efectivo, tómelo en cuenta cuando tenga que determinar la necesidad de un financiamiento temporario. Incluya los depósitos que recibirá por ventas o servicios anticipados. Para determinar recaudaciones, tendrá que proyectar el porcentaje de facturas que se perderán a causa de deudas irrecuperables, y réstelas del total de cuentas por cobrar.

3. Ingresos varios

¿Tiene Ud., o tendrá, fondos prestados o depositados en su cuenta, que le darán interés durante el período en cuestión?

4. Venta de bienes a largo plazo

Si Ud. anticipa vender cualesquiera de sus valores fijos, como terrenos, edificios, vehículos, maquinaria, equipo, etc., asegúrese de incluir sólo el efectivo que recibirá durante ese período.

Importante ▶ En esta parte de su hoja de trabajo, agregue todos los recursos de efectivo. Si Ud. no cuenta con un monto igual a sus necesidades anticipadas, tendrá que explorar las fuentes de ingresos que se cubren en los párrafos 5 y 6.

5. Responsabilidades

Representan el monto que Ud. podrá solicitar en préstamo a instituciones bancarias o a compañías financieras, la Administración de Negocios Pequeños (SBA), etc. Sea razonable al pensar cuánto puede pedir en préstamo. Si Ud. no cuenta con un codeudor o colateral, si no tiene un plan de negocios, o si su historial financiero es pobre, encontrará difícil, si no imposible, encontrar un prestamista. Esta fuente de efectivo requiere planificación.

6. Distribución

Las fuentes de distribución proceden de inversiones del dueño, del capital contribuido, ventas de acciones o capital especulativo. ¿Anticipa Ud. disponibilidad de fondos personales? ¿Tiene su negocio el potencial para crecer, que podría interesar a un inversionista? Sea realista, Ud. no puede vender acciones a un inversionista que no existe.

Hoja de Trabajo - Fuentes de Ingresos

Nombre de la compañía: ABC COMPANY

Cubre período de enero 1, 2012 a diciembre 31, 2012

1. EFECTIVO EN CAJA — $20,000

2. VENTAS (INGRESOS)

Ingresos por venta del producto* — 90,000

* La mayoría de los ingresos del producto se recibirá en Nov.o Dic.

Ingresos por servicios — 22,000

Depositos por ventas o servicios — 0

Recaudación de cuentas cobrables — 3,000

3. INGRESOS VARIOS

Intereses — 1,000

Pagos de préstamos por recibirse — 0

4. VENTA DE BIENES A LARGO PLAZO — 0

5. RESPONSABILIDADES — 40,000

Fondos del préstamo (a recibirse durante el periodo actual; de bancos por medio de SBA o de otras institucciones de de préstamo)

6. PARTICIPACIÓN

Inversiones del propietario (Solo/con socios) —

Capital contribuido —

Venta de acciones (Corporación) —

Capital especulativo — 35,000

TOTAL DE EFECTIVO DISPONIBLE

A. Sin ventas =   **$131,000**

B. Con ventas =   **$221,000**

Usando las hojas de trabajo.   Ahora que Ud. ha completado las dos hojas de trabajo, está preparado para usar esa información. Ya ha calculado cuánto necesita en efectivo para el año y Ud. sabe de qué fuentes dispone para obtenerlo. En la siguiente fase de la planificación del movimiento del efectivo, Ud. desglosará el período de un año en segmentos mensuales, a fin de predecir cuándo necesitará el efectivo para que el año fiscal transcurra sin problemas.

Anticipe sus ventas mensuales basadas en pagos de facturas, la demanda de su producto o servicio, y su capacidad para responder a la demanda. Figure el costo de los artículos, los gastos fijos y variables en incrementos mensuales. La mayoría variará. ¿Cuándo piensa Ud. comprar la mayor parte del inventario? ¿En qué meses se necesita más publicidad? ¿Anticipa Ud. un aumento en la renta o en el seguro? ¿Cuándo tendrá que pagar las comisiones sobre ventas anticipadas? Determine sus requisitos para los bienes depreciables. ¿De cuánto serán los pagos, y cuándo comenzarán? Incluya lo más que pueda de la declaración del movimiento del efectivo, usando esas proyecciones y las que Ud. pueda determinar fácilmente.

Para clarificar el proceso de rellenar una declaración del movimiento del efectivo, usaremos ABC Company como un ejemplo en enero y febrero.

Proyecciones de enero

1. ABC proyecta comenzar con un balance de $20,000.
2. Recibos de caja: La manufactura del producto terminará hasta febrero, por eso no habrá ventas. Sin embargo, se anticipa un ingreso de $4,000 por servicios.
3. El interés en los $20,000 producirá $100 en la tasa actual.
4. No hay bienes a largo plazo. Escriba cero.
5. Sumando 1,2,3, y 4, el total del efectivo disponible será $24,100.
6. Pagos en efectivo: El producto estará disponible en febrero, y los pagos se deberán recibir cuando se tenga que entregar el producto. Sin embargo, hay un costo de $5,000 por el prototipo.
7. Gastos variables (Venta): Calculados en $1,140.
8. Gastos fijos (Administrativos): Calculados en $1,215.
9. Gastos de interés: Ninguna deuda o préstamo pendiente. Entre cero.
10. Impuestos: Ninguna ganancia en el trimestre anterior. No tendrá que calcular impuestos.
11. Pagos de bienes obtenidos a largo plazo: ABC proyecta obtener equipo de oficina para pagarlo en su totalidad en el momento de su compra. Entre $1,139.
12. Pagos del préstamo: No se ha recibido ningún préstamo. Entre cero.
13. Retiros de fondos por el propietario. Necesitará $2,000 para gastos personales.
14. Total efectivo pagado: Sume items de 6 a 13. Total $10,494.
15. Balance en efectivo. Substraiga Efectivo Pagado de Efectivo Disponible ($13,606).
16. Préstamo por recibirse: Sabiendo que se debe pagar en febrero la suma de $30,000 al fabricante, se anticipa que un préstamo de $40,000 aumentaría el Efectivo Disponible. (Para esto, se necesita planificar con anticipación).
17. Depósito de participación del propietario: El propietario piensa agregar $5,000 de su certificado de depósito personal.
18. Balance final del efectivo: Sume 15, 16, y 17. El total debe ser $58,606.

Proyecciones de febrero

1. Balance del efectivo al principiar febrero: Balance del efectivo al terminar enero: ($58,606).
2. Recibos de caja: Aún no hay ventas, pero el ingreso por servicios es $2,000.
3. Ingresos por intereses: Proyectados en unos $120.
4. Venta de bienes a largo plazo: Ninguna. Entre cero.
5. Total de efectivo disponible: Sume 1, 2, 3, y 4. El resultado es $60,726.
6. Pagos en efectivo: $30,000 al manufacturero, $400 por diseño de empaques.
7. Continúe igual que en enero. No olvide incluir los pagos de su préstamo.

Compañía ABC
Declaración del Movimiento Parcial del Efectivo

	Enero	Febrero
BALANCE DEL EFECTIVO INICIAL	**20,000**	**58.606**
RECIBOS EN EFECTIVO		
A. Ventas/ingresos	4,000	2,000
B. Por cobrar	0	0
C. Ingreso por interés	100	120
D. Venta bienes largo plazo	0	0
TOTAL EFECTIVO DISPONIBLE	**24,100**	**60,726**
PAGOS EN EFECTIVO		
A. Costo de articulos por vender		
1. Compras	0	30,000
2. Material	0	0
3. Mano de obra	5,000	400
Cost total de los artículos	**5,000**	**30,400**
B. Gastos Variables (Ventas)		
1. Publicidad	300	
2. Fletes	120	
3. Entrega de las órdenes	0	
4. Costos de empaque	270	
5. Ventas/salarios	0	
6. Viajes	285	
7. Gastos varios de ventas	165	
Total de Gastos Variables	**1,140**	
C. Gastos Fijos (Administrativos)		
1 Admin. financiera	80	
2. Seguro	125	
3. Licencias/permisos	200	
4. Salarios de oficina	500	**Continuar como**
5. Gastos alquiler	110	**en enero**
6. Servicios	200	
7. Misceláneos gastos administrativos	0	
Total Gastos Fijos	**1,215**	
D. Gastos de interés	0	
E. Impuestos federales	0	
F. Otros usos	0	
G. Pagos bienes a largo plazo		
H. Pagos de préstamos	0	
I. Retiros por el dueño	2,000	
TOTAL EFECTIVO PAGADO	**10,494**	
BALANCE/DEFICIEN-CIA DEL EFECTIVO	**13,606**	
PRESTAMOS POR RECIBIR	40,000	
DEPOSITOS PARTICIPACIÓN	5.000	
BALANCE FINAL DEL EFECTIVO	**58,606**	

Instrucciones para completar su declaración pro forma del movimiento del efectivo

Estas páginas contienen instrucciones sobre cómo completar la declaración del movimiento del efectivo que aparece al final. Una solicitud en blanco para sus propias proyecciones aparece en el Apéndice III.

Las **Columnas Verticales** se han dividido en 12 meses, seguidos por una columna de "Totales" por seis meses, y otra de 12 meses.

Las **Posiciones Horizontales** en la declaración contienen todas las fuentes de efectivo, así como el efectivo a pagarse. Las cifras se obtienen de las dos previas hojas de trabajo, y de sus presupuestos individuales.

Las cifras se han proyectado en cada mes, reflejando el movimiento del efectivo que entra a, o sale de, su negocio en un período de un año. Comience con el primer mes de su ciclo de negocios y proceda así:

1. Proyecte el Saldo de Efectivo Inicial. Entrelo en "Enero".
2. Proyecte los Recibos de Efectivo en enero. Distribuya el total de sus ingresos durante 12 meses. Trate de considerar sus ingresos lo más aproximadamente posible a un ciclo de ventas razonables dentro de su industria.
3. Sume el Saldo de Efectivo Inicial y los Recibos de Efectivo para determinar el Total Disponible de Efectivo.
4. Anticipe los pagos en efectivo que se deben hacer por el costo de los productos que venderá (inventario que Ud. comprará o fabricará). Distribuya el presupuesto total de su inventario en el año, teniendo cuidado de prever los niveles de inventario que satisfarán sus ventas anticipadas.
5. Altere las categorías de sus Gastos Variables y Fijos para adaptarlas a su negocio.
6. Proyecte sus Gastos Variables, Fijos, y de Intereses para enero.
7. Anticipe el efectivo que tendrá que pagar por impuestos, bienes a largo plazo, pagos de préstamos, y retiros de efectivo hechos por el propietario.
8. Calcule el total del efectivo desembolsado (Total del Costo de los Bienes para Vender, Pagos Variables, Fijos, de intereses, de impuestos, de bienes a largo plazo, pagos de préstamos, y retiros de efectivo hechos por el propietario).
9. Reste el total del efectivo desembolsado del total disponible de efectivo. El resultado se entra bajo "Balance/Déficit del Efectivo". Recuerde incluir este resultado dentro de corchetes si es negativo, para evitar errores.
10. Vea el Balance Final del Efectivo cada mes, y anticipe los Préstamos a Recibir y los Depósitos de Acciones que se van a hacer. Agréguelos al Balance/Déficit del Efectivo para obtener el Balance Final del Efectivo mensual.
11. El Balance Final de Efectivo se lleva como saldo y se convierte en el Saldo del Efectivo Inicial durante febrero. (El balance con que termina un mes es con el que principia el siguiente mes.)
12. Pase a febrero e introduzca los números necesarios para completar ese mes. Ese proceso se repite hasta que se completa diciembre.

Para completar la columna de totales

1. Entre el Saldo de Efectivo Inicial de enero en el primer espacio de la columna "Total".
2. Las cifras mensuales de cada categoría (excepto el Saldo de Efectivo Inicial, el Total de Efectivo Disponible, Balance/Déficit del Efectivo, y el Balance del Final del Efectivo) se suman horizontalmente y el resutado se entra en la correspondiente categoría de Total.
3. La columna Total se computa igual que en cada mes individual. Si Ud. ha sido exacto, sus computaciones del Balance Final del Efectivo en iciembre serán iguales que el Balance Total Final del Efectivo.

NOTA. Si el suyo es un negocio nuevo, tendrá que basar sus proyecciones solamente en la investigación del mercadeo y en las corrientes de la industria. Si su negocio ya está establecido, usará también sus declaraciones financieras de años anteriores.

Declaración Pro Forma del Movimiento del Efectivo
Compañía ABC

Año: 2012

	Enero	Febrero	Marzo	Abril	Mayo	Junio	TOTALES 6 MESES	Julio	Augusto	Septiembre	Octobre	Noviembre	Deciembre	TOTALES 12 MESES
EFECTIVO AL PRINCIPIO	10,360	72,840	54,488	60,346	65,125	79,253	10,360	81,341	71,401	68,974	55,974	54,718	59,032	10,360
RECIBOS EN EFECTIVO														
A. Ventas/Ingresos	14,000	9,500	9,500	15,000	18,000	12,000	78,000	9,000	8,000	9,500	16,000	28,000	43,000	191,500
B. Por cobrar	400	400	300	500	450	425	2,475	500	750	650	600	1,250	8,000	14,225
C. Ingreso por Intereses	234	240	260	158	172	195	1,259	213	303	300	417	406	413	3,311
D. Venta de bienes a largo plaza	2,000	0	4,000	0	0	0	6,000	0	0	0	0	0	0	6,000
TOTAL EFECTIVO DISPONIBLE	26,994	82,980	68,548	76,004	83,747	91,873	98,094	91,054	80,454	79,424	72,991	84,374	110,445	225,396
PAGOS EN EFECTIVO														
A. Costo de bienes por vender														
1. Compras	800	16,500	3,700	200	200	300	21,700	9,000	430	540	6,700	14,000	12,000	64,370
2. Material	2,000	1,430	200	300	250	200	4,380	359	750	5,000	400	300	350	11,539
3. Mano de Obra	4,000	2,800	400	600	500	450	8,750	600	1,500	8,000	750	500	540	20,640
Costo total de productos	6,800	20,730	4,300	1,100	950	950	34,830	9,959	2,680	13,540	7,850	14,800	12,890	96,549
B. Costos variables														
1. Publicidad	900	300	900	250	300	700	3,350	350	300	640	1,300	1,200	1,400	8,540
2. Flete	75	75	75	75	180	70	550	75	75	90	180	300	560	1,830
3. Cumplimiento de ordenes	300	300	300	400	350	300	1,950	300	280	325	450	600	975	4,880
4. Costos de empaque	2,100	0	0	0	600	0	2,700	0	200	230	0	0	0	3,130
5. Ventas/salarios	1,400	900	1,300	1,400	1,100	900	7,000	1,400	1,400	1,400	1,400	1,400	1,400	15,400
6. Viajes	0	500	700	0	0	400	1,600	0	540	25	80	0	0	2,245
7. Gastos variables misceláneos	100	100	100	100	100	100	600	100	100	100	100	100	100	1,200
Total gastos variables	4,875	2,175	3,375	2,225	2,630	2,470	17,750	2,225	2,895	2,810	3,510	3,600	4,435	37,225
C. Gastos fijos														
1. Administración financiera	75	75	75	475	75	75	850	75	75	75	75	75	75	1,300
2. Seguro	1,564	0	0	0	0	0	1,564	1,563	0	0	0	0	0	3,127
3. Licencia/permisos	240	0	0	0	0	0	240	0	0	0	0	0	125	365
4. Salarios de oficina	1,400	1,400	1,400	1,400	1,400	1,400	8,400	1,400	1,400	1,400	1,400	1,400	1,400	16,800
5. Gastos de renta	700	700	700	700	700	700	4,200	700	700	700	700	700	700	8,400
6. Servicios	200	200	140	120	80	80	820	75	75	75	90	120	155	1,410
7. Gastos fijos misceláneos	100	100	100	100	100	100	600	100	100	100	100	100	100	1,200
Total gastos fijos	4,279	2,475	2,415	2,795	2,355	2,355	16,674	3,913	2,350	2,350	2,365	2,395	2,555	32,602
D. Gastos de interés	0	0	0	234	233	232	699	231	230	225	223	222	220	2,050
E. Impuesto Federal ingresos	1,200	1	1	1,200	1	1,200	3,603	0	0	1,200	0	0	0	4,803
F. Otros usos	0	0	0	0	0	0	0	0	0	0	0	0	0	0
G. Pagos de activo largo plazo	0	0	0	214	214	214	642	214	214	214	214	214	214	1,926
H. Pagos de préstamos	0	1,111	1,111	1,111	1,111	1,111	5,555	1,111	1,111	1,111	1,111	1,111	1,111	12,221
I. Retiros por el dueño	2,000	2,000	2,000	2,000	2,000	2,000	12,000	2,000	2,000	2,000	3,000	3,000	3,000	27,000
TOTAL EFECTIVO PAGADO	19,154	28,492	13,202	10,879	9,494	10,532	91,753	19,653	11,480	23,450	18,273	25,342	24,425	214,376
Balance/deficiencia efectivo	7,840	54,488	55,346	65,125	74,253	81,341	6,341	71,401	68,974	55,974	54,718	59,032	86,020	11,020
Prestamos a recibir	65,000	0	0	0	0	0	65,000	0	0	0	0	0	0	65,000
Depositos de participación por propietario	0	0	5,000	0	5,000	0	10,000	0	0	0	0	0	0	10,000
BALANCE FINAL DEL EFECTIVO	72,840	54,488	60,346	65,125	79,253	81,341	81,341	71,401	68,974	55,974	54,718	59,032	86,020	86,020

Análisis del presupuesto trimestral

Su Declaración Pro Forma del Movimiento del Efectivo (Presupuesto Anual) no tiene ningún valor para Ud. como dueño del negocio, a menos que haya forma de evaluar la ejecutoria de su compañía, midiéndola contra sus proyecciones.

¿Qué es un análisis del presupuesto trimestral?

Es la herramiento del análisis financiero que se usa para comparar el movimiento anticipado del efectivo con la ejecutoria real de su negocio. Su objeto es hacerle saber is Ud. opera, o no, dentro de sus proyecciones, y ayudarle a guardar el control de todas las fases de las operaciones de su negocio. Cuando su análisis muestra que sobrepasó su presupuesto en alguna área, se hace necesario determinar la razón de ese exceso, aplicando cambios para el futuro, que le permitirán recobrar el control.

Por ejemplo, si Ud. ha presupuestado $1000 en fondos de publicidad para el primer trimestre, y descubre que en realidad gastó $1,600, lo primero que debería hacer es examinar las ventas que resultaron de ese aumento en la publicidad. Si el aumento es igual a, o mayor de, $600, su presupuesto está en buen estado. Si no, tendrá que buscar qué gastos en su presupuesto se pueden revisar para cubrir el déficit. Tal vez tendría que retirar menos fondos para sus gastos personales, o gastar menos en viajes. Tal vez hasta pueda aumentar sus ganancias si agrega un nuevo producto o servicio.

Debe estar claro a estas alturas que el proceso correcto para evitar que Ud. se quede sin capital de operación en la mitad del año, es haciendo proyecciones anuales, analizando cada final de trimestre, y entonces revisando el presupuesto con base en ese análisis y las actuales corrientes de la industria.

Cómo desarrollar un análisis del presupuesto trimestral

El Análisis del Presupuesto Trimestral necesita las siguientes siete columnas:

1. **Partida del presupuesto.** La lista de la Partida del Presupuesto se toma de los encabezados en la Declaración Pro Forma del Movimiento del Efectivo. Todas las partidas de su presupuesto deben estar listadas.
2. **Presupuesto del actual trimester.** Entre Ud. el monto presupuestado para el trimestre actual en la Declaración Pro Forma del Movimiento del Efectivo.
3. **Actualice este trimester.** Entre Ud. los recibos y gastos del trimestre.
4. **Variaciones en este trimester.** Substraiga el monto gastado o recibido del monto presupuestado para el actual trimestre. Ese será el monto gastado o recibido por encima, o por debajo, del presupuesto.
5. **Presupuesto anual hasta el momento.** Es el monto presupuestado desde el principio de año hasta el final del actual trimestre (de la declaración del movimiento del efectivo).
6. **Realidad hasta el momento.** Monto realmente gastado o recibido desde el principio de año hasta el final del actual trimestre.
7. **Variaciones hasta el momento.** Substraiga el monto gastado o recibido del monto presupuestado desde principio de año hasta el final del actual trimestre.

NOTA. Ud. no tendrá datos qué entrar en las columnas 3, 4, 5, 6, y 7 hasta que haya estado en funciones por lo menos un trimestre.

Todos los artículos contenidos en el presupuesto se presentan en este formulario. La segunda columna es el monto presupuestado para el presente trimestre. Al substraer el monto realmente gastado, se llegará a la variación para el trimestre. Las tres últimas columnas son para las cifras de todo el año. Si se analiza al final del 3o trimestre, las cifras representarán los primeros nueve meses del año fiscal.

Para hacer las calculaciones: Cuando se calculan variaciones, los montos se ven precedidos ya sea por un más (+) o un menos (-), dependiendode si la categoría es ingreso o gasto. Si el monto es más grande que el monto presupuestado, (1) las categorías de ingresos se representarán con un positivo (+). Las categorías de gastos representarán la variación como un negativo (-).

Análisis del Presupuesto Trimestral

Nombre del negocio: Compañía ABC   **Para el trimetre que termina: Septiembre 30, 2012**

ARTICULO DEL PRESUPUESTO	ESTE TRIMESTRE			AÑO HASTA LA FECHA		
	Presupuesto	Real	Variación	Presupuesto	Real	Variación
INGRESOS POR VENTAS	145,000	150,000	5,000	400,000	410,000	10,000
Menos costo de productos	80,000	82,500	(2,500)	240,000	243,000	(3,000)
GANANCIAS BRUTAS	65,000	67,500	2,500	160,000	167,000	7,000
GASTOS VARIABLES						
1. Publicidad/mercadeo	3,000	3,400	(400)	6,000	6,200	(200)
2. Fletes	6,500	5,750	750	16,500	16,350	150
3. Cumplimiento de órdenes	1,400	950	450	3,800	4,100	(300)
4. Empaque	750	990	(240)	2,200	2,300	(100)
5. Salarios/Comisiones	6,250	6,250	0	18,750	18,750	0
6. Viajes	500	160	340	1,500	1,230	270
7. Misceláneos	0	475	(475)	0	675	(675)
GASTOS FIJOS						
1. Financiero/Administrativo	1,500	1,500	0	4,500	4,700	(200)
2. Seguros	2,250	2,250	0	6,750	6,750	0
3. Licencias/Permisos	1,000	600	400	3,500	3,400	100
4. Salarios de oficina	1,500	1,500	0	4,500	4,500	0
5. Renta	3,500	3,500	0	10,500	10,500	0
6. Gastos de funcionamiento	750	990	(240)	2,250	2,570	(320)
7. Misceláneos	0	60	(60)	0	80	(80)
INGRESO NETO DE LAS OPERACIONES	36,100	39,125	3,025	79,250	84,895	5,645
INGRESO DE INTERESES	1,250	1,125	(125)	3,750	3,700	(50)
GASTOS DE INTERESES	1,500	1,425	75	4,500	4,500	0
GANANCIA NETA (ANTES IMPUESTOS)	35,850	38,825	2,975	78,500	84,095	5,595
IMPUESTOS	8,500	9,500	(1,000)	25,500	28,500	(3,000)
GANANCIA NETA (DESPUES IMPUESTOS)	27,350	29,325	1,975	53,000	55,595	2,595

DECLARACION ARTICULOS QUE NO PRODUCEN INGRESOS

1. Pago de activo a largo plazo	2,400	3,400	(1,000)	7,200	8,200	(1,000)
2. Pago de préstamos	3,400	3,400	0	8,800	8,800	0
3. Retiros del propietario	6,000	6,900	(900)	18,000	18,900	(900)

DESVIACIONES DEL PRESUPUESTO   Este trimestre   Año hasta la fecha

	Este trimestre	Año hasta la fecha
1. Deckaración artículos de ingresos	$1,975	$2,595
2. Pago de préstamos	($1,900)	($1,900)
3. Total de desviación	$75	$695

Proyección de ingresos en los próximos tres años

¿Qué es una proyección de ingresos en los próximos tres años?

Es una declaración pro forma de ingresos (o ganancias y pérdidas). Difiere de una declaración del movimiento del efectivo en que incluye sólo ingresos estimados y gastos deducibles. Esta diferencia se ilustra como sigue: Su compañía hará pagos de $9,000 por un vehículo en 2011. De esa suma, $3,000 es interés. El monto total ($9,000) entrará como una declaración del movimiento del efectivo; sólo el interés ($3,000) ingresará en la declaración de ingresos estimados. El capital pagado en ese préstamo ($6,000) no es un gasto deducible.

Variaciones en el período cubierto

Existe alguna diferencia de opinión sobre el período de tiempo que se debería cubrir, y si éste debiera ser anual o mensual. Si Ud. está buscando fondos, hable con el prestamista sobre cuáles son sus requisitos. Si no, sugerimos una estimación de tres años con proyecciones anuales en vez de mensuales. Con una economía que cambia tan rápidamente, es difícil hacer proyecciones detalladas exactas.

Tome en cuenta aumentos y rebajas

Los aumentos en ingresos y gastos deben ser realistas y reflejarse en sus proyecciones. Los cambios en la industria pueden también causar rebajas en los ingresos y los gastos. Un ejemplo de ello podría verse en la industria de las computadoras, donde la gran competencia y la estandardización de componentes han causado una rebaja en los precios de costo y de venta del equipo y del software. El estado de la economía será también un factor contribuyente en el aspecto de su negocio.

Fuentes de información

La información para una proyección de tres años se puede desarrollar valiéndose de su declaración pro forma del movimiento del efectivo y el análisis del mercado. Las cifras del primer año se pueden transferir de los totales de ingresos y gastos. Las cifras del segundo y tercer año se obtienen combinando esos totales con las tendencias de su industria. Recuerde también que ciertos gastos de su primer año no podrían repetirse en años venideros. También debe tomar en cuenta posibles nuevos gastos. Por ejemplo, Ud. podría tener un nuevo producto o servicio, o podría comenzar a importar o exportar internacionalmente; o Ud. podría a empezar a ofrecer servicios de tarjetas de crédito y tener gastos relacionados con ese servicio. Una vez más, si Ud. tiene un negocio ya establecido, tendrá que recurrir a pasadas declaraciones financieras para ayudarse a determinar cuáles son sus proyectos para el futuro de su negocio. Asegúrese de tomar en cuenta las fluctuaciones anticipadas en los costos, la eficiencia de su operación, cambios en el mercado, etc.

Al final de cada año, Ud. podrá comparar las proyecciones de su compañía contra su ejecutoria real. Tal vez algunos prestamistas o inversionistas le pedirán que extienda sus proyecciones a cinco años. El proceso será el mismo.

Proyección de Ingresos por Tres Años
ABC Compañía

Actualizado: Septiembre 26, 2010	Nov-Dec 2010 Prearranque	Año 1 2011	Año 2 2012	Año 3 2013	TOTALES 3 Años
INGRESOS					
1. VENTAS/INGRESOS	**41,620**	**743,925**	**2,651,856**	**4,515,406**	**7,952,807**
Ventas por catálogos	33,820	672,925	2,570,200	4,421,500	7,698,445
Ventas sala de exhibiciones	4,600	46,320	53,274	61,266	165,460
Ventas al por mayor	3,200	24,680	28,382	32,640	88,902
2. Costo de bienes vendidos (c-d)	**23,900**	**375,048**	**1,329,476**	**2,261,783**	**3,990,207**
a. Inventario inicial	6,000	6,000	18,000	25,000	6,000
b. Compras	23,900	387,048	1,336,476	2,268,783	4,016,207
Catálogo	19,600	336,460	1,285,100	2,210,750	3,851,910
Sala de exhibiciones (para el publico)	2,300	35,163	33,637	37,633	108,733
Por mayor	2,000	15,425	17,739	20,400	55,564
c. Costo productos disponibles, Ventas (a-b)	29,900	393,048	1,354,476	2,293,783	4,022,207
d. Menos inventario final (12/31)	6,000	18,000	25,000	32,000	32,000
3. GANANCIAS BRUTAS EN VENTAS (1-2)	**17,720**	**368,877**	**1,322,380**	**2,253,623**	**3,962,600**
GASTOS					
1. VARIABLES (Ventas) (a hasta h)	**38,146**	**249,332**	**734,263**	**1,316,291**	**2,338,032**
a. Publicidad/mercadeo	1,042	5,352	5,727	6,127	18,248
b. Entregas por auto/viajes	200	1,200	1,284	1,374	4,058
c. Gastos de catálogo	27,600	189,600	670,400	1,248,000	2,135,600
d. Salarios brutos	5,120	38,400	41,088	43,964	128,572
e. Gastos de pianilla	384	2,920	3,124	3,343	9,771
f. Envios	800	4,800	5,280	5,808	16,688
g. Gastos misceláneos de variables	3,000	6,000	6,300	6,615	21,915
h. Depreciación (sala de exhibiciones)	0	1,060	1,060	1,060	3,180
2. FIJOS (Administrativos) (a hasta h)	**12,139**	**68,228**	**71,609**	**75,268**	**227,244**
a. Contabilidad y legal	820	1,920	2,054	2,198	6,992
b. Seguro + Workers' Comp	904	3,768	4,032	4,314	13,018
c. Renta	3,900	15,600	16,692	17,860	54,052
d. Reparaciones y mantenimiento	60	360	385	412	1,217
e. Pago garantizado (socio gerente)	4,000	24,000	24,000	24,000	76,000
f. Abastecimientos	600	3,600	3,852	4,123	12,175
g. Teléfono	1,050	13,700	15,070	16,577	46,397
h. Gastos de funcionamiento	630	3,480	3,724	3,984	11,818
i. Gastos misceláneos de administración	175	0	0	0	175
j. Depreciación (artículos de oficina)	0	1,800	1,800	1,800	5,400
TOTAL GASTOS DE OPERACIÓN (1+2)	**50,285**	**317,560**	**805,872**	**1,391,559**	**2,565,276**
INGRESO NETO DE OPERACIONES (3 menos Gastos)	**(32,565)**	**51,317**	**516,508**	**862,064**	**1,397,324**
OTROS INGRESOS (Ingresos de interés)	0	0	0	0	0
OTROS GASTOS (Gastos de interés)	1,192	14,300	13,814	13,274	42,580
GANANCIA (PERDIDA) NETA PARA LA SOCIEDAD	**(33,757)**	**37,017**	**502,694**	**848,790**	**1,354,744**
Impuestos: (Sociedad)*	0	0	0	0	0
* *(Socios pagan impuestos individualamenta*	0	0	0	0	0
segun perdidas o ganacias)	0	0	0	0	0
SOCIEDAD: GANANCIAS (PERDIDAS) NETAS	**(33,757)**	**37,017**	**502,694**	**848,790**	**1,354,744**

Analisis del punto de equilibrio

¿Qué es el punto de equilibrio?

Es el punto en que los costos de la compañía coinciden exactamente con el volumen de ventas, y en el cual el negocio ni ofrece ganancias ni ha causado gastos. Ese punto se puede determinar con calculos matemáticos, o desarrollando una gráfica. Se puede expresar en:

1. **Ingreso total en dólares** (compensado exactamente por los costos totales)
2. **Total de unidades de producción** (costo exactamente equivalente al ingreso derivado de su venta)

Para aplicar este proceso a una operación, Ud. necesitará tres proyecciones:

1. **Costos fijos.** (Costos administrativos indirectos + Intereses). Muchos de estos costos permanecen constantes durante períodos lentos. Los gastos del interés se deben agregar a los costos fijos durante un análisis de punto de equilibrio.
2. **Costos variables.** (Costo de artículos + Gastos de ventas) Generalmente varían con el volumen del negocio. Mientras más grande el volumen de ventas, mayores los costos.
3. **Volumen total de ventas.** (Ventas proyectadas para el mismo período)

Fuentes de información

Todas sus cifras se pueden derivar de su Proyección de Ingresos en Tres Años. Puesto que el punto de equilibrio se alcanza hasta que el total de sus ingresos coincide con sus gastos totales, el cálculo de su punto de equilibrio requiere que Ud. reúna un buen número de ingresos y gastos anuales, hasta que vea que el total de ingresos es mayor que el total de gastos. Tome esas cifras e insértelas en la siguiente fórmula matemática. (Ahora ya Ud. podrá ver que cada documento financiero en su plan de negocio se basa en los documentos preparados previamente).

Matemáticamente

El punto de equilibrio de un negocio se puede computar usando la siguiente fórmula:

Punto de Equilibrio (Ventas) = Costos fijos + [(Costos variables / Ingresos anticipados) x Ventas]

Términos usados:
  a. Ventas = volumen de ventas en el punto de equilibrio
  b. Costos fijos = gastos administrativos, depreciaciones, intereses
  c. Costos variables = costo del producto y gastos de ventas
  d. Ingresos estimados = ingresos (de ventas de productos o de servicios)

Ejemplo :
  a. S (Ventas en el punto de equilibrio) = Desconocido
  b. FC (costos fijos)   = \$25,000
  c. VC (costos variables)   = \$45,000
  d. R (ingresos calculados) = \$90,000

Usando la fórmula,la computación sería como sigue:

S (en el punto de equilibrio) = 25,000 + [(45,000 / 90,000) x S]

S = 25,000 + (1/2 x S)

S - 1/2S = 25,000

1/2 S = 25,000

S = \$50,000 (Que es el punto de equilibrio en dólares de ingreso, exactamente compensados por los costos totales)

Gráficamente

El punto de equilibrio en la gráfica para el mismo negocio estaría trazado como se muestra abajo. Hay un cuestionario en blanco para uso suyo en la sección Muestra de Hoja de Trabajo.

Gráfica de un Análisis del Punto de Equilibrio

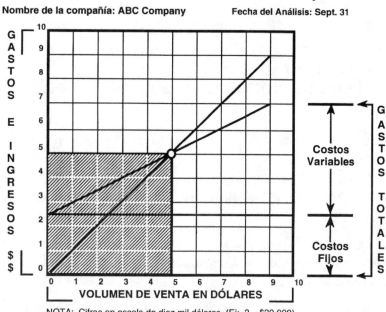

Nombre de la compañía: ABC Company   **Fecha del Análisis: Sept. 31**

NOTA: Cifras en escala de diez mil dólares (Ej: 2 = $20,000)

Para completar la gráfica: Determine las siguientes proyecciones:

1. Costos fijos por período. Son los costos que generalmente permanecen constantes y se les debe cubrir, no importa cuál sea el volumen de las ventas (administrativo, alquiler, seguro, depreciación, salarios, etc.) Agregar también los gastos de intereses. Por ejemplo: $25,000.

2. Costos variables. Costos asociados con la producción y la venta de sus productos o servicios. Si Ud. tiene un producto, incluirá el costo de los bienes (compras de inventario, mano de obra, materiales) con sus costos variables (flete, empaque, comisiones de ventas, publicidad, etc.). Si Ud. lo desea, esos costos se pueden expresar multiplicando el costo de unidad por las unidades que se van a vender de un producto. Por ejemplo: $1.50 por unidad x 30,000 unidades = $45,000. Para un servicio que no tiene costo de producto, use el total de los gastos proyectados de venta (variable).

3. Volumen de ventas totales. Esta es la cifra que representa el total de los ingresos proyectados. Ud. puede también calcular los ingresos multiplicando para ello las estimadas unidades del producto que se va a vender por el precio de venta por unidad. Por ejemplo: 30,000 unidades @ $3.00 = $90,000. Para un servicio, se puede multiplicar las horas que se piensa facturar por su tarifa por hora. Por ejemplo: 900 horas x $100 = $90,000.

Para dibujar las líneas

1. **Dibuje la línea horizontal** en el punto que representa Costos Fijos (25)

2. **Dibuje la línea de costo variable** desde el extremo izquierdo de la línea del Costo Fijo, inclinándose hacia arriba al punto donde se encuentran los Costos Totales (Fijo + Variable) en la escala vertical (7) con los Totales en la escala horizontal (9).

3. **Dibuje la línea de ingresos totales** desde cero hasta el punto que describe los Ingresos Totales en ambas escalas (donde 9 se encuentra con 9).

Punto de equilibrio. Es el punto en la gráfica en que la Línea del Costo Variable se cruza con la Línea de Ingresos Totales. Este negocio calcula que obtendrá el punto de equilibrio cuando el volumen de ventas llegue a los $50,000. El área triangular debajo y a la izquierda de ese punto, representa las pérdidas de la compañía. El área triangular situada arriba y a la derecha del punto, representa probables ganancias.

Declaraciones de ejecutorias reales

Las declaraciones financieras que se cubren en las páginas siguientes, son declaraciones de verdaderas ejecutorias. Reflejan las actividades pasadas de su negocio.

Si Ud. es un nuevo propietario, no cuenta con un historial. Su sección financiera terminará con las declaraciones proyectadas y un Historial Financiero Personal.

Si su negocio ya está establecido, Ud. incluirá las declaraciones de ejecutoria real que se muestran abajo:

■ **Hoja de balances**

■ **Declaración de ganancias y pérdidas (Ingresos)**

■ **Historial financiero del negocio**
o
■ **Solicitud de préstamo**

Hoja de balances

¿Qué es una hoja de balances?

La Hoja de Balances es una declaración financiera que muestra la posición del negocio en una fecha determinada. Se hace generalmente al cerrarse un período contable.Se le puede comparar con una fotografía. Es el cuadro de lo que su negocio posee y debe en cierto momento, y le mostrará si su posición financiera es fuerte o débil. Al preparar esta declaración periódicamente, Ud. podrá identificar y analizar las corrientes en el vigor financiero de su negocio, y así podrá introducir modificaciones acertadas.

Bienes, organizaciones y valor neto

Todas las hojas de balance se dividen en tres categorías. Las tres están relacionadas porque, en cualquier momento, los bienes de un negocio equivalen al total de las contribuciones de sus acreedores y propietarios. Y se definen así:

Bienes = Lo que su negocio posee, que tiene valor monetario

Obligaciones = Deudas del negocio

Valor neto (capital) = Monto igual a la inversión del propietario.

La siguiente fórmula matemática ilustra la relación entre esos tres factores.

Bienes - Obligaciones = Valor neto

Examinado así, es obvio que si un negocio posee más bienes que deudas, su valor neto será positivo. O al revés, si el negocio debe más dinero a sus acreedores que lo que posee en bienes, su valor neto será negativo.

Hojas de balances proyectados

Si Ud. busca financiamiento, sus prestamistas o inversionistas pueden pedir que Ud. les presente hojas de balances proyectados para el "día 1", "después de la introducción del capital", o "final del año 1". La información financiera para una hoja de balances proyectados en una fecha fija, se recopila usando las cifras de la columna de la misma fecha de su declaración pro forma del movimiento del efectivo, y del estado del inventario en esa misma fecha, los activos fijos, los préstamos a largo plazo, y las obligaciones actuales. Un ejemplo de una hoja de balance proyectado "final del año 1" se puede ver en el ejemplo de un plan de negocio para Marine Art de California, en el Apéndice I. El formulario es el mismo para las hojas de balance estimado o real.

Categorías y formatos

La Hoja de Balance debe observar un formato aceptado en contabilidad, y contener las categorías antes mencionadas. Si se sigue este formato, quienquiera que lea la Hoja de Balance podrá interpretarla fácilmente.

Nota. *En las dos páginas siguientes se ofrece un ejemplo de una Hoja de Balance ya preparada, así como una Explicación de las Categorías de la Hoja de Balance. En el Apéndice III aparece un formulario en blanco para su uso propio.*

Hoja de Balance
con explicación de categorías

BIENES. Todo lo que sea propiedad de, o se le debe a, su negocio, que tiene valor efectivo.

1. **Activo corriente.** Partidas del activo que se pueden convertir en efectivo dentro de un año de la fecha en la Hoja de Balances.

   a. **Efectivo.** Dinero en mano. Incluye dineros aún no depositados.

   b. **Caja chica.** Dinero para gastos menores que no se ha gastado.

   c. **Cuentas a cobrar.** Dinero que se le debe a Ud. por la venta de productos y/o servicios.

   d. **Inventario.** Material en bruto, trabajo en proceso, productos manufacturados o comprados para la reventa.

   e. **Inversiones a corto plazo.** Inversiones que se espera poder convertir en menos de un año: acciones, bonos, certificados de depósito. Listarlos a un precio de costo, o valor en el mercado reducido.

   f. **Gastos prepagados.** Artículos o servicios comprados o alquilados antes de usárseles (alquileres, seguros, compras prepagadas de inventario, etc.)

2. **Inversiones a largo plazo.** Acciones, bonos y cuentas de ahorro especiales que no se tocarán en menos de un año.

3. **Activo fijo.** Recursos con que cuenta un negocio que no se piensa en vender.

   a. **Tierra.** Entre Ud. el precio original de compra.

   b. **Edificios.** Entre Ud. el precio de costo menos depreciación.

   c. **Equipo, mobiliario, autos/vehículos.** Entre Ud. el precio de costo menos depreciación. Se puede usar el *Kelly Blue Book* para determinar el precio actual de los vehículos.

OBLIGACIONES. Lo que debe su negocio; reclamos de los acreedores sobre sus bienes.

1. **Obligaciones actuales.** Estas obligaciones son pagaderas durante un ciclo de operaciones.

   a. **Cuentas por pagar.** Obligaciones pagaderas durante un ciclo de operaciones.

   b. **Notas pagaderas.** Notas a corto plazo; entre Ud. el balance del capital que se debe. Por separado, muestre las porciones de las deudas a largo plazo.

   c. **Interés pagadero.** Interés acumulado por préstamos y créditos.

   d. **Impuestos pagaderos.** Montos que se calcula se incurrió en el período fiscal.

   e. **Salarios acumulados.** Deudas actuales de salarios y sueldos.

2. **Obligaciones a largo plazo.** Balances pendientes menos la porción que se debe pagar inmediatamente (préstamos de negocios, hipotecas, vehículos, etc.)

VALOR NETO (*También llamado* Porción del propietario). Los reclamos del dueño contra los bienes del negocio (documentos que dependen de la estructura legal del negocio.

1. **Derecho de propiedad o sociedad.** La inversión original de cada propietario, más sus ganancias después de los retiros de fondos.

2. **Corporación.** La suma de las contribuciones de los propietarios o accionistas, más las ganancias retenidas después de pagar dividendos.

Hoja de Balance

Nombre del negocio:

ABC Compañía

Fecha: Septiembre 30, 2011

ACTIVO

Activo Corriente

Efectivo	$	8,742
Caja chica por cobrar	$	167
Cuentas a cobrar	$	5,400
Inventario	$	101,800
Inversiones a corto plazo	$	0
Gastos prepagados	$	1,967

Inversiones a largo plazo $ 0

Activo fijo

Terreno (valuado al costo)	$	185,000
Edificios	$	143,000
1. Costo	171,600	
2. Menos depr. acum.	28,600	
Mejoras	$	0
1. Costo	0	
2. Menos depr. acum.	0	
Equipo	$	5,760
1. Costo	7,200	
2. Menos depr. acum.	1,440	
Mobiliario	$	2,150
1. Costo	2,150	
2. Menos depr. acum.	0	
Autos/Vehiculos	$	16,432
1. Costo	19,700	
2. Menos depr. acum.	3,268	

Otros activos

1.	$	
2.	$	

TOTAL ACTIVO $ **470,418**

PASIVO

Pasivo actual

Cuentas a pagar	$	2,893
Notas a pagar	$	0
Interés pagadero	$	1,842
Impuestos pagaderos		
Impuestos federal sobre ingresos	$	5,200
Impuestos a autoempleados	$	1,025
Impuestos estatal sobre ingresos	$	800
Impuestos accumulados de ventas	$	2,130
Impuestos sobre la propiedad	$	0
Planilla acumulada	$	4,700

Pasivo a largo plazo

Notas pagaderas	$	196,700

TOTAL PASIVO $ **215,290**

VALOR NETO (Porción del propietario)

Propiedad	$	
or		
Sociedad		
Roberto Garcia, 60% porción	$	153,077
Tony Hernandez, 40% porción	$	102,051
or		
Corporación		
Capital social	$	
Superávit pagado	$	
Ganacias retenidas	$	

VALOR NETO TOTAL $ **255,128**

Activos - Pasivos = Valor Neto
y
Pasivos + Valor Neto = Activos Totales

Declaración de perdidas y ganancias (Ingreso)

¿Qué es una declaración de pérdidas y ganancias?

Una declaración que muestras las actividades financieras de un negocio en un período de tiempo, usualmente un año fiscal. En contraste con la Hoja de Balance, que muestra un aspecto de su negocio en cualquier momento, la Declaración de Pérdidas y Ganancias (P&G) se puede comparar con una película, que muestra lo que ha sucedido en su negocio en un período de tiempo. Es una herramienta excelente para valorar su negocio. Ud. podrá identificar los puntos débiles en sus operaciones y buscar la manera de administrar su negocio más efectivamente, aumentando así sus ganancias. Por ejemplo, Ud. comprobará que la intensa publicidad que llevó a cabo en marzo, no aumentó sus ventas efectivamente. En los años subsiguientes, Ud. podría decididr que va a emplear sus fondos de publicidad más efectivamente si los usa cuando tiene lugar un aumento de comprar por los clientes. De igual manera, Ud. podría examinar su Declaración de Pérdidas y Ganancias para ver qué meses tienen el mayor volumen de ventas, y puede planificar su presupuesto mejor. Una comparación de sus Pérdidas y Ganancias por varios años le dará un cuadro mejor aun de las corrientes económicas en su negocio. No menosprecie el valor de esta herramienta cuando prepare sus tácticas.

Cómo desarrollar una declaración de pérdidas y ganancias

La Declaración de Pérdidas y Ganancias (Declaración de Ingresos) se recopila de las transacciones comerciales efectuadas, en contraste con las declaraciones pro forma, que son proyecciones para futuros períodos de negocios. Las Pérdidas y Ganancias muestran de dónde vino el dinero, y cómo se gastó en un período específico de tiempo. Se le debería preparar no solamente al final del año fiscal, sino también al cerrar cada mes de negocios. Es una de las dos principales declaraciones financieras que se preparan con información obtenida de los libros mayores y los records de un negocio. Los balances de las cuentas de ingresos y gastos se usan en una Declaración de Pérdidas y Ganancias. El resto de la información de los bienes, las obligaciones, y el capital, proporcionan las cifras para la Hoja de Balances que se cubren en las últimas tres páginas.

Al final de cada mes, las cuentas en el Libro Mayor General se balancean y se cierran. Los balances de las cuentas de ingresos (numeradas de 400 a 499) y las cuentas de gastos (numeradas de 500 a 599) se deben transferir a su Declaración de Pérdidas y Ganancias.

Si Ud. usa los servicios de un contador profesional, o cuenta con un buen programa de software, ambos serían capaces de generar una declaración de pérdidas y ganancias y una hoja de balance para Ud. al final de cada mes, así como del año fiscal. Muchos propietarios de negocios pequeños instalan su propio juego de manuales. Si sus archivos generales están debidamente arreglados, la transferencia de la información será relativamente fácil, mientras que Ud. comprenda qué información necesita y qué archivos generales se van a usar como recursos.

Formato y fuentes de información

La Declaración de Ganancias o Pérdidas (o Ingreso) deben seguir un formato de contabilidad aceptado y contener ciertas categorías. En la siguiente página, Ud. verá el formato correcto y una breve explicación de los artículos a incluir en las calculaciones de cada categoría, a fin de poder llegar a la "Línea Final" o participación del dueño en las ganancias de ese período.

INGRESOS

1. **Ventas netas (Ventas brutas menos devoluciones y descuentos).** ¿Cuáles son sus recibos de efectivo para ese período? Si su contabilidad se basa en acumulaciones, ¿qué monto facturó Ud. durante ese período? Tal vez Ud. prefiera tener subcategorías para los diferentes tipos de ventas.

2. **Costos de productos vendidos (CPV).** El costo de manufactura o la compra de productos vendidos en ese período. El Costo de los Productos se calcula usando las secciones a, b, y c que siguen. (a+b-c=CPV)

   a. **Inventario inicial.** Producto en mano al principio del período de contabilidad.

   b. **Compras.** Material, mano de obra, o costo en el inventario comprado durante el período de contabilidad.

   c. **Inventario final.** Producto en mano al final del período de contabilidad.

3. **Ganancia bruta.** Se computa substrayendo el Costo de los Productos Vendidos de las Ventas Netas (1-2)

GASTOS

1. **Gastos variables (Ventas).** ¿Qué gastos tuvo Ud., que se relacionaran directamente con su producto o servicio? (es decir, publicidad/mercadeo, flete, cumplimiento de órdenes, salarios/comisiones por ventas, exhibiciones, viajes, vehículos, depreciación (equipo de producción, etc.)? Estos gastos varían y generalmente son directamente proporcionales a su volumen de negocios. Divídalos en subcategorías de acuerdo a sus negocios.

2. **Gastos fijos (Administrativos).** ¿Qué gastos indirectos (overhead) tuvo Ud. durante ese período (contabilidad/legal, seguros, artículos de oficina, salarios de oficina, alquiler, gastos de funcionamiento, depreciación del equipo de oficina, etc.)? Estos gastos a menudo son fijos, y así permanecen sin que importe su volumen de negocios. También se les debería dividir en categorías de acuerdo con sus negocios.

Ingresos netos de las operaciones. Las Ganancias Brutas (3) menos el total de Gastos Fijos (Ventas) y los Gastos Variables (Administrativos) (Gastos No. 1 y 2)

Otros ingresos. Intereses que se recibieron durante el período

Otros gastos. Intereses que se pagaron durante el período

Ganancia (Pérdida) neta antes de pagar los impuestos sobre la renta. El Ingreso Neto de las Operaciones más los Ingresos por Intereses, menos Gastos de Intereses. El monto de ganancias antes de pagar los impuestos sobre la renta.

Impuesto sobre la renta. Entre los impuestos que se pagaron durante el período (federal, estatal, local, autoempleo).

Ganancia (Pérdida) neta después de pagar los impuestos sobre la renta. Substraiga todos los impuestos sobre la renta que se pagaron, así como la ganancia o pérdida neta antes de pagar esos impuestos. Esto es lo que se conoce como "resultado final" (**"bottom line"**, en inglés).

Declaración de Pérdidas y Ganancias (Ingresos)

Compañía ABC

Para el año 2011	Enero	Febrero	Marzo	Abril	Mayo	Junio	TOTALES 6 MESES	Julio	Agosto	Sept.	Octubre	Noviembre	Diciembre	12-MONTH TOTALS
INGRESOS														
1. VENTAS NETAS (Br - R&A)	14,400	10,140	10,060	15,658	18,622	12,620	81,500	11,500	9,850	10,150	16,600	29,250	51,000	209,850
2. Costo de bienes a vender	2,800	2,900	4,200	7,700	7,350	2,750	27,700	2,959	2,580	2,740	6,250	13,400	23,290	78,919
a. Inventario inicial	27,000	31,000	48,500	48,600	42,000	35,600	27,000	33,800	40,800	40,900	51,700	53,300	54,700	27,000
b. Compras	6,800	20,400	4,300	1,100	950	950	34,500	9,959	2,680	13,540	7,850	14,800	12,890	96,219
c. Costo de artículos para vender	33,800	51,400	52,800	49,700	42,950	36,550	61,500	43,759	43,480	54,440	59,550	68,100	67,590	123,219
d. Menos inventario final	31,000	48,500	48,600	42,000	35,600	33,800	33,800	40,800	40,900	51,700	53,300	54,700	44,300	44,300
3. GANANCIA BRUTA	11,600	7,240	5,860	7,958	11,272	9,870	53,800	8,541	7,270	7,410	10,350	15,850	27,710	130,931
GASTOS														
1. Gastos variables (Ventas)														
a. Publicidad	900	300	900	250	300	300	2,950	350	300	640	1,300	1,200	1,400	8,140
b. Fletes	75	75	75	75	180	70	550	75	75	90	180	300	560	1,830
c. Cumplimiento de órdenes	300	300	300	400	350	300	1,950	300	280	325	450	600	975	4,880
d. Costos de empaque	2,100	0	0	0	600	0	2,700	0	200	230	0	0	0	3,130
e. Salarios/Comisiones de ventas	1,400	900	1,300	1,400	1,100	900	7,000	1,400	1,400	1,400	1,400	1,400	1,400	15,400
f. Viajes	0	500	700	0	0	400	1,600	0	540	25	80	0	0	2,245
g. Gastos variables misceláneos	50	47	73	40	28	62	300	90	73	46	39	74	87	709
h. Depreciación	0	0	0	0	0	2,660	2,660	0	0	0	0	0	2,660	2,660
Total Gastos Variables	4,825	2,122	3,348	2,165	2,558	2,032	17,050	2,215	2,868	2,756	3,449	3,574	7,082	38,994
1. Gastos fijos (Administrativos)														
a. Administración financiera	75	75	75	475	75	75	850	75	75	75	75	75	75	1,300
b. Seguros	1,564	0	0	0	0	0	1,564	1,563	0	0	0	0	0	3,127
c. Licencias/Permisos	240	0	0	0	0	0	240	0	0	0	0	0	125	365
d. Salarios de oficina	1,400	1,400	1,400	1,400	1,400	1,400	8,400	1,400	1,400	1,400	1,400	1,400	1,400	16,800
e. Gastos de alquiler	700	700	700	700	700	700	4,200	700	700	700	700	700	700	8,400
f. Gastos de funcionamiento	200	200	140	120	80	80	820	75	75	75	90	120	155	1,410
g. Gastos fijos misceláneos	54	38	42	57	28	64	283	60	72	31	48	45	89	628
h. Depreciación	0	0	0	0	0	2,660	2,660	0	0	0	0	0	2,660	5,320
Total Gastos Fijos	4,233	2,413	2,357	2,752	2,283	4,979	19,017	3,873	2,322	2,281	2,313	2,340	5,204	37,350
Total Gastos de Operación	9,058	4,535	5,705	4,917	4,841	7,011	36,067	6,088	5,190	5,037	5,762	5,914	12,286	76,344
Ingreso Neto de Operaciones	2,542	2,705	155	3,041	6,431	2,859	17,733	2,453	2,080	2,373	4,588	9,936	15,424	54,587
Otros ingresos (Intereses)	234	240	260	158	172	195	1,259	213	303	300	417	406	413	3,311
Otros gastos (Intereses)	0	0	0	234	233	232	699	231	230	225	223	222	220	2,050
Ganancias netas (Pérdidas) antes impuestos	2,776	2,945	415	2,965	6,370	2,822	18,293	2,435	2,153	2,448	4,782	10,120	15,617	55,848
Impuestos: a. Federal	1,950	0	0	1,950	0	1,950	5,850	0	0	1,950	0	0	0	7,800
b. State	350	0	0	350	0	350	1,050	0	0	350	0	0	0	1,400
c. Local	0	0	0	0	0	0	0	0	0	0	0	0	0	0
Ganancias (Pérdidas) netas despues impuestos	476	2,945	415	665	6,370	522	11,393	2,435	2,153	148	4,782	10,120	15,617	46,648

Declaración Pérdidas & Ganancias
Compañía ABC

Comenzando: Enero 1, 2011   **Termina: Diciembre 31, 2011**

INGRESOS		
1. Ingresos de ventas		$ 209,850
2. Costo de bienes vendidos (c-d)		78,919
a. Inventario inicial (1/01)	27,000	
b. Compras	96,219	
c. Costo bienes para la venta (a+b)	123,219	
d. Menos inventario final (12/31)	44,300	
3. Ganancia bruta de ventas(1-2)		$ 130,931
GASTOS		
1. Variables (Ventas) (a hasta h)		38,994
a. Publicidad/Mercadeo	8,140	
b. Fletes	1,830	
c. Cumplimiento de órdenes	4,880	
d. Costos de empaque	3,130	
e. Comisiones de sueldos/salarios	15,400	
f. Viajes	2,245	
g. Gastos variables misceláneos (Ventas)	709	
h. Depreciación (Prod/Serv. Activo)	2,660	
2. Fijos (Administrativo (a hasta h)		37,350
a. Administración financiera	1,300	
b. Seguros	3,127	
c. Licencias y permisos	365	
d. Salarios de oficina	16,800	
e. Gastos de alquiler	8,400	
f. Gastos de funcionamiento	1,410	
g. Gastos fijos misceláneos (Administrativos)	628	
h. Depreciación (Equipo de oficina)	5,320	
Gastos Totales de Operación (1+2)		76,344
Ingreso Neto de Operaciones (Gan. bruta - Gastos)		$ 54,587
Otros ingresos (Ingresos de interés)		3,311
Otros gastos(Gastos de interés)		2,050
Ganancia (Pérdida) neta antes de impuestos		$ 55,848
Impuestos		
a. Federal	7,800	9,200
b. Estatal	1,400	
c. Local	0	
GANANCIA (PERDIDA) NETA DESPUES IMPUESTOS		$ 46,648

Historial financiero del negocio

El historial financiero del negocio es la última declaración que se necesita en su plan de negocio. Es un resumen de la información financiera acerca de su compañía desde el principio hasta el presente.

Si su negocio es nuevo

Ud. tendrá tan sólo proyecciones de su negocio. Si Ud. está solicitando un préstamo, el prestamista querrá ver su Historial Financiero Personal. Esto será beneficioso porque demostrará la manera en que Ud. ha dirigido sus negocios personales, un indicador de la probabilidad de que Ud. triunfe en sus negocios.

Si su negocio ya est á establecido

La solicitud de préstamo y su Historial Financiero del Negocio son lo mismo. Cuando Ud. indica que está interesado en obtener un préstamo para su negocio, la institución que analiza su solicitud le proporcionará el formulario. Ese formato varía ligeramente de un lugar a otro. Cuando Ud. recibe su solicitud de préstamo, asegúrese de revisarlo y piense cómo va a responder cada pregunta. Responda las preguntas y por lo que más quiera proporcione información exacta que puede verificarse fácilmente.

Información necesaria y fuentes de información

Conforme Ud. rellene su Historial Financiero del Negocio (solicitud de préstamo), será obvio por qué éste es el último de los documentos que Ud. tendrá que completar. Toda la información necesaria se habrá recopilado ya en las partes previas del plan y en las declaraciones financieras que ya Ud. ha ofrecido. Para ayudarle con su historial financiero, ofrecemos a continuación una lista de la información que más a menudo se pide. También hemos hecho una lista de algunas de las fuentes de información a las que Ud. puede dirigirse para obtener los datos:

1. **Bienes activos, obligaciones, activo neto o líquido.** Ud. deberá identificar estos tres elementos como términos de la hoja de balance. Ud. ya ha completado la Hoja de Balance de su compañía y necesita solamente consultar los expedientes y anotar la suma en dólares.

2. **Pasivo contingente.** Deudas que Ud. puede contraer en el futuro (por ejemplo, incumplimiento de un pagaré con resguardo, o resolución de una demanda pendiente)

3. **Detalles de inventario.** Información que se deriva de su Récord de Inventario. También, en el Plan de Organización Ud. debería tener un resumen de sus actuales sistemas y métodos de evaluación.

4. **Declaración de P érdidas y Ganancias.** Esta es información sobre ingresos y gastos. Ud. trasladará la información de su última completada Declaración Anual de Pérdidas y Ganancias, o de la recopilación de varias Declaraciones si así lo quiere el prestamista.

5. **Tenencias de bienes raíces, acciones y bonos.** Consulte su Plan de Organización. Ud. tal vez tendría que revisar sus récords de inversiones para obtener una información más completa.

6. **Información sobre la estructura legal de su negocio (Propiedad única, sociedad, o corporación).** Generalmente hay tres programas separados del historial financiero, uno por cada estructura legal. Ud. tendrá que preparar el que es adecuado para su negocio. En la sección de Organización, Ud. habrá cubierto dos áreas que servirán como fuente para esta información: Estructura Legal y Organización. Los Documentos Auxiliares también pueden contener alguna información que Ud. podría necesitar.

7. **Información de Auditoría.** Consulte el Plan de Organización, bajo Mantenimiento de Récords. Es posible que también se le pregunte acerca de otros probables prestamistas, si Ud. anda en busca de crédito, quién hace las auditorías de sus libros, y cuándo fue la última vez que se le hizo una auditoría.

8. **Seguros.** Se le pedirá que proporcione información detallada sobre su seguro en caso de terremoto, automóviles, etc. Su Plan de Organización debería contener información sobre la protección de su póliza para ver si se le incluye en su historial financiero.

Formulario para el historial financiero de su negocio

Ud. encontrará un ejemplo de un Historial Financiero de un Negocio que le podría pedir que presentara un prestamista o inversionista en potencia en las páginas siguientes.

Formulario para una declaración financiera personal

Si su negocio es nuevo y Ud. necesita su Declaración Financiera Personal para esta sección, vea la muestra que ofrecemos en el capítulo 7: Documentos Auxiliares.

Ejemplo (en inglés) de un Historial Financiero de un Negocio
(que le podría pedir que presentara un prestamista o inversionista en potencia)

Business Financial Statement
INDIVIDUAL, PARTNERSHIP, OR CORPORATION

FINANCIAL STATEMENT OF   Received At_____ Branch

Name_____ Business_____

Address_____ at Close of Business_____ 20____

To

The undersigned, for the purpose of procuring and establishing credit from time to time with you and to induce you to permit the undersigned to become indebted to you on notes, endorsements, guarantees, overdrafts or otherwise, furnishes the following (or in lieu thereof the attached, which is the most recent statement prepared by or for the undersigned) as being a full, true and correct statement of the financial condition of the undersigned on the date indicated, and agrees to notify you immediately of the extent and character of any material changes in said financial condition, and also agrees that if the undersigned or any endorser or guarantor of any of the obligations of the undersigned, at any time fails in business or becomes insolvent, or commits an act of bankruptcy, or if any deposit account of the undersigned with you, or any other property of the undersigned held by you, be attempted to be obtained or held by writ of execution, garnishment, attachment or other legal process, or if any of the representations made below prove to be untrue, or if the undersigned fails to notify you of any material change, as above agreed, or if the business, or any interest therein of the undersigned is sold, then and in such case, at your option, all of the obligations of the undersigned to you, or held by you, shall immediately become due and payable, without demand or notice. This statement shall be construed by you to be a continuing statement of the condition of the undersigned, and a new and original statement of all assets and liabilities upon each and every transaction in and by which the undersigned hereafter becomes indebted to you, until the undersigned advises in writing to the contrary.

ASSETS	DOLLARS	CENTS	LIABILITIES	DOLLARS	CENTS
Cash In_____ (Name of Bank)			Notes Payable to Banks_____		
Cash on Hand_____			Notes Payable and Trade Acceptances for Merchandise_____		
Notes Receivable and Trade Acceptance (Includes $_____ Past Due)			Notes Payable to Others_____		
Accounts Receivable--$_____ Less Reserves $_____			Accounts Payable (Includes $_____ Past Due)		
Customer's ... (Includes $_____ Past Due)			Due to Partners, Employees Relatives, Officers, Stockholders or Allied Companies____		
Merchandise—Finished—How Valued _____			Chattel Mortgages and Contracts Payable (Describe Monthly Payments) . . . . . $____		
Merchandise—Unfinished—How Valued _____			Federal and State Income Tax_____		
Merchandise—Raw Material—How Valued _____			Accrued Liabilities (Interest, Wages, Taxes, Etc.)_____		
Supplies on Hand_____			Portion of Long Term Debt Due Within One Year_____		
Stocks and Bonds—Listed (See Schedule B)_____					
TOTAL CURRENT ASSETS			**TOTAL CURRENT LIABILITIES**		
Real Estate—Less Depreciation of: $_____ Net (See Schedule A)			Liens on Real Estate (See Schedule A) $_____		
Machinery and Fixtures— Less Depreciation of: $_____ Net			Less Current Portion Included Above $_____ Net		
Automobiles and Trucks— Less Depreciation of: $_____ Net			Capital Stock—Preferred_____		
Stocks and Bonds—Unlisted (See Schedule B)_____			Capital Stock—Common_____		
Due from Partners, Employees, Relatives, Officers, Stockholders or Allied Companies____			Surplus—Paid In_____		
Cash Value Life Insurance _____			Surplus—Earned and Undivided Profit_____		
Other Assets (Describe_____			Net Worth (If Not Incorporated)_____		
TOTAL			TOTAL		

PROFIT AND LOSS STATEMENT FOR THE PERIOD FROM_____ TO_____			**CONTINGENT LIABILITIES (Not Included Above)**		
Net Sales (After Returned Sales and Allowances)____			As Guarantor or Endorser Accounts, Notes, or Trade Acceptance Discounted or Pledged_____		
Cost of Sales:			Surety On Bonds or Other Continent Liability_____		
Beginning Inventory			Letters of Credit_____		
Purchases (or cost of goods mfd.)			Judgments Unsatisfied or Suits Pending_____		
TOTAL			Merchandise Commitments and Unfinished Contracts_____		
Less: Closing Inventory			Merchandise Held On Consignment From Others_____		
Gross Profit on Sales			Unsatisfied Tax Liens or Notices From the Federal or State Governments of Intention to Assess Such Liens		
Operating Expenses:			**RECONCILEMENT OF NET WORTH OR EARNED SURPLUS**		
Salaries—Officers or Partners			Net Worth or Earned Surplus at Beginning of Period_____		
Salaries and Wages—Other			Add Net Profit or Deduct Net Loss_____		
Rent			Total_____		
Depreciation			Other Additions (Describe)_____		
Bad Debts			Total_____		
Advertising					
Interest			Less: Withdrawals or Dividends		
Taxes—Other Than Income			Other Deductions (Explain)		
Insurance			Total Deductions____		
Other Expenses			Net Worth or Capital Funds on This Financial Statement____		
Net Profit from Operations			**DETAIL OF INVENTORY**		
Other Income					
Less Other Expenses			Is Inventory Figure Actual or Estimated?_____		
Net Profit Before Income Tax			By whom Taken or Estimated _____ When? _____		
Federal and State Income Tax			Buy Principally From_____		
Net Profit or Loss			Average Terms of Purchase_____ Sale _____		
(Total Net Worth or Earned Surplus)			Time of Year Inventory Maximum _____ Minimum _____		

Ejemplo de un Historial Financiero de un Negocio
página 2

Business Financial Statement
INDIVIDUAL, PARTNERSHIP, OR CORPORATION – Page 2

SCHEDULE A — LIST OF REAL ESTATE AND IMPROVEMENTS WITH ENCUMBRANCES THEREON

Description, Street Number, Location	Title in Names of	BOOK VALUE		MORTGAGES OR LIENS		Terms of Payment	Holder of Lien
		LAND	IMPROVEMENTS	MATURITY	AMOUNT		
		$	$		$	$	
TOTALS		$	$		$	$	

SCHEDULE B — STOCKS & BONDS: Describe Fully. Use Supplemental Sheet if Necessary. Indicate if Stocks Are Common or Preferred. Give Interest Rate and Maturity of Bonds.

NO. OF SHARES AMT. OF BONDS	NAME AND ISSUE (DESCRIBE FULLY)	BOOK VALUE	MARKET VALUE		
		LISTED	UNLISTED	PRICE	VALUE
		$	$		$
	TOTALS	$	$		$

SCHEDULE C — Complete if Statement is for an Individual or Sole Proprietorship

Age _____ Number of Years in Present Business _____ Date of Filing _____ Fictitious Trade Style _____

What Property Listed in This Statement is in Joint Tenancy? _____ Name of Other Party _____

What Property Listed in This Statement is Community Property? _____ Name of Other Party _____

With What Other Businesses Are You Connected? _____ Have You Filed Homestead? _____

Do You Deal With or Carry Accounts With Stockbrokers? _____ Amount $ _____ Name of Firm _____

SCHEDULE D — Complete if Statement is of a Partnership

NAME OF PARTNERS (indicate special partners)	Age	Amount Contributed	Outside Net Worth	Other Business Connections
		$	$	

Date of Organization _____ Limited or General? _____ Terminates _____

If Operating Under Fictitious Trade Style, Give Date of Filing _____

SCHEDULE E — Complete if Statement is of a Corporation

	AUTHORIZED	Par Value	OUTSTANDING			ISSUED FOR
			SHARES	AMOUNT	CASH	
Common Stock	$	$		$	$	
Preferred Stock	$	$		$	$	
Bonds—Total Issue	$	$		$	$	

Date Incorporated _____ Under Laws of State of _____

Officers	Age	Shares Owned		Directors and Principal Stockholders	Shares Owned	
		COMMON	PREFERRED		COMMON	PREFERRED
President				Director		
Vice President				Director		
Secretary				Director		
Treasurer						

SCHEDULE F — Complete in ALL Cases — INSURANCE

Are Your Books Audited by Outside Accountants? _____ None

Date of Last Audit _____ To What Date Has the U.S. Internal Revenue Department Examined Your Books? _____

Are You Borrowing From Any Other Branch of This Bank? _____ Which? _____

Are You Applying for Credit At Any Other Source? _____ Where? _____

Have You Ever Failed In Business? _____ If So, attach a Complete Explanation and State Basis of Settlement With Creditors _____

Lease Has _____ Years to Run With Monthly Rental of $ _____

Merchandise _____ $ _____

Machinery & Fixtures _____ $ _____

Buildings _____ $ _____

Earthquake _____ $ _____

Is Extended Coverage Endorsement Included? _____

Do You Carry Workmen's Compensation Insurance? _____

Automobiles and Trucks:

Public Liability $ _____ M/$ _____ M

Collision _____ $ _____

Property Damage _____ $ _____

Life Insurance _____ $ _____

Name of Beneficiary _____

STATEMENT OF BANK OFFICER:

Insofar as our records reveal, this Financial Statement is accurate and true. The foregoing Statement is (a copy of) the original signed by the maker, in the credit files as of this Bank.

_____ Assistant Cashier-Manager

The undersigned solemnly declares and certifies that the above statement (or in lieu thereof, the attached statement, as the case may be) and supporting schedules, both printed and written, give a full, true, and correct statement of the financial condition of the undersigned as of the date indicated.

Signature _____

By _____

(Title, If Corporation)

Análisis de una declaración financiera: la herramienta final

Los Documentos Financieros que hemos presentado muy probablemente serán suficientes tanto para su propio uso, como para el uso de los probables prestamistas. Ud. debería notar que hemos omitidos varios formularios que otros prestamistas exigen. Lo importante para Ud. es que comprenda al recopilar las declaraciones financieras, que la información debe ser correcta, que debe reflejar las conclusiones en los Planes de Organizaación y Mercadotecnia. Y que Ud. debe contar con los documentos de apoyo al presentar sus cifras.

A estas horas ya Ud. habrá completado todas las declaraciones financieras pro forma y reales, necesarias para su negocio. Sin embargo, hay una herramienta financiera adicional que le ayudará a Ud. y a los prestamistas o inversionistas a examinar su negocio, analizarlo de acuerdo con las normas de la industria, y hará que las decisiones aumenten las ganancias. Esa herramienta es el análisis de la declaración financiera. Se obtiene aplicando un juego de fórmulas a la información sobre sus ganancias o pérdidas (ingreso) y las hojas de balance.

Cómo analizar las declaraciones financieras

En las últimas seis páginas de esta sección, explicaremos un análisis de una declaración financiera y le ofreceremos ejemplos de cómo Ud. puede usarlo para examinar su negocio. El hacer un análisis de su declaración financiera es igual a las otras tareas que Ud. ya ha completado. Hay un proceso definido y si Ud. lo sigue, paso a paso, habrá agregado un componente valioso a su plan de negocio.

Lea las siguientes seis páginas. Cuando termine de leerlas, vea las muestras de un plan de negocio en el Apéndice I y vea cómo se hizo el análisis para Marine Art of California. Notará que hay cinco páginas de hojas de cálculos precedidas por un resumen de una página. Aplique las fórmulas a sus declaraciones de ingresos y las hojas de balance para obtener las proporciones para sus negocios. Ud. puede también completar un análisis vertical usando las mismas declaraciones de ingresos y las hojas de balance. Un análisis horizontal sólo se puede completar si Ud. ha estado en el negocio por dos o más años.

Resumen del análisis. Una vez que Ud. ha obtenido las proporciones y completado sus análisis vertical y/u horizontal, asegúrese de desarrollar una hoja de resumen para su plan de negocio. La hoja del resumen le permite a Ud. y al prestamista o inversionista obtener una idea rápidamente de su negocio y cómo se compara con el resto de la industria. El resumen debería contener: (1) una lista de sus proporciones proyectadas; (2) una lista de las verdaderas proporciones en la industria. Después de hacer su lista de proporciones, Ud. debe terminar su resumen con algunas interpretaciones de lo que éstas indican para el futuro de su compañía.

Recuerde

La información contenida en su Plan de Negocio no es sólo para ayudarle en sus tratos con un prestamista. Más importante, es para su propio uso en una forma constante. Comprendemos que la finalización de sus documentos financieros y los análisis de sus declaraciones financieras son un trabajo difícil. Sin embargo, si Ud. ha hecho su tarea, la sección financiera de su Plan de Negocio será de gran valor en en la evaluación de su operación y podría fácilmente ser el factor decisivo entre el triunfo o el fracaso.

Análisis de las declaraciones financieras

Poniendo en uso sus declaraciones financieras

Para mejor utilizar la sección financiera de su plan del trabajo, Ud. usará las declaraciones financieras que ha preparado para analizar su negocio. Las siguientes páginas están dedicadas a ofrecerle la base de un análisis de una declaración financiera. Después que Ud. haya leído el material y que comprenda cómo aplicar las fórmulas para generar proporciones, Ud. puede hacer un análisis de su propio negocio y agregarlo al final de su sección financiera. Si Ud. es nuevo en los negocios, su análisis se basará solamente en proyecciones. Si Ud. ya se encuentra en negocios, Ud. usará las declaraciones históricas de las ganancias y pérdidas (ingresos) y las hojas de balance.

Nota. En el Apéndice III se ofrece un formulario para el Análisis de la Declaración Financiera. El formulario cuenta con todas las fórmulas para figurar sus proporciones. Entre Ud. las cifras adecuadas de sus declaraciones de ingresos y hojas de balance, y calcule de acuerdo con las fórmulas. Esto le dará la información para su resumen del análisis.

Sus declaraciones financiera contienen la información que Ud. necesita para ayudarse a hacer las mejores decisiones respecto a su negocio. Muchos propietarios de negocios pequeños consideran sus declaraciones financieras como requisitos para satisfacer a los acreedores, banqueros, o a quienes preparan sus declaraciones de impuestos, pero son mucho más que eso. Cuando se les analiza, las declaraciones financieras pueden dar información vital necesaria para conocer la condición financiera y las operaciones de su negocio.

Un análisis de la declaración financiera requiere medidas que se deben expresar en proporciones o en porcentajes. Por ejemplo, considere la situación en que los bienes totales de su hoja de balance son $10,000. El efectivo en mano es $2,000. Las cuentas por cobrar son $3,000. Y los bienes activos son $5,000. La proporción de cada una de las tres con respecto al total de los bienes se expresaría de la siguiente manera:

	Proporción	Relación	Porcentaje
Efectivo	.2	.2:1	20%
Cuentas por cobrar	.3	.3:1	30%
Bienes activos	.5	.5:1	50%

El análisis de un estado financiero involucra el estudio de las relaciones y comparaciones de (1) artículos en la declaración financiera de un año; (2) comparación de varias declaraciones por un período de tiempo; (3) sus declaraciones junto con las de otros negocios.

Análisis de su
Declaración de pérdidas y ganancias (ingresos)
y de sus Hojas de balance

Hay muchas herramientas analíticas disponibles, pero nos vamos a concentrar en las siguientes medidas, valiéndonos de su Declaración de pérdidas y Ganancias (Ingresos) y sus Hojas de balance, que son de lo más importantes para el propietario de un negocio pequeño en el proceso de planificar su negocio:

- **Análisis de liquidez**

- **Medida de las deudas**

- **Análisis de declaraciones financieras verticales**

- **Análisis de costeabilidad**

- **Medidas de ingresos**

- **Análisis de declaraciones financieras horizontales**

Análisis de liquidez

La liquidez de un negocio es su capacidad para satisfacer sus obligaciones financieras. El análisis se concentra en las relaciones de la *hoja de balances* para el activo circulante y el pasivo flotante. Las tres medidas principales de la liquidez y sus fórmulas son como sigue:

1. **Capital neto en trabajo.** El exceso de activo circulante sobre el asivo flotante. Mientras más capital neto en trabajo tiene un negocio, menos peligrosa es su situación, ya que tiene la capacidad de cubrir sus pasivos flotantes cuando llega el momento de pagarlos.

$$\text{Fórmula:} \quad \frac{\begin{array}{c}\text{Activo circulante}\\ -\text{ Pasivo flotante}\end{array}}{\text{Capital neto en trabajo}}$$

2. **Relación del circulante.** La relación del circulante es un indicador más seguro de la liquidez del negocio que el capital neto en trabajo. La relación del circulante se computa con la siguiente fórmula:

$$\text{Relación del circulante} = \frac{\text{Activo circulante}}{\text{Pasivo flotante}}$$

No existe un criterio establecido para una relación del circulante normal, ya que depende del tipo de negocio. Si su movimiento del efectivo es predecible, Ud. puede operar con una relación del circulante más bajo.

Una proporción más alta significa una posición de mayor liquidez. Una proporción de 2.0 se considera aceptable en la mayoría de los negocios. Esto permitiría que una compañía perdiera el 50 por ciento de su activo circulante, y todavía pudiera cubrir su pasivo flotante. Para la mayoría de los negocios, éste es un margen de seguridad adecuado.

3. **Relación entre activo disponible y pasivo corriente.** Puesto que el inventario es el activo circulante más difícil de usársele con rapidez, se le resta del activo circulante en la relación entre activo disponible y pasivo corriente, para dar forma más vigorosa de liquidez. Una relación de 1.00 o más es la que generalmente se recomienda, pero siempre depende del tipo de negocio a que Ud. se dedique. La relación se computa como sigue:

$$\text{Relación activo pasivo} = \frac{\text{Activo circulante menos inventario}}{\text{Pasivo flotante}}$$

Los índices de liquidez se pueden usar para ver si su negocio corre el riesgo de la insolvencia. Ud. podrá también evaluar su capacidad para aumentar o disminuir el actual pasivo para la estrategia de su negocio. ¿De qué manera afectarían esas medidas su liquidez? Sus acreedores usarán estos índices para determinar si le extendien crédito o no. Van a comparar los índices de previos períodos con los de negocios similares.

Análisis de costeabilidad

Este análisis determinará la capacidad del negocio de ofrecer ganancias. Este tipo de análisis utilizará sus *Declaraciones de pérdidas y ganancias*. A continuación se ofrece tres de esas medidas y fórmulas:

1. **Margen bruto de utilidad.** Este margen indica el porcentaje de cada venta en dólares que permanece después que el negocio ha pagado sus mercancías.

$$\text{Utilidad bruta} = \frac{\text{Ganancia bruta}}{\text{Ventas}}$$

   Mejor mientras más alto sea el margen de ganancia. La tasanormal depende del negocio a que Ud. se dedique. El Margen de Ganancia Bruta es el verdadero sobrecargo que Ud. hace en los productos que vende.

2. **Margen de ganancia de operación.** Esta proporción representa las ganancias netas de las operaciones, sin tomar en cuenta los intereses e impuestos. En otras palabras, este es el porcentaje de dólares en cada venta que queda después que el negocio ha pagado sus mercancías y cubierto sus gastos variables y fijos. Naturalmente, se prefiere tener un alto margen de ganancia de operación.

$$\text{Margen ganancia operación} = \frac{\text{Ingresos de otras operaciones}}{\text{Ventas}}$$

3. **Margen neto de ganancia.** El margen de ganancia neta se mide claramente por el éxito del negocio con respecto a sus ganancias en las ventas.

$$\text{Margen de ganancia neta} = \frac{\text{Ganancia neta}}{\text{Ventas}}$$

Un margen más alto quiere decir que la firma ofrece mayores ganancias. El margen de ganancia neta diferirá de acuerdo con su tipo de negocios. Un margen de 1 por ciento en un mercado de alimentos no es raro, dada la gran cantidad de artículos que se vende; mientras que un 10 por ciento en una joyería sería considerablemente bajo.

Como propietario del negocio, Ud. puede ver cuánta costeabilidad le aporta su negocio. Si la proporción es muy baja, Ud. querrá saber las razones.

- *¿Ha sobrecargado Ud. sus mercancías suficientemente? Verifique su margen bruto de ganancia.*

- *¿Son muy elevados sus gastos de operación? Verifique su margen de ganancias de operación.*

- *¿Son muy altos sus gastos de intereses? Verifique su margen neto de ganancias.*

Sus acreedores usarán estos índices para ver cuan costeable es su negocio. Sin ganancias, un negocio no puede atraer el financiamiento de afuera.

Medida de las deudas

La posición de su negocio con respecto a sus deudas indica el monto de dinero de otras personas que se usa para producir ganancias.

Muchos nuevos negocios contraen deudas excesivas cuando tratan de crecer muy rápidamente. La medida de las deudas se vale de las *hojas de balance* para indicarle al negocio cuán endeudado está y qué capacidad tiene para cubrir esas deudas. Mientras mayores sean las deudas, mayor será el riesgo de fracasar.

1. **Proporción entre deudas y capital activo.** Esta es una importante proporción financiera que usan los acreedores. Muestra cuánto se debe en relación a lo que Ud. posee. Mientras más elevada sea esa proporción, mayor será el riesgo del fracaso.

$$\text{Proporción entre deudas y capital activo} \quad = \quad \frac{\text{Pasivo total}}{\text{Activo total}}$$

2. **Proporción entre deuda y capital propio.** Esta es una importante proporción financiera que usan los acreedores. Muestra cuánto se debe en relación a la participación de los dueños en la compañía. Una vez más, mientras más elevada sea esta proporción, mayor será el riesgo del fracaso.

$$\frac{\text{Proporción entre}}{\text{Deudas y capital propio}} \quad = \quad \frac{\text{Pasivo total}}{\text{Total capital propio (Activo neto)}}$$

Un índice aceptable depende de la política de sus acreedores y banqueros. Si, por ejemplo, Ud. tuvo tasas de 79% y 74% por dos años consecutivos, podrían ser excesivamente altos y ofrecer un cuadro de alto riesgo de un fracaso. Está claro que 3/4 partes de su negocio lo financia el dinero de otras personas, y no pone al negocio en una buena posición para adquirir una nueva deuda. Si su plan de negocio incluye la adición de una deuda a largo plazo en un punto futuro, Ud. querrá controlar su proporción de deudas. Si Ud. busca un prestamista, ¿es dentro de un límite aceptable por su banquero?

Medidas para inversiones

Como propietario de un negocio pequeño, Ud. ha usado su dinero para adquirir capital activo, y debiera estar obteniendo ganancias por esa mercancía. Aunque el dueño esté percibiendo un salario en el negocio, el o ella debería estar recibiendo un monto adicional por su inversión en la compañía.

1. **Recuperación en la inversión (RI).** La Recuperación en la Inversión usa la hoja de balance para medir la efectividad suya, como dueño del negocio, para generar beneficios con los bienes disponibles.

$$RI \quad = \quad \frac{\text{Ganancias netas}}{\text{Activo total}}$$

Mejor mientras más alto sea el RI. El dueño del negocio debería establecr una meta para el RI. ¿Qué desea que gane su inversión? Muchos propietarios de negocios pequeños han exitosamente creado trabajo para ellos mismos, pero sin obtener una ganancia moderada en su inversión. Establezca una meta para su RI y trabaje para alcanzarla.

Análisis vertical de su estado financiero

El análisis del porcentaje se usa para mostrar la relación de los componentes en un estado financiero individual.

1. Para una hoja de belance

Cada activo en una hoja de balance se declara como un porcentaje del activo total, y cada pasivo y artículo del capital propio se declara como un porcentaje del pasivo total y del capital propio del dueño (o activo neto).

2. Para un Estado de ganancias y pérdidas

En un análisis vertical de un Estado de Ganancias y Pérdidas, cada artículo se declara como un porcentaje del total neto de ventas.

Una evaluación de los componentes de un estado financiero durante uno o más años puede mostrar cambios que debieran ponerle en alerta para investigar sus actuales gastos. Por ejemplo, un aumento de un alto porcentaje en el costo de sus mercancías ameritaría una investigación-- o una disminución en sus ganancias de un año al otro sugiere que el propietario reevalúe su sobrecargo.

Ud. puede también evaluar su porcentaje contra el de la competencia, o contra las normas de la industria, para ayudarle a emitir un mejor juicio que le podría aumentar su margen de ganancias en el futuro. Si su competencia tiene un margen de ganancias del 47 por ciento y el suyo es solamente el 32 por ciento, querrá conocer las razones. ¿Acaso tienen ellos una mejor fuente de abastos para su producto? ¿Es más eficiente su proceso de manufactura?

Análisis horizontal de su estado financiero

El análisis horizontal es el análisis del porcentaje del aumento y la disminución en los productos de similares estados financieros.

El aumento o la disminución de un artículo se identifica, y luego se usa como base para algún previo estado financiero. El porcentaje de aumento o disminución se presenta en la última columna.

1. Para una hoja de balances

El activo el pasivo, y el capital propio del dueño durante un año se compara contra el segundo año. El aumento o disminución del artículo se entra, seguido de un porcentaje de aumento o disminución.

2. Para un estado de ingresos

En un análisis horizontal de un estado de ingresos, se miden las partidas de Ingresos y Gastos por un año contra un segundo año. El aumento o la disminución de los artículos listados se presentan con un porcentaje de aumento o disminución.

El análisis horizontal de un estado financiero puede también ponerle en alerta ante un probable problema, o uno que esté actualmente ocurriendo, que podría disminuir su costeabilidad. Como un ejemplo, Ud. podría examinar un aumento en las ventas que ocurre con una disminución en su ganancia bruta. Sería bueno que Ud. examinara su sobrecargo. Si Ud. ha tenido un aumento en sus gastos de publicidad, necesitará ver si el gasto se ve justificado por un aumento en las ventas.

Resumen

Ahora Ud. podrá comprobar que un análisis de su estado financiero puede ser una herramienta que lo ayudará a administrar su negocio.

- Si el análisis produce resultados que no satisfacen sus esperanzas, o si el negocio está en peligro de fracasar, Ud. debe analizar sus gastos y su uso del capital activo. Su primer paso debería ser recortar sus gastos y aumentar la productividad de su capital activo.

- Si su ganancia por su inversión es muy baja, examine cómo podría Ud. hacer que su activo (equipo, maquinaria, aparatos, inventario, etc.) trabajen mejor para aumentar sus beneficios.

- Si sus ganancias son bajas, asegúrese que está usando un sobrecargo adecuado, analice sus gastos de operación para ver que no sean demasiado altos, y revise sus gastos del interés.

- Si su liquidez es baja, Ud. podría estar corriendo el riesgo de declararse insolvente. Examine el nivel y la composición de su activo circulante y su pasivo flotante.

Los análisis vertical y horizontal de su estado financiero le revelarán tendencias y composiciones que pueden representarle problemas en el futuro. Usando sus habilidades administrativas, Ud. podrá tomar una acción correctiva.

Nota. Para una discusión más detallada del Análisis del Estado Financiero, véase nuestro pequeño libro sobre contabilidad básica, *Llevando los Libros,* (Chicago, IL; Upstart Publishing Co.). Para un ejemplo, vea el ejemplo de un plan de negocio para Marine Art of California en el Apéndice y Dayne Landscaping, Inc., cuyo plan aparece en el Apéndice II.

CAPÍTULO

7

Documentos Auxiliares

Ahora que Ud. ha completado la parte principal de su plan de negocio, es hora de pensar en documentos adicionales que se relacionan con su organización y que se les debería incluir en su plan de negocio.

Los documentos auxiliares son los registros que apoyan sus declaraciones y las decisiones que se han hecho de acuerdo con las tres partes principales de su plan de negocio. Ese archivo incluye la mayoría de los documentos que Ud. querrá agregar. Se les discutirá en el orden siguiente:

- **Curriculums personales**

- **Estado financiero del propietario**

- **Informes crediticios**

- **Copias de contratos de arrendamiento**

- **Cartas de referencias**

- **Contratos**

- **Documentos legales**

Documentos auxiliares

Después de completar la parte principal del plan de negocio, Ud. se encuentra preparado para considerar qué documentos auxiliares debería incluir. Estos son los records que respaldan sus declaraciones y decisiones tomadas en las tres partes principales de su plan de negocio. Conforme Ud. va recopilando las tres primeras secciones, es una buena idea mantener una lista separada de los documentos auxiliares que se mencionan, o que le vienen a la mente. Muchos de esos documentos serán necesarios para escribir su plan, de manera que Ud. tenga una información financiera solida para usar en sus proyecciones.

Por ejemplo, la discusión sobre la ubicación de su negocio podría indicar la necesidad de estudios demográficos, mapas, estudios del área, arrendamientos, etc. La información en el contrato de arrendamiento mencionará las condiciones financieras. Una vez que cuente con un sitio para ubicar el negocio, tendrá entonces que conocer los pies cuadrados de su local, y podrá proyectar otros costos asociados, tales como los servicios de luz, agua, etc. y mejoras al local.

Si Ud. ha estado pensando solicitar un préstamo para comprar equipo, sus documentos auxiliares podrían ser convenios de compra ya existentes, o contratos de arrendamiento. Si Ud. tiene pensado iniciar una extensa campaña de publicidad, incluya hojas con las tarifas de anuncios que ofrece su anunciante principal.

Si Ud. hace negocios a nivel internacional, tal vez Ud. desea incluir documentos de aduanas, tales como convenios de comercio, convenios de fletes. Si Ud. exportará un producto, o ofrecerá un servicio en un país extranjero, podría ser beneficioso incluir datos demográficos de su mercado objetivo, evaluaciones de la competencia, y cualquier cosa que pueda ser pertinente a su negocio.

Al presentar esos artículos conforme ha ido pensando en ellos, reuniéndolos mientras preparaba su plan de negocio, Ud. tendrá un panorama general más o menos completo de todos sus documentos auxiliares cuando termine de escribir sus secciones de organización, mercadeo y finanzas. Ud. podrá arreglarlas en una secuencia lógica, agregarlas a su copia de trabajo, y estar preparado para agregar nuevas conforme sea pertinente hacerlo durante la vida de su negocio.

Nota. No será necesario incluir todos los documentos auxiliares en cada copia de su Plan de Negocio. Incluya solamente la información que Ud. crea que va a necesitar el probable prestamista o el inversionista. El resto Ud. deberá guardarlo con su copia del plan, fácilmente accesible en caso que se los pida el prestamista, el inversionista o cualquier otra persona con la que Ud. crea que sería beneficioso compartir el plan de negocio de la compañía.

Las siguientes páginas cubrirán la mayoría de los documentos que Ud. normalmente tendría que incluir. Al final del capítulo hemos incluido ejemplos de algunos documentos auxiliares.

Currículums personales

Si Ud. es el único propietario, incluya su propio curriculum vitae. Si su negocio es una sociedad, tiene que presentar el curriculum de cada socio. Si Ud. es una corporación, incluya los currículums de todos los funcionarios de la corporación.

También es buena idea incluir los curriculums de sus administradores y de cualquier otra persona clave que se verá involucrada en tomar decisiones que afecten la costeabilidad de la compañía, demostrando por qué se les escogió, cuáles son sus talentos, y cómo se beneficiará la compañía con su administración.

Un curriculum no necesita ser un documento extenso. Preferiblemente, debería consistir de una página para que sea fácil de leer. Incluya las siguientes categorías e información:

- **Historial.** Nombre las compañías donde ha trabajado, con fechas de empleo. Comience con la más reciente. Incluya sus obligaciones, responsabilidades, y describa sus logros.

- **Educación.** Escuelas y fechas en que asistió a ellas, títulos que recibió, áreas de especialización.

- **Afiliaciones y honores profesionales.** Ofrezca una lista de las organizaciones a las que Ud. pertenece y que aumentarán su credibilidad. Hable de los premios que Ud. o su negocio han recibido, y que lo coloca aparte del resto de la competencia.

- **Talentos especiales.** Por ejemplo: que se relaciona bien con los demás, capaz de organizar grupos, no le teme a los riesgos, etc.

Si le cuesta escribir su propio curriculum vitae, hay profesionales que pueden hacerlo por un precio razonable. Un curriculum bien escrito será útil y se le debe mantener siempre al día. Una vez escrito, es fácil actualizar la información, agregando lo nuevo y eliminando lo que no le beneficiará en su actual empresa. Se ofrece un ejemplo más adelante.

Estado financiero del propietario

Es una declaración de los bienes y obligaciones del propietario o propietarios. La información se puede recopilar de la misma manera que una Hoja de Balance. (Ver capítulo 6, Hoja de Balance). Use el mismo formato y haga una lista de sus bienes y obligaciones para determinar su activo neto. Si Ud. es nuevo en el negocio, su estado financiero personal se deberá incluir como parte de la sección Documentos Financieros, y puede ir en un formulario estandar que haya facilitado el probable prestamista.

Informes crediticios

Hay dos clases de índices de crédito: comercial y personal. Si Ud. ya se encuentra haciendo negocios, es probable que Ud. cuente con un "rating" en Dun & Bradstreet. Ud. también le puede pedir a sus proveedores o vendedores al por mayor que le extiendan cartas de referencia. Los "ratings" de un crédito personal se pueden obtener solicitándolos por medio de oficinas de crédito, bancos y compañías con las cuales Ud. ha tenido que tratar usando medios distintos al dinero en efectivo.

Copias de contratos de arrendamiento

Incluya todos los contratos de arrendamiento en vigor entre su compañía y la agencia arrendadora. Algunos ejemplos son los contratos para el uso del terreno de la compañía, de equipo, automóviles, etc. Estos convenios proveerán un sólido respaldo para la información financiera que Ud. ha proyectado en referencia al arrendamiento de la propiedad y del equipo. Es importante notar aquí que todos los contratos de arrendamiento se deben firmar con la debida cautela. En muchos casos contienen cláusulas (especialmente en el caso de la ubicación del lugar) que podrían absorber gran parte de las ganancias de la compañía.

Cartas de referencia

Estas son cartas que lo recomiendan a Ud. como persona de buena reputación y de quien se puede depender como negociante, capaz de ser un buen riesgo. Hay dos clases de cartas de referencia:

- **Referencias comerciales.** Escritas por asociados comerciales, los proveedores o los clientes.

- **Referencias personales.** Escritas por asociados no comerciales que pueden dar fe de sus talentos comerciales, y no por amigos o parientes. El nuevo propietario de un negocio utilizará las referencias personales.

Contratos

Incluya todos los contratos comeciales, tanto los que ya expiraron como los que aún están en vigor. Ejemplos:

- ■ **Contratos actuales de préstamos**

- ■ **Documentos de previos préstamos comerciales**

- ■ **Convenios en la compra de equipo pesado**

- ■ **Contratos para la compra de vehículos**

- ■ **Convenios de mantenimiento**

- ■ **Contratos diversos**

Documentos legales

Incluya todos los documentos legales referentes a su negocio. Ejemplos:

- ■ **Artículos de incorporación**

- ■ **Convenios de sociedad**

- ■ **Sociedad limitada o en comandita**

- ■ **Registro del negocio**

- ■ **Licencias para operar el negocio**

- ■ **Derechos de autor, marcas de comercio, patentes**

- ■ **Convenios de comercio**

- ■ **Convenios de licencias**

- ■ **Pólizas de seguros, convenios, etc.**

- ■ **Títulos de propiedad y de vehículos**

Documentos varios

Estos son los documentos (aparte de los mencionados arriba) a que se refiere, pero no se les incluye, en las seciones de Organización y Mercadotecnia de su Plan de Negocio.

Un buen ejemplo de lo que queremos decir serían los documentos relacionados con la selección del sitio del negocio, que se mencionan en el Plan de Organización o de Mercadotecnia. Su sitio de operaciones se pudo terminar escogiendo como resultado del desarrollo de un Plan de Localización. El posible prestamista puede entonces leer esta parte de su plan y examinar el Plan de Localización que incluye:

- **Estudios demográficos**

- **Mapa del sitio seleccionado**

- **Estudios del área (tasa de crimen, ingresos, etc.)**

Para ayudarle a Ud.

Las siguientes páginas contienen ejemplos de un currículum vitae, un estado financiero personal, un currículum, y una oferta de comercio. También encontrará ejemplos de otros tipos de documentos auxiliares en el Apéndice I: Plan de Negocio de Marine Arts of California, y en el Apéndice II: Dayne Landscaping, Inc.

Muestra de curriculum
Ejemplo de un curriculum vitae

MARIO GUERRA
2502 West 6th Street
Los Angeles, CA 90057
(213) 555-0202

EXPERIENCIA EN TRABAJO

2005 - Presente   **ABC Corporation**
Burke, Nueva York
Presidente de la corporación: Responsable de la fabricación de herramientas para la fabricación de partes especializadas en la industria aeroespacial. Administración específica del Departamento de Investigación y Desarrollo.

2000 - 2005   **ABC Components**
Jamestown, Nueva York
Propietario único y Gerente General: Responsable del desarrollo y desarrollo de partes especializadas de aviones. Meta a largo plazo de ensancharse para incorporarse y ofrecer partes especializadas a la industria aeroespacial.

1991 - 2000   **Jackson Aircraft Co.**
Burke, Nueva York
Supervisor del control de la calidad: Con responsabilidad por el desarrollo y la implantación de un programa del control de la calidad en una instalación de ensamblaje de aviación automatizada.

EDUCACIÓN   **Universidad de California,** Berkeley, CA - Maestría
Administración de Negocios, especialización en Mercadotecnia, 1991.
Universidad de Stanford, Palo Alto, CA - Bachillerato Ingeniería Civil, 1982.

AFILIACIONES PROFESIONALES
American Society of Professional Engineers
New York City Industrial League
Burke Chamber of Commerce

RECONOCIMIENTOS ESPECIALES
Hombre de Negocios del Año, Nueva York, 2010
New York Council on Small business, 2007 - presente
Director, Burke Chamber of Commerce

CUALIDADES ESPECIALES
Creativo y bien organizado; buenas relaciones con los empleados; sabe motivarse y no le teme a los riesgos.

Ejemplo (en inglés) de una Historia Financiera Personal
(que le podría pedir que presentara un prestamista o inversionista en potencia)

Personal Financial Statement

(DO NOT USE FOR BUSINESS FINANCIAL STATEMENT)

As of _____ 20_____

FINANCIAL STATEMENT OF

Name_____

Address_____

Received at _____Branch

Employed by_____

Position_____Age____Spouse Name of_____

If Employed Less Than
1 year, Previous Employer_____

The undersigned, for the purpose of procuring and establishing credit from time to time with you and to induce you to permit the undersigned to become indebted to you on notes, endorsements, guarantees, overdrafts or otherwise, furnishes the following (or in lieu thereof the attached, which is the most recent statement prepared by or for the undersigned) as being a full, true and correct statement of the financial condition of the undersigned on the date indicated, and agrees to notify you immediately of the extent and character of any material changes in said financial condition, and also agrees that if the undersigned or any endorser or guarantor of any of the obligations of the undersigned, at any time fails in business or becomes insolvent, or commits an act of bankruptcy, or dies, or if a writ of attachment, garnishment, execution or other legal process be issued against property of the undersigned or if any assessment for taxes against the undersigned, other than taxes on real property, is made by the federal or state government or any department thereof, or if any of the representations made below prove to be untrue, or if the undersigned fails to notify you of any material change as above agreed, or if such change occurs, or if the business, or any interest therein, of the undersigned is sold, then and in such case, all of the obligations of the undersigned to you or held by you shall immediately be due and payable, without demand or notice. This statement shall be construed by you to be a continuing statement of the condition of the undersigned, and a new and original statement of all assets and liabilities upon each and every transaction in and by which the undersigned hereafter becomes indebted to you, until the undersigned advises in writing to the contrary.

ASSETS	DOLLARS	CENTS	LIABILITIES	DOLLARS	CENTS
Cash in Bank _____ (Branch)			Notes Payable B of _____ (Branch)		
Cash on Hand_____ (Other – give name)			Notes Payable _____ (Other)		
Accounts Receivable-Good _____			Accounts Payable _____		
Stocks and Bonds (Schedule B) _____			Taxes Payable _____		
Notes Receivable-Good _____			Contracts Payable _____ (To Whom)		
Cash Surrender Value Life Insurance_____			Contracts Payable _____ (To Whom)		
Autos_____ (Year-Make) (Year-Make)			Real Estate indebtedness (Schedule A)_____		
Real Estate (Schedule A) _____			Other Liabilities (describe)		
Other Assets (describe)			1. _____		
1. _____			2. _____		
2. _____			3. _____		
3. _____			4. _____		
4. _____			TOTAL LIABILITIES		
5. _____			LESS TOTAL ASSETS		
TOTAL ASSETS			TOTAL NET WORTH		

ANNUAL INCOME		and	ANNUAL EXPENDITURES (Excluding Ordinary living expenses)		
Salary_____			Real Estate payment (s)_____		
Salary (wife or husband) _____			Rent_____		
Securities Income_____			Income Taxes _____		
Rentals _____			Insurance Premiums _____		
Other (describe)			Property Taxes _____		
1. _____			Other (describe-include installment payments other than real estate)		
2. _____			1. _____		
3. _____			2. _____		
4. _____			3. _____		
5. _____					
TOTAL INCOME			TOTAL EXPENDITURES		

LESS TOTAL EXPENDITURES

NET CASH INCOME
(exclusive of ordinary expenses) _____

Ejemplo de una Historia Financiera Personal
página 2

Business Financial Statement
INDIVIDUAL, PARTNERSHIP, OR CORPORATION – Page 2

SCHEDULE A LIST OF REAL ESTATE AND IMPROVEMENTS WITH ENCUMBRANCES THEREON

Description, Street Number, Location	Title in Names of	BOOK VALUE		MORTGAGES OR LIENS		Terms of Payment	Holder of Lien
		LAND	IMPROVEMENTS	MATURITY	AMOUNT		
		$	$		$	$	
TOTALS		$	$		$	$	

SCHEDULE B STOCKS & BONDS: Describe Fully. Use Supplemental Sheet if Necessary. Indicate if Stocks Are Common or Preferred. Give Interest Rate and Maturity of Bonds.

NO. OF SHARES AMT. OF BONDS	NAME AND ISSUE (DESCRIBE FULLY)	BOOK VALUE	MARKET VALUE		PRICE	VALUE
		LISTED	UNLISTED			
		$	$			$
	TOTALS	$	$			$

SCHEDULE C Complete if Statement is for an Individual or Sole Proprietorship

Age _____ Number of Years in Present Business _____ Date of Filing _____ Fictitious Trade Style _____

What Property Listed in This Statement is in Joint Tenancy? _____ Name of Other Party _____

What Property Listed in This Statement is Community Property? _____ Name of Other Party _____

With What Other Businesses Are You Connected? _____ Have You Filed Homestead? _____

Do You Deal With or Carry Accounts With Stockbrokers? _____ Amount $ _____ Name of Firm _____

SCHEDULE D Complete if Statement is of a Partnership

NAME OF PARTNERS (indicate special partners)	Age	Amount Contributed	Outside Net Worth	Other Business Connections
		$	$	

Date of Organization _____ Limited or General? _____ Terminates _____
If Operating Under Fictitious Trade Style, Give Date of Filing _____

SCHEDULE E Complete if Statement is of a Corporation

	AUTHORIZED	Par Value	OUTSTANDING			ISSUED FOR
			SHARES	AMOUNT	CASH	
Common Stock	$	$		$	$	
Preferred Stock	$	$		$	$	
Bonds—Total Issue	$	$		$	$	
Date Incorporated			Under Laws of State of			

Officers	Age	Shares Owned		Directors and Principal Stockholders	Shares Owned	
		COMMON	PREFERRED		COMMON	PREFERRED
President				Director		
Vice President				Director		
Secretary				Director		
Treasurer						

SCHEDULE F Complete in ALL Cases   INSURANCE

Are Your Books Audited by Outside Accountants? _____ None _____

Date of Last Audit _____ To What Date Has the U.S. Internal Revenue Department Examined Your Books? _____

Are You Borrowing From Any Other Branch of This Bank? _____ Which? _____

Are You Applying for Credit At Any Other Source? _____ Where? _____

Have You Ever Failed In Business? _____ If So, attach a Complete Explanation and State Basis of Settlement With Creditors _____

Lease Has _____ Years to Run With Monthly Rental of $ _____

Merchandise _____ $ _____

Machinery & Fixtures _____ $ _____

Buildings _____ $ _____

Earthquake _____ $ _____

Is Extended Coverage Endorsement Included? _____

Do You Carry Workmen's Compensation Insurance? _____

Automobiles and Trucks:

Public Liability $ _____ M/$ _____ M

Collision _____ $ _____

Property Damage _____ $ _____

Life Insurance _____ $ _____

Name of Beneficiary _____

STATEMENT OF BANK OFFICER:
Insofar as our records reveal, this Financial Statement is accurate and true. The foregoing Statement is (a copy of) the original signed by the maker, in the credit files as of this Bank.

_____ Assistant Cashier-Manager

The undersigned solemnly declares and certifies that the above statement (or in lieu thereof, the attached statement, as the case may be) and supporting schedules, both printed and written, give a full, true, and correct statement of the financial condition of the undersigned as of the date indicated.

Signature _____

By _____

(Title, If Corporation)

CAPITAL, INC.
PRESENTA
ABC CORPORATION

248,000 ACCIONES ORDINARIAS
Reventa de valores
Bajo las
Regulaciones

Oferta de comercio

Capital, Inc.

Por la presente, Capital, Inc. presenta a ABC Corp. Esta compañía ha estado en operación desde 2003, y en la actualidad tiene un volumen de ventas anuales de $7,000,000. Actualmente, la compañía comercia en la Tabla de Boletines OTC.

A continuación se ofrece el precio de Oferta y Demanda de ABC Corp., símbolo de comercio (ABCCC), CUSIP No. 274106-12-5:

	OFERTA	PRECIO INICIAL
Corriente	34.25	35.5
Descuento:	5%	6%

Restringido

Capital, Inc., ha comprado estas acciones bajo un convenio de que las acciones no pueden regresar a los Estados Unidos por un año. Como consecuencia de ello, el agente de cambio dará instrucciones de que no se revendan acciones incluidas en esta compra a personas que residan en los Estados Unidos, antes de que transcurra un año. Aunque ABC Corp. ha sido una compañía de reporte total por más de un año, esas acciones pueden regresar a los Estados Unidos gracias a una exención del registro, o por una registración presentada antes de 41 días. Pasados los 41 días, estos valores se pueden vender a cualquier persona en los Estados Unidos, o a la cuenta de cualquier persona estadounidense que vive fuera de los Estados Unidos.

Calificaciones del inversionista

Las acciones se pueden intercambiar fuera de los Estados Unidos y se pueden vender o transferir a cualquiera persona no estadounidense dentro de los primeros 41 días y a cualquiera persona de los Estados Unidos de 41 días.

Información Sobre Impuestos

Una comprensión básica del sistema tributario de los Estados Unidos es absolutamente necesaria si se va a escribir un plan de negocio. Por mucho tiempo ha sido una premisa entre la mayoría de los contribuyentes de impuestos que el sistema es difícil de manejar, complicado, injusto, y que es una plaga para la mayoría de los estadounidenses. Si Ud. puede ignorar ese descontento por un momento, trataremos de demostrarle cómo una comprensión elemental del sistema de impuestos puede ser de valiosa ayuda durante la planificación del negocio.

Hemos incluido también algunas ayudas visuales y listas que deberían ayudarle a planificar su negocio en relación con los impuestos.

- **Calendarios de impuestos federales**

- **Publicaciones gratis de la Oficina de Impuestos**

- **Fuentes de información**

☆ Por comercio global

Si Ud. hace negocios a nivel internacional – *La planificación de un negocio sigue el mismo formato en todo el mundo. Con la difusión del comercio global, todos los países buscan un terreno común en el que se pueda hacer negocios juntos, y un plan de negocio sirve como vínculo importante que lleva al triunfo en una empresa. Si Ud. se encuentra en los Estados Unidos y participa en el comercio con el extranjero, necesitará comprender las legalidades relacionadas con esos países con los cuales Ud. negociará. De la misma manera, los negocios situados fuera de los Estados Unidos necesitarán familiarizarse con los sistemas legales y tributarios de este país. En el presente capítulo, trataremos de manera superficial con la información sobre los impuestos en los Estados Unidos. De ninguna manera se debe pensar que estamos ofreciendo consejo legal o contable al lector.*

Comparación de nuestro sistema de impuestos y la contabilidad de un negocio pequeño

Echar un vistazo al sistema de impuestos de los Estados Unidos y a la contabilidad de un negocio, es como estudiar la gallina y el huevo. No se les puede separar. Muchos propietarios de pequeños negocios tratan de organizar un sistema de teneduría de libros sin examinar ni comprender los formularios del Servicio de Impuestos (IRS) que se deben completar al final del año. Esto es un grave error por dos razones. Primero está la omisión de no tomar en cuenta la información financiera que requiere el IRS cuando se tiene que pagar impuestos. Más importante, sin embargo, es el no utilizar la información y los servicios que, a su vez, le permitirán analizar su negocio e implantar cambios que lo mantendrán en la ruta de la costeabilidad.

A fin de comprender mejor la relación entre la planificación de un negocio y el sistema de impuestos, le daremos a conocer a Ud. los dos formularios para los impuestos y le enseñaremos cómo se puede Ud. beneficiar si comprende esos dos formularios.

C (Form 1040)

Este formulario se conoce como *Ganancias (Pérdidas) de un negocio o una profesión* (información sobre los impuestos que todos los propietarios únicos tienen que presentar).

- **Información solicitada** – Recibos o ventas brutos, inventario inicial y final, mano de obra, materiales, artículos comprados, devoluciones y rebajas, deducciones, y pérdida o ganancia neta. La ganancia neta es la cifra sobre la cual se basa su deuda tributaria. Si Ud. aprende a leer un estado financiero, rápidamente podrá ver que un Schedule C es simplemente su declaración de pérdidas y ganancias para su año fiscal. Para completarlo simplemente se necesita transferir la información de pérdidas y ganancias a la columna total anual de pérdidas y ganancias en sus records de contabilidad.

- **Beneficios de comprensión** – A fin de ofrecer la información de fin de año que se pide en el Schedule C y figurar correctamente la deuda de impuestos, será necesario que Ud. organice un sistema que genere una declaración de pérdidas y ganancias, y una hoja de balance. Necesitará un libro mayor, registro de gastos menores o caja chica, planilla de pagos, lista de inventario, un registro del activo fijo inmovilizado (record de depreciación), cuentas por pagar y cuentas por cobrar. Si Ud. es nuevo en el negocio, una rápida inspección de las categorías normales de los gastos declarados en el Schedule C puede ayudarle a determinar muchas de las categorías de gastos fijos y variables que se usarán en el libro general. Esas mismas categorías le darán el medio para escoger y registrar los gastos de la caja chica, para que se puedan usar como exenciones en las declaraciones de impuestos.

  Aparte de hacer categorías para mantener control de los gastos en un libro general, Ud. también querrá dividir los diversos tipos de ingresos. Esto le dirá qué fuentes son más provechosas para su negocio. Los totales de ingreso al final de año se usan para desarrollar los estados de pérdidas y ganancias, y subsecuentemente, su Schedule C. Los registros del activo fijo, de inventario, de cuentas cobrables y a pagar, se usan para desarrollar una hoja de balances. Estos son los dos estados más importantes que se usan para analizar un negocio.

Nota: Para esas estructuras legales, se recomienda los libros *U.S.Partnership Return of Income* y el Formulario 1120-A o el 1120, así como *U.S. Corporation Income Tax Returns*.

Schedule SE (Form 1040)

Este formulario se llama *Computation of Social Security Self-Employment Tax*.

- **Información necesaria** – Computación de las contribuciones al programa del Seguro Social por parte del dueño del negocio. Como dueño del negocio, al tomar un salario, Ud. hace la contribución al fondo del Seguro Social tanto como patrono que como empleado. Este impuesto se paga como parte de su impuesto estimado trimestralmente (1040ES). Si, como dueño del negocio, Ud. decide pagarse un salario, su negocio tendrá que pagar el 50 por ciento de su seguro social, y como empleado, Ud. tendrá que pagar el otro 50 por ciento.

- **Beneficios de comprensión** – El Schedule SE le ayudará a computar sus obligaciones de impuestos, los cuales se pueden traducir como Declaración del Movimiento del Efectivo. El no familiarizarse con los requisitos para computar este impuesto, y no saber del porcentaje de su ingreso neto que Ud. deberá, podría ofrecerle un cuadro falso de las ganancias netas de su negocio. No olvide--el IRS está interesado en sus ganancias netas antes de pagar los impuestos. Mientras que Ud. se debe interesar en las ganancias netas después de pagar los impuestos.

Impuestos federales por los cuales Ud. podría ser responsable

Familiarícese Ud. con los impuestos federales por los cuales Ud. será responsable, y con las fechas en que se tienen que pagar. Su declaración del movimiento del efectivo tendrá que reflejar esos pagos. Si Ud. omite incluir los impuestos que se debe pagar, Ud. se encontrará frente a un presupuesto desbalanceado y el resultado podría ser una seria deficiencia de efectivo. La estructura legal de su negocio determinará las fechas en que debe reportar sus ingresos, ya que no son las mismas para los propietarios únicos y las sociedades, que para las corporaciones S y las corporaciones C.

Calendarios de los impuestos federales

Los calendarios de impuestos que hemos preparado y que ofrecemos en este capítulo, deberían ayudarle a Ud. a cumplir con los requisitos de reportes de impuestos. Los hemos colocado acuerdo con la fecha en que se vencen. Pegue una copia en la pared del que se relaciona con su estructura legal de su negocio, y que le sirve de recordatorio visual. Asegúrese de mirarlo con anticipación, ya que las fechas son firmes y se le puede imponer una multa si no se reporta a tiempo.

Publicaciones gratis de la IRS

Como Ud. ya pudo ver en los ejemplos anteriores, el examen de los formularios de impuestos que se necesitan, y una comprensión de las exenciones permitidas en un negocio, pueden llevarle a descubrir muchos tipos de records que Ud. va a necesitar, y con los que se beneficiará su negocio. Ese mismo examen también llevará al dueño de negocio con una mente curiosa, a descubrir miles de preguntas para las cuales no encontrará respuesta.

- ¿Cómo organizo mis records?
- ¿Qué sistema de contabilidad es bueno para mi negocio?
- ¿Cómo determino lo que es y lo que no es deducible?
- El inventario ¿se basa en el costo o en el precio de venta?
- ¿Qué es un contratista independiente?
- ¿Cuáles son las reglas que se aplican a un negocio con base en el hogar?
- ¿Qué artículos son depreciables y en qué proporciones?
- ¿Cómo se figuran los gastos de automóvil?
- Como propietario de un negocio, ¿puedo invertir en ahorros con impuesto diferido?
- ¿Qué es una corporación S?
- ¿Cuál es la base para la determinación de un año fiscal?
- ¿Qué gastos de viaje se pueden declarar?
- ¿Es mejor arrendar o comprar un automóvil?

- **¿Cuándo comienzo a pagar los impuestos estimados?**

- **¿Cuál es la mejor estructura legal para mi negocio?**

Lo que la mayoría de nosotros no sabe es que el gobierno de los Estados Unidos ha gastado una gran cantidad de tiempo y dinero para que ciertas publicaciones gratis estén disponibles para preparar los impuestos sobre la renta. Esas mismas publicaciones responderán todas sus preguntas y algunas que tal vez no se le han ocurrido. También le darán muchos ejemplos de estados financieros de otros negocios, y de información sobre cómo completarlos.

Tómese la obligación de mandar a traer y estudiar estas publicaciones!!

Tenemos muchos estudiantes con grandes ideas para un producto o un servicio, pero no tienen deseos de inmiscuirse con el papeleo y el mantenimiento de expedientes. Esos negocios están condenados al fracaso. No podemos poner demasiado énfasis en la importancia de comprender el sistema de mantenimiento de archivos en su negocio y su relación con la contabilidad de impuestos. Un análisis financiero le ayudará a hacer que sus ganancias crezcan.

Es importante que Ud. establezca su propio archivo de información sobre los impuestos, y que lo mantenga al día. Haga suya la obligación de actualizar su archivo con nuevas publicaciones. Estudie las revisiones que tienen lugar en las leyes de impuestos. Recuerde que su plan de negocio es un proceso constante que requiere la introducción de muchos cambios. Tenga la seguridad que muchos de esos cambios serán el resultado directo de las nuevas leyes de impuestos.

Para ayudarle a comprender los impuestos y Organizer su archivo de publicaciones de IRS

A fin de ayudarle en sus negocios, hemos dedicado el resto de este capítulo a proporcionarle lo siguiente:

- **Calendario de impuestos federales** por los cuales se vería obligado un solo propietario, una sociedad, una corporación S o una corporación. Ud. va a encontrar cuatro calendarios. Escoja el que sea más apropiado para su estructura legal.

- **Una lista de publicaciones gratis** que se puede conseguir en el IRS, y que será de gran utilidad para los propietarios de un negocio. Enfáticamente recomendamos que Ud. envíe por ellos cada año. Guárdelos en un cartapacio de tres anillos para poder encontrarlos conforme los necesite. Estas publicaciones son puestas al día cada noviembre y se les puede ordenar un poco después de ese mes.

- **Una Página de información** para decirle dónde y cómo se puede mandar a pedir formularios y publicaciones gratis. Ud. puede pedirlos por correo o simplemente llamando a un número gratis, o si no, llame a cobrar y pregunte por el número.

Propietario Único

Calendario de los impuestos federales por los cuales Ud. podría ser responsable

Mes	Día	Descripción	Formulario
Enero	15	Impuestos estimados	Fomulario 1040 ES
	31	Seguridad social (FICA) y el impuesto retenido. **Nota:** Ver la decisión del IRS para depósitos - Pub. 334	Formularios 941, 941E, 942 y 943
	31	Proporcionar información acerca de seguridad social (FICA) y los impuestos retenidos sobre los ingresos	FormularioW-2 (al empleado)
	31	Impuesto federal desempleo (FUTA)	Formulario 940-EZ o 940
	31	Impuesto federal desempleo (FUTA) (sólo si hay responsabilidad por impuestos no pagados arriba de $100)	Formulario 8109 (para hacer depósitos)
	31	Enviar información de personas no empleadas y de transacciones con otras personas	Formulario 1099 (a personas)
Febrero	28	Enviar información de personas no empleadas y de transacciones con otras personas	Formulario 1099 (al IRS)
	28	Enviar información de impuestos de seguridad social (FICA) y del impuesto retenido en los ingresos	Formularios W-2 y W-3 (a Soc. Sec. Adm.)
Abril	15	Impuesto sobre los ingresos	Schedule C (Form. 1040)
	15	Impuestos de los autoempleados	Schedule SE (Form. 1040)
	15	Impuestos estimados	Formulario 1040ES
	30	Seguridad social (FICA) y el impuesto retenido. **Nota:** Ver la decisión del IRS para depósitos - Pub. 334	Formularios 941, 941E, 942 y 943
	30	Impuesto federal de desempleo (FUTA) (sólo si hay responsabilidad por impuestos no pagados arriba de $100)	Formulario 8109 (para hacer depósitos)
Junio	15	Impuestos estimados	Formulario 1040ES
Julio	31	Seguridad social (FICA) y el impuesto retenido **Nota:** Ver la decisión del IRS para depósitos - Pub. 334	Formulario 941, 941E, 942 y 943
	31	Impuestos federal de desempleo (FUTA) (sólo si hay responsabilidad por impuestos no pagados arriba de $100)	Formulario 8109 (para hacer depósitos)
Sept.	15	Impuestos estimados	Formulario 1040ES
Octubre	31	Seguridad social (FICA) y el impuesto retenido **Nota:** Ver la decisión del IRS para depósitos - Pub. 334	Formularios 941, 941E, 942 y 943
	31	Impuestos federal de desempleo (FUTA) (sólo si hay responsabilidad por impuestos no pagados arriba de $100)	Formulario 8109 (para hacer depósitos)

Si su año fiscal no corre de enero 1 a diciembre 31:

- El Schedule C (Formulario 1040) se tiene que presentar el día 15 del 4o mes después del final año fiscal. El Schedule SE se debe presentar el mismo día que el formulario 1040.

- El impuesto estimado (1040ES) se tiene que presentar el día 15 del 4o, 6o y 9o mes del año fiscal, y el 15avo día del 1o mes después del final del año fiscal.

Sociedad

Calendario de los impuestos federales por los cuales Ud. podría ser responsable

Enero	15	Impuestos estimados (individuo que es socio)	Fomulario 1040 ES
	31	Seguridad social (FICA) y el impuesto retenido **Nota:** Ver la decisión del IRS para depósitos - Pub. 334	Formularios 941, 941E, 942 y 943
	31	Proporcionar información acerca de seguridad social (FICA) y los impuestos retenidos sobre los ingresos	Formulario W-2 (al empleado)
	31	Impuesto federal desempleo (FUTA)	Formulario 940-EZ o 940
	31	Impuesto federal desempleo (FUTA) (sólo si hay responsabilidad por impuestos no pagados arriba de $100)	Formulario 8109 (para hacer depósitos)
	31	Enviar información de personas no empleadas y de transacciones con otras personas	Formulario 1099 (a personas)
Febrero	28	Enviar información de personas no empleadas y de transacciones con otras personas	Formulario 1099 (al IRS)
	28	Enviar información de impuestos de seguridad social (FICA) y del impuesto retenido en los ingresos	Formularios W-2 y W-3 (a Soc. Sec. Adm.)
Abril	15	Impuesto sobre los ingresos (individuo que es socio)	Schedule C (Form. 1040)
	15	Declaración anual del ingreso	Formulario 1065
	15	Impuestos al autoempleado (individuo que es socio)	Schedule C (Form. 1040)
	30	Seguridad social (FICA) y el impuesto retenido **Nota:** Ver la decisión del IRS para depósitos - Pub. 334	Formularios 941, 941E, 942 y 943
	30	Impuesto federal de desempleo (FUTA) (sólo si hay responsabilidad por impuestos no pagados arriba de $100)	Formulario 8109 (para hacer depósitos)
Junio	15	Impuestos estimados (individuo que es socio)	Formulario 1040ES
Julio	31	Seguridad social (FICA) y el impuesto retenido **Nota:** Ver la decisión del IRS para depósitos - Pub. 334	Formularios 941, 941E, 942 y 943
	31	Impuestos federal de desempleo (FUTA) (sólo si hay responsabilidad por impuestos no pagados arriba de $100)	Formulario 8109 (para hacer depósitos)
Sept.	15	Impuestos estimados	Formulario 1040ES
Octubre	31	Seguridad social (FICA) y el impuesto retenido **Nota:** Ver la decisión del IRS para depósitos - Pub. 334	Formularios 941, 941E, 942 y 943
	31	Impuestos federal de desempleo (FUTA) (sólo si hay responsabilidad por impuestos no pagados arriba de $100)	Formulario 8109 (para hacer depósitos)

Si su año fiscal no corre de enero 1 a diciembre 31:

- El impuesto sobre los ingresos se debe pagar el 15avo día del 4o mes después del final del año fiscal.

- El impuesto sobre los ingresos del autoempleado se debe paar el mismo día que el impuesto sobre los ingresos (Formulario 1040).

- El impuesto estimado (1040ES) se debe pagar el 15avo día del 4o, 6o y 9o mes del año fiscal y el 15avo día del primer mes después del final del año fiscal.

Corporación S

Calendario de los impuestos federales por los cuales Ud. podría ser responsable

Enero	15	Impuestos estimados (accionista individual de la Corporación S)	Fomulario 1040 ES
	31	Seguridad social (FICA) y el impuesto retenido. **Nota:** Ver la decisión del IRS para depósitos - Pub. 334	Formularios 941, 941E, 942 y 943
	31	Proporcionar información acerca de seguridad social (FICA) y los impuestos retenidos sobre los ingresos	Formulario W-2 (al empleado)
	31	Impuesto federal desempleo (FUTA)	Formulario 940-EZ o 940
	31	Impuesto federal desempleo (FUTA) (sólo si hay responsabilidad por impuestos no pagados arriba de $100)	Formulario 8109 (para hacer depósitos)
	31	Enviar información de personas no empleadas y de transacciones con otras personas	Formulario 1099 (a personas)
Febrero	28	Enviar información de personas no empleadas y de transacciones con otras personas	Formulario 1099 (al IRS)
	28	Enviar información de impuestos de seguridad social (FICA) y del impuesto retenido en los ingresos	Formularios W-2 y W-3 (a Soc. Sec. Adm.)
Marzo	15	Impuesto sobre los ingresos	Formulario 1120S
Abril	15	Declaración anual del ingreso (individuo que es socio Corp. S)	Formulario 1040
	15	Impuestos estimados (individuo que es socio de la Corporación S)	Formulario 1040ES
	30	Seguridad social (FICA) y el impuesto retenido. **Nota:** Ver la decisión del IRS para depósitos - Pub. 334	Formularios 941, 941E, 942 y 943
	30	Impuesto federal de desempleo (FUTA) (sólo si hay responsabilidad por impuestos no pagados arriba de $100)	Formulario 8109 (para hacer depósitos)
Junio	15	Impuestos estimados (individuo que es socio de la Corporación S)	Formulario 1040ES
Julio	31	Seguridad social (FICA) y el impuesto retenido. **Nota:** Ver la decisión del IRS para depósitos - Pub. 334	Formularios 941, 941E, 942 y 943
	31	Impuestos federal de desempleo (FUTA) (sólo si hay responsabilidad por impuestos no pagados arriba de $100)	Formulario 8109 (para hacer depósitos)
Sept.	15	Impuestos estimados(individuo que es socio de la corporación S)	Formulario 1040ES
Octubre	31	Seguridad social (FICA) y el impuesto retenido. **Nota:** Ver la decisión del IRS para depósitos - Pub. 334	Formularios 941, 941E, 942 y 943
	31	Impuestos federal de desempleo (FUTA) Nota: Ver la decisión responsabilidad por impuestos no pagados arriba de $100)	Formulario 8109 (para hacer depósitos)

Si su año fiscal no corre de enero 1 a diciembre 31:

- El impuesto sobre los ingresos de la Corporación S (1120S) y el impuesto sobre los ingresos del accionista de la Corporación S (Formulario 1040) se debe pagar en el 15avo día del

- 4o mes después del final del año fiscal.

- El impuesto estimado del accionista (1040ES) se debe pagar el 15avo día del 4o, 6o, y 9o mes y en el 15avo día del 1o mes después del final del año fiscal.

Corporación

Calendario de los impuestos federales por los cuales Ud. podría ser responsable

Mes	Día	Concepto	Formulario
Enero	31	Seguridad social (FICA) y el impuesto retenido. **Nota:** Ver la decisión del IRS para depósitos - Pub. 334	Formularios 941, 941E, 942 y 943
	31	Proporcionar información acerca de seguridad social (FICA) y los impuestos retenidos sobre los ingresos	Formulario W-2 (al empleado)
	31	Impuesto federal desempleo (FUTA)	Formulario 940-EZ o 940
	31	Impuesto federal desempleo (FUTA) (sólo si hay responsabilidad por impuestos no pagados arriba de $100)	Formulario 8109 (para hacer depósitos)
	31	Enviar información de personas no empleadas y de transacciones con otras personas	Formulario 1099 (a personas)
Febrero	28	Enviar información de personas no empleadas y de transacciones con otras personas	Formulario 1099 (al IRS)
	28	Enviar información de impuestos de seguridad social (FICA) y del impuesto retenido en los ingresos	Formularios W-2 y W-3 (a Soc. Sec. Adm.)
Marzo	15	Impuesto sobre los ingresos	Formulario 1120S
Abril	15	Impuesto estimado	Formulario 1120-W
	30	Seguridad social (FICA) y el impuesto retenido. **Nota:** Ver la decisión del IRS para depósitos - Pub. 334	Formularios 941, 941E, 942 y 943
	30	Impuesto federal de desempleo (FUTA) (sólo si hay responsabilidad por impuestos no pagados arriba de $100)	Formulario 8109 (para hacer depósitos)
Junio	15	Impuestos estimados	Formulario 1120-W
Julio	31	Seguridad social (FICA) y el impuesto retenido. **Nota:** Ver la decisión del IRS para depósitos - Pub. 334	Formularios 941, 941E, 942 y 943
	31	Impuestos federal de desempleo (FUTA) responsabilidad por (sólo si hay impuestos no pagados arriba de $100)	Formulario 8109 (para hacer depósitos)
Sept.	15	Impuestos estimados	Formulario 1120-W
Octubre	31	Seguridad social (FICA) y el impuesto retenido. **Nota:** Ver la decisión del IRS para depósitos - Pub. 334	Formularios 941, 941E, 942 y 943
	31	Impuestos federal de desempleo (FUTA) (sólo si hay responsabilidad por impuestos no pagados arriba de $100)	Formulario 8109 (para hacer depósitos)
Dic.	15	Impuestos estimados	Formulario 1120-W

Si su año fiscal no corre de enero 1 a diciembre 31:

- El impuesto sobre los ingresos (Formulario 1120 o 1120A) se debe pagar en el 15avo día del 3o mes después del final del año fiscal.

- El impuesto estimado (1120-W) se debe pagar en el 5o día del 4o, 6o, 9o, and 12avo mes del año fiscal.

Publicaciones gratis disponibles en el IRS

A continuación ofrecemos una lista de las publicaciones a que nos hemos referido, junto con otras que podrían serle útiles durante el transcurso de su negocio. Insista en mantener un archivo de información sobre los impuestos. Mande a pedir esas publicaciones y ponga al día su archivo con nuevas publicaciones por lo menos una vez al año. El gobierno de los Estados Unidos ha gastado mucho tiempo y dinero para poner esta información al alcance de su mano cuando prepare sus declaraciones de impuestos de la renta.

La información para obtener estas publicaciones aparece en la lista que sigue. O si Ud. prefiere, puede llamar al IRS sin cobro, al **1-800-TAX-FORM (1-800-829-3676)**. Por el Internet: www.ustreas.gov

Una lista completa
Publicación 910, *Guide to Tax Free Services*
Comience por leer las dos siguientes publicación. Ella le darán una comprensión más completa.

> *334 - Tax Guide for Small Business (for Schedule S or S-EZ filers)*

Lista de publicaciones para pequeno negocio
Estas publicaciones son buenas para tener a mano como material de referencia y responderán la mayoría de las preguntas que Ud. tenga referente a tópicos específicos.

1	*Your Rights as a Taxpayer*
15	*Circular E., Employer's Tax Guide*
15-A	*Employer's Supplemental Tax Guide*
17	*Your Federal Income Tax*
463	*Travel, Entertainment, Gift and Car Expenses*
505	*Tax Withholding and Estimated Tax*
509	*Tax Calendars for 2011*
533	*Self-Employment Tax*

534   *Business Expenses*

534   *Business Expenses*

536   *Net Operating Losses*

538   *Accounting Periods & Methods*

541   *Partnerships*

542   *Corporations*

        S Corporations get instructions for 1120S

544   *Sales and Other Dispositions of Assets*

551   *Basis of Assets*

553   *Highlights of Tax Changes*

556   *Examination of Returns, Appeal Rights, and Claims for Refund*

560   *Retirement Plans for the Small Business*

583   *Starting a Business and Keeping Records*

587   *Business Use of Your Home (includes Day Care Provider Use)*

594   *The IRS Collection Process*

908   *Bankruptcy Tax Guide*

910   *Guide to Free Tax Services*

911   *Direct Sellers*

925   *Passive Activity & At Risk Rules*

946   *How to Depreciate Property*

947   *Practice Before the IRS and Power of attorney*

1066   *Small Business Tax workshop Workbook*

1544   *Reporting Cash Payments of Over $10,000 (Received in*

        a Trade or Business)

1546   *The Taxpayer Advocate Service of the IRS*

1853   *Small Business Talk*

Información sobre cómo Ordenar
Formularios 7 Publicaciones del IRS

Donde Enviar Su Orden de Formularios y Publicaciones

Ud. Puede visitar su oficina local del IRS, u ordenar sus formularios de impuestos y publicaciones en los Centros de Distribución que se muestran en esta página. O, si Ud. Prefiere, Ud. Puede hacer fotocopias de los formularios de los impuestos que se muestran en ciertas bibliotecas. Muchas bibliotecas tienen sets de referencia de las publicaciones del IRS que Ud. puede leer o copiar.

So Ud. Vive en:	Envie a:	Otros sitios:
Alaska, Arizona, California, Colorado, Hawaii, Idaho, Montana, Nevada, New Mexico, Oregon, Utah, Washington, Wyoming, Guam, Northern Marianas, American Samoa	Western Area Distribution Center Rancho Cordova, CA 95743-0001	**En Los Extranjeros:** Personas que viven en el extranjero deben enviar esta orden a: Eastern Area Distribution Center, P.O. Box 25866, Richmond, VA 23286-6107; o a Western Area Distribution Center, Rancho Cordova, CA 95743-0001.
Alabama, Arkansas, Illinois, Kansas, Kentucky, Louisiana, Minnesota, Mississippi, Missouri, Nebraska, North Dakota, Ohio, Oklahoma, South Dakota, Tennessee, Texas, Wisconsin	Central Area Distribution Center P.O. Box 8903 Bloomington, IL 61072-8903	Si desea otros tecas publicas. Además. Formularios: Eastern Area Distribution Center P.O. Box 25866, Richmond, VA 23286-6107
Connecticut, Delaware, District of Columbia, Florida, Georgia, Maine, Maryland, Massachusetts, New Hampshire, New Jersey, New York, North Carolina, Pennsylvania, Rhode Island, South Carolina, Vermont, Virginia, West Virginia	Eastern Area Distribution Center P.O. Box 85074 Richmond, VA 23261-5074	**Puerto Rico** – Eastern Area Distribution Center, P.O. Box 25866, Richmond, VA 23286-6107 **Virgin Islands** – V.I., Bureau of Internal Revenue, Lockhart Gardens, No. 1-A, Charlotte Amalia St. Thomas, VI 00802

ORDEN DE FORMULARIOS Y PUBLICACIONES

1040	**Schedule F (1040)**	Schedule 3 (1040A) & **Instructions**	2210 & Instructions	8606 & Instructions	Pub. 533	**Pub. 551**	**Pub. 911**
Instructions For 1040 & Schedules	Schedule H (1040)	**1040EZ**	2441 & Instructions	8822 & Instructions	**Pub. 534**	**Pub. 556**	**Pub. 925**
Schedules A&B (1040)	**Schedule R (1040) & Instructions**	Instructions for 1040EZ	3903 & Instructions	8829 & Instructions	**Pub. 535**	**Pub. 560**	**Pub. 946**
Schedule C (1040)	**Schedule SE (1040)**	1040ES (2000) & **Instructions**	**4868 & Instructions**	**Pub. 15**	**Pub. 536**	**Pub. 583**	**Pub. 947**
Schedule C-EZ (1040)	1040A	**1040X & Instructions**	**4562 & Instructions**	**Pub. 15-A**	**Pub. 538**	**Pub. 587**	**Pub. 1066**
Schedule D (1040)	**Instructions 1040A & Schedules**	2106 & **Instructions**	5329 & **Instructions**	**Pub. 334**	**Pub. 541**	Pub. 594	**Pub. 1544**
Schedule E (1040)	**Schedule 1 (1040A)**	2106EZ & **Instructions**	8283 & **Instructions**	**Pub. 505**	**Pub. 542**	**Pub. 908**	**Pub. 1546**
Schedule EIC (1040A or1040)	**Schedule 2 (1040A)**	2119 & **Instructions**	8582 & **Instructions**	**Pub. 509**	**Pub. 544**	**Pub. 910**	**Pub. 1853**

Name

Number and Street

City or Town   State   Zip code

CAPÍTULO

9

Manteniendo al Dia su Plan de Negocio

Su plan de negocio le servirá bien si Ud. lo revisa a menudo y lo usa como guía durante la duración de su negocio. A fin de actualizarlo, Ud., como dueño, tendrá la responsabilidad final de analizar lo que está sucediendo, e implantar los cambios que harán su negocio más costeable.

- **Cambios dentro de la compañía**

- **Cambios en las necesidades del cliente**

- **Cambios en la tecnología**

Revisando su plan de negocio

La revisión es un proceso constante. Los cambios continúan sucediendo en un negocio. Si su plan de negocio va a ser efectivo para el negocio o para el probable prestamista, será necesario que Ud. lo ponga al día con regularidad. Los cambios que requieren esas revisiones se pueden atribuir a tres fuentes:

■ Cambios dentro de la compañía

Ud. podría estar aumentando o disminuyendo su número de empleados, mejorando el nivel de sus capacidades, agregando nuevos productos y/o servicios, o podrían ocurrir otros cambios en su organización. Tal vez Ud. decidió incorporarse o agregar nuevos socios. Asegúrese de documentar esos cambios.

■ Cambios que se originan con el cliente

Su producto o servicio puede mostrar ascensos o declinaciones, debido a cambios en las necesidades o los gustos del cliente. Esto es evidente en todas las compañías que terminan cerrando sus puertas, porque continúan ofreciendo lo que a ellos les gusta, en vez de ofrecer lo que el cliente comprará o usará. Los poliester fueron populares por muchos años. Ahora, el cliente medio considera el poliester como un material inferior. Los vendedores de ropa al menudeo actualmente vende algodón, rayón o seda.

■ Cambios en la tecnología

Ud. tendrá que introducir cambios en su negocio para mantener el paso con un mundo cambiante. Según avanza la tecnología, y hay muchos productos en el mercado, Ud. tendrá que mantenerse al día o se quedará atrás. La industria de las ordenadoras o computadoras es el ejemplo perfecto de los cambios rápidos en la tecnología. Los promotores se enfrentan a diario con desafíos ante los problemas de mantener sus productos actualizados, o pierden su nicho en el mercado.

Introduciendo cambios en su plan de negocio

Como dueño del negocio, Ud. debe mantenerse enterado de los cambios en su industria. Primero, Ud. debe determinar qué revisiones son necesarias. A fin de hacer esa determinación, Ud. tendrá que comparar su plan de negocio con los tres tipos de cambios mencionados arriba.

Si ello resulta en una tarea abrumadora para una persona, use sus empleados para que lleven la cuenta de los cambios en la industria de acuerdo con la experiencia de ellos. Por ejemplo, su agente comprador puede analizar las tendencias entre sus clientes, y ofrecerle un informe al respecto.

Su empleado encargado de investigaciones y desarrollo puede examinar los cambios en la tecnología y los materiales. Cada departamento puede ser responsable por la información que incumbe a su área en particular, e informarle con periodicidad.

Comprenda, sin embargo, que la decisión final descansa en Ud., el dueño. Ud. tendrá que analizar la información y decidir qué cambios se debe adoptar. Si su decisión es incorrecta, no pierda su tiempo lamentándose. Corrija sus errores y reduzca sus pérdidas tan pronto como sea posible. Con experiencia, aumentará su porcentaje de decisiones correctas, y el resultado será mayores ganancias.

Anticipándose a sus problemas

Trate de adelantarse para determinar qué posibles problemas se podrían presentar para atormentarlo. Por ejemplo, Ud. puede tener que enfrentarse a costos que exceden sus proyecciones. Al mismo tiempo, Ud. puede experimentar una seria declinación en sus ventas. Estos dos factores, al ocurrir simultáneamente, pueden traerle desastres si Ud. no se encuentra preparado para recibirlos.

También podríamos agregar que un buen año le puede dar un falso sentido de seguridad. Sea cuidadoso cuando las cosas andan bien. Un aumento en las ganancias podría ser temporal. Por ejemplo, los relojes antiguos se vendieron muy bien y a buenos precios a principios de la década de los ochenta. Esos precios ahora han bajado un 40 por ciento, y los relojes nuevos se venden mejor que los antiguos.

Tal vez sea ahora el momento de pensar en el desarrollo de un presupuesto alterno que se base en esos posibles problemas. También sería hora de decidir si el énfasis en determinado servicio sería más costeable debido a los cambios en la economía. Para hablar nuevamente del ejemplo de los relojes antiguos, el negocio de la reparación de relojes es muy robusto, aunque la venta al menudeo de relojes esté bajando.

¡No caiga en esa trampa!

Muy a menudo, el propietario de un negocio gastará mucho tiempo escribiendo un plan de negocio cuando se halla bajo presión y tiene que obtener un préstamo o quiere comenzar un negocio. Lo que tratamos de decir es que el plan se tiene que mantener actualizado. Antes que pase mucho tiempo, las cosas se pondrán agitadas, y el plan de negocio se guardará en una gaveta para ya no volver a verlo.

Recuerde revisar su plan a menudo

Será de gran beneficio para Ud. mantenerse al tanto de los cambios en la industria y hacer los cambios que sean necesarios. Su plan de negocio puede ser su mejor amigo. Si Ud. alimenta su relación con él, ¡ya estará con una ventaja en el camino al triunfo!

Organizando
Su Plan de Negocio

Si Ud. ha seguido los pasos que hemos presentado en los capítulos anteriores de este libro y ha reunido los materiales y documentos necesarios, Ud. estará ahora preparado para organizar su propio plan de negocio.

En este capítulo hablaremos de las ventajas y las desventajas de usar un software para un plan de negocio. También le daremos una idea de cómo mejor preparar su plan para estar seguros que será más aceptable a los ojos y la mente del lector.

- **Software de un plan de negocio**

- **El producto final**

- **La última palabra**

Software para un plan de negocio

Hay en el mercado actual varios softwares de programas. Lo que busca la persona que va a preparar un plan es una solución rápida a un problema difícil. Un programa con preguntas que se pueden responder rellenando espacios, después de lo cual el software automáticamente generará un plan de negocio ya acabado.

No use un programa envasado.

En realidad, sí hay paquetes de software "con espacios para rellenar". Sin embargo, no le aconsejamos que use esa clase de programa. Hay por lo menos dos buenas razones para ello:

1. Su plan de negocio sirve como guía para su negocio. Aunque Ud. pueda tener un negocio similar al de otra persona, Ud. tendrá diferentes áreas de concentración y Ud. querrá formar su propio nicho haciendo cosas que son únicas para su negocio. Esas diferencias se podrían reflejar en su plan de negocio. Por lo tanto, un programa envasado no podría servirle bien.

2. Si Ud. se pone en contacto con posibles prestamistas o inversionistas, verá que ellos inmediatamente reconocen las palabras de un programa envasado a diferencia de ciertos programas que no lo son. Esto le indica a esa persona que Ud. no ha puesto mucho tiempo y esfuerzo en el procesode planificación, y que tal vez Ud. no conoce suficientemente su negocio para llegar al triunfo. Puesto que el pago del préstamo depende de su capacidad en el negocio, tal vez Ud. podría ser para ellos un mal riesgo.

Un programa efectivo

Le permite a Ud. que haga su propia investigación y genere sus propias declaraciones organizacionales y de mercadeo. Esa es la única manera para que Ud. cree un plan que hará de su negocio algo único. Sus declaraciones le mostrarán que Ud. ha investigado su negocio y puesto un gran esfuerzo para preparar un plan que operará efectivamente.

Las declaraciones financieras automatizadas

pueden ser de gran ayuda para su sección financiera en el plan de negocio. Si ya están preformateadas y preformuladas, se ahorrará mucho tiempo. Ud. solamente inserta las sumas en los espacios y el programa se encarga de hacer todas las sumas y restas. Puesto que las declaraciones pro forma del movimiento de efectivo tienen que vérselas con cerca de 350 cifras, su tiempo se verá limitado considerablemente. También le permitirá hacer cambios o crear situaciones hipotéticas y Ud. verá los resultados inmediatamente.

Pero aun aquí es necesario ofrecer una nota de precaución. Las hojas preformateadas se tendrán que alterar para reflejar las categorías de los ingresos y los gastos pertinentes a su tipo de negocio. Asegúrese que el programa permite todos esos cambios.

***¡Sí! ¡Nosotros tenemos el software
para la planificación de un negocio que incluye
todo lo que se menciona arriba!***

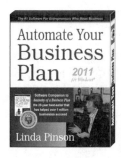

A fin de implantar la escritura de su plan de negocio, hemos desarrollado un software con un programa que hemos llamado **AUTOMATE YOUR BUSINESS PLAN.** Es para computadoras IBM y compatibles y no necesita ningún software adicional. Tenemos una Versión Windows que lo guiará muy bien a través del proceso de planificación. Tiene su propio procesador de palabras y programas con planilla fáciles de usar con estados financieros preformateados y preformulados que se pueden modificar para adaptarse a su negocio.

Automatice su Plan de Negocio es *Anatomía de un Plan de Negocio* traducido a un software (en la lengua inglés). Sigue las indicaciones del libro paso a paso e imprimirá una copia final del plan de negocio. En idioma español tenemos los documentos financieros en disco para Excel®.

El producto acabado

Cuando Ud. ha terminado de escribir su plan de negocio, hay algunas pocas consideraciones que le ayudarán a ofrecer una impresión favorable ante un posible prestamista o inversionista.

Encuadernación y cubierta

Es mejor usar un cuaderno de tres anillos para el plan de negocio que usará en su trabajo. De esa manera, Ud. le puede agregar, ponerlo al día o introducirle cambios. Su plan de trabajo tiene que incluir una copia de todos los documentos auxiliares. Para el plan que Ud. presentará al prestamista o inversionista, Ud. quiere que la cubierta sea atractiva. Puede comprar una en su almacén de papelería o llevarlo a la imprenta cuando esté terminada. Use cubiertas azul, café o negra. Los banqueros por lo general son muy conservadores.

Longitud

¡Sea conciso! Generalmente, Ud. debería tener no más de 30 ó 40 páginas en el plan que le llevará al prestamista, incluyendo los Documentos Auxiliares. Conforme escriba cada sección, piense que escribe un resumen. Incluya cuanta información sea posible en unas breves palabras. Asegúrese que tiene con Ud. un juego completo de los documentos financieros. Tenga en mente que los probables prestamistas o inversionistas no quieren ponerse a buscar en los volúmenes de material la información que necesitan.

Presentación

Haga cuanto pueda para que su plan luzca presentable. Sin embargo, no haga el gasto innecesario de pagar por un trabajo de tipografía o de gráficos computarizados de alto calibre. Esto a algunos prestamistas les podría parecer frívola impresión que puede decir que Ud. no usará juiciosamente los fondos que obtenga.

Indice

Asegúrese de incluir un Indice en su plan de negocio. Debe ir después del Resumen Executivo. Hágalo suficientemente detallado para que el prestamista pueda localizar cualquiera de las áreas que se mencionen en el Plan. Debe también mostrar una lista de los Documentos Auxiliares y los números correspondientes a cada página. Ud. puede usar el Indice en este libro (comenzando con Declaración del Propósito para terminar con Documentos Auxiliares) como guía para recopilar sus documentos.

Número de Copias

Haga copias para Ud. y para cada prestamista que Ud. desee contactar. Lleve el control de cada copia. No trate de trabajar con demasiados probables prestamistas al mismo tiempo. Si se le rechaza la solicitud de préstamo, asegúrese de recobrar su plan de negocio.

La Última Palabra

Cuando termine, su plan de negocio se debe ver profesional, pero el prestamista debe comprender que se le preparó para él. Será la mejor indicación que el prestamista tendrá para juzgar su potencialidad para triunfar.

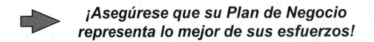

¡Asegúrese que su Plan de Negocio representa lo mejor de sus esfuerzos!

Es mi esperanza que Ud. haya podido usar este libro para ayudarse a desarrollar un plan para su negocio que sea conciso, lógico y apropiado. Cuando haya terminado su trabajo y su plan de negocio esté completo, no olvide:

- **Operar dentro de los límites de su plan de negocio**
- **Anticipar cambios**
- **Revisar su plan de negocio y mantenerlo al día.**

Haga Ud. todo esto y estará en camino a mejorar sus posibilidades de triunfar y crecer conforme continúe Ud. en su empresa. Gracias por incluir nuestros materiales como parte de su plan de negocio.

Recursos para la investigación de negocios
de EUA e internacionales

¿Cómo puede encontrar la información que necesita?

Una de las principales preguntas que se hacen redactores de planes de negocios es, *"¿Cómo encuentro la información que necesito para hacer proyecciones financieras y de mercadeo?"*

En este capítulo se le ofrecen recursos en línea y fuera de línea que le ayudarán con sus esfuerzos de investigación financiera y de mercadeo.

Los recursos de este capítulo han sido organizados en las secciones siguientes:

- **Enlaces a sitios Web de investigación**

- **Recursos bibliotecarios**

- **Publicaciones y revistas**

- **Libros**

- **Departamentos del gobierno estadounidense**

- **Administración de Pequeños Negocios de EUA**

Recursos de la Internet

Información del Consumidor

Información demográfica de EUA
http://www.census.gov

Estadísticas demográficas de Europa
http://europa.eu.int/comm/eurostat/Public/datashop/print-catalogue/EN?catalogue=Eurostat

Fuentes de datos de gobiernos extranjeros
http://www.lib.umich.edu/

Tasas de estándares industriales (Asociación de gestión de riesgos)
http://www.rmaorg.com

Estudios internacionales de demografía y de población
http://demography.anu.edu.au/VirtualLibrary/
http://vlib.org/

Estilo de vida, ambiente y otras estadísticas—Japón
http://www.jinjapan.org/stat/index.html

Valores y estilos de vida
http://www.sric-bi.com/VALS/

Información de compañías

Directorio de negocios europeos
http://www.europages.com/

Clasificaciones industriales
http://www.census.gov/

Listado de compañías internacionales
http://www.trade.gov/

Perspectiva de la industria y comercio de EUA®
http://www.ntis.gov/products/bestsellers/industry-trade.asp?loc=4-2-0

Administración de pequeños negocios de EUA
http://www.sbaonline.sba.gov/

Lista industrial de negocios Yahoo
http://dir.yahoo.com/Business_and_Economy/Directories/Companies/

Análisis Competitivo

Recurso financiero y de contabilidad
http://www.brint.com/Business.htm#Accounting

Sitios de negocios
http://www.techweb.com

Inteligencia competitiva
http://www.cio.com/CIO/arch_0695_cicolumn.html

Fortune Magazine
http://www.fortune.com

Hoover's en línea
http://www.hoovers.com

Análisis competitivo internacional
http://www.trade.gov/
http://www.brint.com/International.htm

Comisión de valores e intercambio de EUA
http://www.sec.gov

Wall Street Journal
http://online.wsj.com/public/us

Información de países

Asia
http://www.asia-inc.com

Información mundial de la CIA
http://www.cia.gov/cia/publications/factbook/index.html

Sitios de ciudades
http://officialcitysites.org/country.php3

Cultura
http://ecai.org

Estudios demográficos y de población
http://demography.anu.edu.au/VirtualLibrary

Europa
http://europa.eu.int/eurodicautom/Controller

Información de gobiernos extranjeros
http://dir.yahoo.com/Government/countries

Importación y exportación
http://www.census.gov/foreign-trade/www/

Oriente Medio
http://arabia.com

STAT-USA
http://www.stat-usa.gov

Búsquedas sobre el comercio mundial
http://world-trade-search.com

Centro Latinoamericano de Redes de Información
http://lanic.utexas.edu/la/region/business

Ambiente Económico

Centro de documentos
http://www.lib.umich.edu/

Indicadores económicos de la oficina del Censo de EUA
http://www.census.gov/econ/www/

Investigación del crecimiento económico
http://econ.worldbank.org/programs/macroeconomics/

Recursos Empresariales

Centro para empresas familiares
http://web.cba.neu.edu/fambiz/

EntreWorld
http://www.entreworld.org/

The Entrepreneurial Edge
http://peerspectives.org

Administración de pequeños negocios de EUA
http://www.sbaonline.sba.gov/

Información de negocios Yahoo
http://dir.yahoo.com/Business_and_Economy/

Cámara de Comercio Hispana de Estados Unidos
http://www.ushcc.com

Hispanic Business
http://www.hispanicbusiness.com

Centro Nacional Latino de Investigaciones
http://www.csusm.edu/nlrc

Hispanic Business Consultants
http://www.eduardofigueroa.com

Ambiente Legal

Ley de publicidad
http://www.arentfox.com/quickGuide/businessLines/advert/advertisingLaw/advertisinglaw.html

Ley de negocios de la Unión Europea
http://europa.eu.int/eur-lex/en/index.html

Diccionario y directorio de la ley internacional
http://august1.com/pubs/dict/index.shtml

Recursos legales internacionales
http://www.wcl.american.edu
http://www.spfo.unibo.it/Welcome.html
http://www.lawschool.cornell.edu
http://www.law.indiana.edu
http://willy.law.pace.edu

Ley de propiedad intelectual
http://www.patents.com

Ley de la Biblioteca del Congreso de EUA
http://lcweb.loc.gov

Meta-Index de investigación legal de EUA
http://gsulaw.gsu.edu/metaindex

Tratado de libre comercio de Norteamérica
http://www.nafta-sec-alena.org/DefaultSite/index.html

Biblioteca de Ley del Condado de Santa Barbara
http://www.countylawlibrary.org

Oficina de patentes y marcas registradas de EUA
http://www.uspto.gov

Ambientes legislativos y de regulaciones

Administración de alimentos y fármacos
http://www.fda.gov

Comisión federal del comercio
http://www.ftc.gov

Comisión federal de comunicaciones
http://www.fcc.gov

Información legislativa Thomas en la Internet
http://thomas.loc.gov

Recursos Bibliotecarios

En la sección de negocios de su biblioteca local se pueden encontrar los recursos listados abajo. El bibliotecario en la sección de negocios de su biblioteca puede ayudarle a encontrar los materiales que necesita. Para su conveniencia, los recursos se ofrecen en orden alfabético.

Almanac of Business and Industrial Financial Ratios **(Prentice-Hall).** Ofrece tasas y normas industriales en cifras de dólares reales derivadas de datos del IRS (Oficina de Recaudación de Impuestos de EUA). Cada industria incluye indicadores de ejecución como activos totales, costo de operaciones, salarios y márgenes de ganancias.

American Manufacturers Directory **(American Business Information).** Lista de fabricantes estadounidenses con 25 o más empleados.

Bacon's Newspaper/Magazine Directory **(Bacon's Information).** Lista de medios como fuente de información publicitaria.

Catalog of Catalogs **(Woodbine House).** Contiene descripciones e información de contactos de más de 14 mil catálogos, organizados por tema y nombre de la compañía.

City and County Data Book **(U.S. Dept. of Commerce).** Este libro (actualizado cada tres años) contiene información estadística sobre población, educación, empleo, ingresos, vivienda y ventas al detalle.

Directory of Directories **(Gale Research Inc).** Describe más de 9 mil guías de compradores y directorios.

Discovering Small Business **(Gale Research Inc.).** CD-ROM que detalla 300 tipos específicos de empresas con muestras de planes de negocios, información sobre programas financieros, licencias y artículos de revistas actuales.

Dun and Bradstreet Directories **(Dun and Bradstreet).** Lista de compañías en orden alfabético, geográfico y por clasificación de producto.

Encyclopedia of Associations: National Organizations of the U.S. **(Gale Research Inc.).** CD ofrece acceso al instante a información de 23 mil organizaciones nacionales en EUA.

Encyclopedia of Business Information Sources **(Gale Research Inc.).** Lista de manuales, revistas, directorios, asociaciones de comercio y más, para más de 1,200 industrias específicas y temas de negocio. Empiece acá para buscar información sobre su negocio particular.

Financial Studies of the Small Business **(Financial Research Associates).** Organizado por industria, los estudios contienen tasas financieras e indicadores de negocios micro y pequeños.

Incubators for Small Business **(U.S. Small Business Administration).** Lista de más de 170 oficinas del gobierno estatal e incubadores que ofrecen ayuda financiera y técnica a nuevos pequeños negocios.

Industry Norms & Key Business Ratios **(Dun & Bradstreet.** Ofrece cifras de hojas de balance de compañías en más de 800 diferentes líneas de negocio, definidas según el número SIC.

Lifestyle Market Analyst (Standard Rate & Data Service). Analiza la población a nivel geográfico y demográfico. Incluye extensa información sobre estilo de vida respecto a los intereses, pasatiempos y actividades populares en cada mercado geográfico y demográfico.

National Trade and Professional Associations of the U.S. (Columbia Books, Inc.). Asociaciones profesionales y comerciales organizadas por asociación, región geográfica y presupuesto.

RMA Annual Statement Studies (Risk Management Association). Normas y tasas industriales compilados de estados de ingresos y hojas de balance. Por cada código SIC se dan tres grupos de estadísticas, cada uno representando un rango de tamaño específico de compañías, con base en sus ventas.

Small Business Sourcebook (Gale Research Inc.). Un buen sitio inicial para encontrar asesores, instituciones educativas, agencias gubernamentales que ofrecen ayuda y también fuentes de información específica para más de 140 tipos de negocios.

Sourcebook for Franchise Opportunities (Dow-Jones Irwin). Ofrece información anual del directorio de franquicias estadounidenses y datos de requisitos de inversión, regalías y tarifas de publicidad, servicios provistos por el dueño de la franquicia, proyección de tasas de crecimiento y ubicaciones donde las franquicias tienen licencias para operar.

Statistical Abstract of the U.S. (U.S. Dept. of Commerce). Actualizado anualmente, proporciona información demográfica, económica y social.

Thomas Register of Manufacturing. Directorio de la mayoría de firmas de fabricación, incluye perfil de la compañía e información de contacto.

Publicaciones y revistas

Business Week, McGraw-Hill, Inc., 1221 Avenue of the Americas, New York, NY 10020.

Entrepreneur Magazine, 2392 Morse Avenue, Irvine, CA 92714.

Diario Financiero, http://www.diariofinanciero.cl

Fast Company, P.O. Box 52760, Boulder, CO 80328.

HispanicEnterprise, 6355 NW 36th Street, Miami, FL 33166, (305) 774-3550
Fax: (305) 774-3578 http://hol.hispaniconline.com

Hispanic Business Magazine, 425 Pine Avenue, Santa Barbara, CA 93117-3709

Inc., 38 Commercial Wharf, Boston, MA 02110.

LaOpinion, 700 S. Flower St., Suite #3000, Los Angeles, CA 90017

Nation's Business, 1615 H. Street N.W., Washington, DC 20062-2000.

Latino Business Chronicle, 12864 Biscayne Blvd., Suite 306, Miami, FL 33181,

(305) 864-3422, http://www.latinbusinesschronicle.com

Small Business Forum: Journal of the Association of Small Business Development Centers,
University of Wisconsin SBDC, 432 North Wake Street, Madison, WI 53706.

Small Business Success, Pacific Bell Directory, 101 Spear Street, Rm. 429, San Francisco, CA 94105 (800) 237-4769 in CA - or - (800) 848-8000.

Libros

Avdvani, Asheesh. *Investors in Your Backyard: How to Raise Business Capital From the People You Know*. Berkeley, CA: Nolo Press, 2006

Bangs, David. *Non Profits Made Easy*. Irvine, CA: Entrepreneur Media, Inc., 2006.

Clifford, Denis and Ralph Warner. *Form a Partnership*. Berkeley, CA: Nolo Press, 2006.

Coveney, Patrick. *Business Angels: Securing Start-Up Finances*. New York: John Wiley and Sons, 1998.

Elias, Stephen R. *Trademark: Legal Care for Your Business & Product Name*. Berkeley, CA: Nolo Press 2005

Godin, Seth. *Bootstrapper's Bible*. Chicago: Dearborn, 1998.

Gompers, Paul and Lerner, Josh. The Venture Capital Cycle. 2006.

Hupalo, Peter I. *Thinking Like An Entrepreneur*. W. St. Paul, MN: HCM Publishing, 1999.

Levinson, Jay Conrad. *Guerrilla Marketing With Technology. Addison Wesle. 1997*.

Lipman, Frederick. *Financing Your Business with Venture Capital*. Prima Publishing, 1998.

Metrick, Andres, *Venture Capital and the Finance of Innovation*. 2006.

Norman, Jan. *What No One Ever Tells You About Marketing Your Own Business*. 2004.

Ogilvy, David. *Ogilvy on Advertising*. New York, NY: Random House.

Pakroo, Peri H., *Starting & Building a Nonprofit: A Practical Guide*. Nolo Press, 2007.

Pinson, Linda. *18 Pasos para Desarrollar tu Negocio*. Tustin, CA: Out of Your Mind…and Into the Marketplace, 2008.

Pinson, Linda. *Anatomía de un Plan de Negocio*. Tustin, CA: Out of Your Mind…and Into the Marketplace, 2011.

Pinson, Linda. *Anatomy of a Business Plan*. Tustin, CA: Out of Your Mind…and Into the Marketplace, 2008.

Pinson, Linda. *Keeping the Books*. Chicago: Kaplan Publishing, 2007.

Pinson, Linda and Jerry Jinnett. *Steps to Small Business Start-up*. New York: Kaplan, 2006.

Scott, David Meerman. *The New Rules of Marketing and PR: How to Use News Releases, Blogs, Podcasting, Viral Marketing and Online Media to Reach Buyers Directly*. 2007.

Steingold, Fred. *The Complete Guide to Buying a Business*. Berkeley, CA: Nolo, 2005.

Steingold, Fred. *Negotiate the Best Lease for Your Business*. Berkeley, CA: Nolo, 2005.

Tiernan, Bernadette. *E-Tailing*. Chicago: Dearborn Trade, 1999.

Tiernan, Bernadette. *The Hybrid Company*. Chicago: Dearborn Trade, 2001.

Wheeler, Alina. *Designing Brand Identity*. 2006.

Departamentos del gobierno estadounidense

Las oficinas federales son un recurso excelente para investigar su industria. Además de las oficinas federales provistas abajo, se recomiende que obtenga información de agencias del gobierno de su estado y área local. Al ir al sitio Web de la agencia, puede revisar y obtener información disponible.

Consumer Products Safety Commission
http://www.cpsc.gov

Department of Commerce
http://www.commerce.gov

Department of Commerce
U.S. Census Bureau
http://www.census.gov

Department of Commerce
Bureau of Economic Analysis
http://www.bea.gov

Department of Commerce
International Trade Administration
http://www.ita.doc.gov

Department of Energy
http://www.energy.gov

Department of Labor
Occupational Safety and Health Administration
http://www.osha.gov

Department of Labor
Bureau of Labor Statistics
http://www.stats.bls.gov

Department of Labor
Employment and Training Administration
http://www.doleta.gov

Department of State
http://www.state.gov

Department of Transportation
http://www.dot.gov

Department of the Treasury
http://www..ustreas.gov

Environmental Protection Agency
http://www.epa.gov

Federal Trade Commission
http://www.ftc.gov

Internal Revenue Service
http://www.irs.gov

Internal Revenue Service
Information Help Desk
http://www.irs.gov

Internal Revenue Service
Forms and Publications
http://www.irs.gov/formspubs/index.html

Library of Congress
Copyright Office
(202) 707-2100
http://www.copyright.gov

Patent and Trademark Office
U.S. Department of Commerce
Public Information Office
(703) 557-4357
http://www.uspto.gov/main/trademarks.htm
http://www.uspto.gov/main/patents.htm

U.S. International Trade Commission
http://www.usitc.gov/

Administración de pequeños negocios de EUA

La Administración de pequeños negocios de EUA (SBA, por sus siglas en inglés) es una oficina federal, pero se distingue debido a su importancia para los negocios pequeños de EUA. La SBA ofrece una extensa selección de información sobre la mayoría de temas de gestión de negocios desde cómo iniciar un negocio hasta la exportación de productos. La SBA tiene oficinas en todo el país. Consulte la sección del Gobierno de los EUA en su directorio telefónico de la oficina más cercana a usted. La SBA ofrece una cantidad de programas y servicios, incluyendo entrenamiento y programas educativos, servicios de asesoría, programas financieros y contactos. Estas organizaciones están disponibles a través de la SBA:

Service Corp of Retired Executives (SCORE). Una organización nacional, patrocinada por la SBA, de ejecutivos voluntarios de negocios que ofrecen asesoría gratuita, talleres y seminarios a empresarios potenciales o existentes.

Small Business Development Centers (SBDCs. Patrocinados por la SBA en sociedad con gobiernos estatales y locales, la comunidad educacional y el sector privado. Ofrecen ayuda, consejos y entrenamiento a personas de negocios potenciales y existentes.

Small Business Institutes (SBIs). Organizados a través de la SBA en más de 500 universidades del país. Los institutos ofrecen asesoría de estudiantes y de la facultad a clientes de pequeños negocios.

Para más información sobre los programas y servicios de desarrollo de negocios de la SBA:

1. Llame al centro de llamadas de la SBA 1 (800) 827-5722.

2. La SBA tiene una página principal en la Internet que ofrece una guía interactiva a programas de la SBA. (http://www.sba.gov)

3. La dirección de la SBA es la siguiente:

U.S. Small Business Administration
1441 L Street NW
Washington, DC 20005

Plan de Negocio
Marine Art of California

El plan de negocio que se presenta en las siguientes páginas, es en realidad un plan que desarrollo el señor Robert García para su negocio, **Marine Art of California.** El señor García generosamente nos ha permitido que lo usemos en *Anatomía de un Plan del Negocio* y en **Automate Your Business Plan** para que sirvan como una ilustración que le ayudará a escribir su propio plan.

Cuando el señor García escribió este plan, él se hallaba en el proceso de organizar su propio negocio para que echara a andar, y buscaba inversionistas bajo la forma de sociedad limitada. Ahora ya lleva tres años en el negocio pero con regularidad actualiza su plan para reflejar lo que en realidad le está sucediendo en la operación de su empresa.

El plan fue escrito antes de echar a andar el negocio. Por esa razón incluye proyecciones solamente y la sección financiera termina con un análisis de punto de equilibrio. Después de estar un año en el negocio, el plan del negocio del señor García incluiría también declaraciones de pérdidas y ganancias, una hoja de balance al día, y un análisis de las declaraciones financieras, todo lo cual se basaría en las verdaderas transacciones de su negocio.

Le hemos agregado al plan original.

A fin de ofrecerle un ejemplo completo de un plan del negocio, incluyendo información histórica así como proyecciones (especialmente en el área financiera), decidimos continuar con este plan por un año, y crear un juego de estados financieros que reflejarían el primer año de operaciones y mostraría cómo se comparan las proyecciones con la realidad.

Como no sería correcto dar a conocer información financiera de un negocio verdadero, los autores de **Automate Your Business Plan** han creado un escenario financiero para mostrar lo que pudo haber sucedido en 2011. Los estados de cuenta que se ofrecen entre las páginas 178 hasta 181 de este plan, son solamente educativos y <u>no</u> reflejan el verdadero historial financiero o las normas industriales de Marine Art of California. El resto del plan se presenta como se le escribió originalmente. Si se le hubiera también puesto al día, habría incluido cambios en la posición y la planificación que tubieron lugar durante el año fiscal (es decir, nuevos socios, cambios en los planes de mercadeo, etc.)

Este plan le puede ayudar.

Cuando Ud. comience a escribir su propio plan, tal vez le ayude examinar el plan del negocio del señor García para ver cómo resolvió cada una de las correspondientes secciones. Parte del material de investigación ha sido condensado y no hemos incluido todos los documentos auxiliares. También decidimos omitir su historial financiero personal por razones de confidencialidad.

¡Precaución! Este plan se debe examinar únicamente para ver cómo actuó el señor García. Se le ha usado como un ejemplo en nuestro libro y software porque creemos que es un buen ejemplo de cómo organizar un negocio. No emitimos ningún juicio en cuanto lo acertado de la decisión o del potencial financiero para prestamistas o inversionistas. No lo use como fuente de información para su propia compañía.

Nos complace bastante haber tenido la oportunidad de incluir este material en *Anatomía de un Plan del Negocio* y en **AUTOMATICE SU PLAN DEL NEGOCIO.** Esperamos que le sea de beneficio. Nuestro agradecimiento a Bob García por haber sido tan generoso y por permitir que compartiéramos su interpretación de la planificación de un negocio con nuestros lectores.

MARINE ART OF CALIFORNIA
P.O. Box 10059-251
Newport Beach, CA 92658
(714) 997-9100

PLAN DEL NEGOCIO

Robert A. Garcia, President

P.O. Box 10059-251
Newport Beach, CA 92658
(714) 997-9100

Plan preparado*
por
Robert A. García

(Privado y confidencial)

Tabla de Contenido

 **MARINE ART OF CALIFORNIA**

Resumen Executivo

Marine Art of California es una sociedad en comandita que se estableció en 2011. La oficina de órdenes directas por correo y las salas de exhibición estarán situadas en Newport Beach, CA. La compañía intenta obtener capital circulante por la suma de $130,000 con el objeto de iniciar las operaciones y cubrir los gastos calculados de operación por un período de seis meses.

Veinte sociedades en comandita (2.25% cada una) se ofrecen con retornos en la inversión de $6,500, que se considerarán como fondos de préstamos que se deberán reembolsar en un período de 15 años a un interés del 11 por ciento. Las sociedades en comandita tendrán una duración de cuatro años, al cabo de los cuales las acciones de los socios se comprarán a una tasa de $3,250 por cada 2.25% de la acción. Al final del período de los 15 años del préstamo, se calcula que el Retorno en la Inversión (RI) por cada acción de $6,500 llegará a los $34,084.

Los $130,000 en fondos de préstamo permitirán que la compañía pueda introducir eficientemente al mercado sus productos y servicios, manteniendo al mismo tiempo un movimiento adecuado del efectivo. Los fondos se necesitan a tiempo para que la edición del primer catálogo se pueda distribuir en noviembre de 2010, y para que la sala de exhibiciones pueda estar en funcion en ese mes, en anticipación a las compras de Navidad. Hay un período de dos o tres semanas entre la fecha de la colocación de la orden y la fecha de entrega.

Se proyecta que la compañía llegue a su punto de equilibrio a finales del segundo año de operaciones.

El reintegro del préstamo y su interés puede comenzar dentro de 30 días del recibo y se puede garantizar con un porcentaje del negocio como garantía.

I. PLAN DE ORGANIZACIÓN
Marine Art of California

Descripción del Negocio

Marine Art of California es una nueva compañía de Newport Beach que coloca en el mercado las obras de artistas californianos a través de un almacén de ventas por correo. La línea de productos es una combinación única de arte, regalos, y joyería, todo unidos por un tema marina o náutico. Este concepto de mercadeo es algo nunca visto antes. No se sabe de un vendedor al menudeo o una compañía de ventas por catálogos que ofrezca exclusivamente las obras de artistas californianos en un almacén de venta al menudeo o por ventas por correo. Yo me estoy concentrando en un género del mercado de arte que, en términos de costeabilidad, va a la cabeza.

Habiendo administrado Sea Fantasies Art Gallery en Fashion Island Mall, de Newport Beach, pude presentar mi idea pesonalmente y reunir más de 700 nombres y direcciones de clientes altamente interesados, que son también amantes del arte marino. De estos, un 90% vivía en las comunidades adyacentes y el resto venía de todos los Estados Unidos y otras naciones.

Actualmente he comenzado a enviar catálogos por correo, recibiendo órdenes y realizando ventas.Tengo un gran número de artistas y vendedores por toda California con convenios ya confirmados.

Cuento con un activo de cerca de $10,000 en artículos variados. Ellos incluyen originales con o sin su marco, litografías, carteles, bronces, botes acrílicos, joyería, videos, cassettes, Cds, playeras, figurines de vidrio, tarjetas de saludo, conchas y coral.

Las ventas se procesarán en un plan de mercadeo de cuatro pasos. Primero está el catálogo de ventas directas por correo, publicado cada dos meses (seis veces al año). Esto permite una total libertad de mercadeo, concentrándose en residencias de altos ingresos, diseñadores de interiores, y otros negocios situados en las áreas costeñas. Segundo es la necesidad de generar ventas al menudeo por medio de salas de exhibición, donde la mercadería se puede comprar en el sitio, y piezas de mayor tamaño (que se exhiben por encargo) se pueden ordenar por catálogo, y entregadas directamente del artista/vendedor al cliente comprador. Tercero, se hará una comprensiva campaña de publicidad que se concentre en las comunidades adyacentes de altos ingresos. Se usará las Páginas Amarillas, revistas de alto perfil, programas con artistas invitados, envíos por correo anunciando aperturas, y volantes con cupones de descuento. Cuarto, llevar a cabo un programa de telemercadeo, dirigido a los clientes que figuran en nuestra lista de correo.

Las corrientes de la industria se han estabilizado durante la presente recesión. Mi plan para enfrentarnos a esta situación es obtener los derechos exclusivos de mercadeo en los diseños únicos y en la más amplia selección en el mercado de artículos de alta calidad, que se pueden vender a menos de $100,000.

Mi plan es asegurar mi posición como el distribuidor de arte marino #2 en el sur de California, segundo solamente a las Galerías Wyland para finales de 2012, y en 2013, gracias a una creciente distribución de catálogos, de más de 150,000 copias en cada envío por correo, ¡llegar a ser el distribuidor #1 en ventas en California! De 2013 a 2015, la distribución proyectada de catálogos aumentará a razón de por lo menos 100,000 catálogos por año.

Estructura Legal *

La estructura legal de la compañía consistirá en un (1) Socio General y hasta veinte (20) socios de responsabilidad limitada. El monto de fondos que se necesita de esos socios es $130,000, lo que equivaldrá al 45% de propiedad del negocio. La inversión de cada uno de esos socios de $6,500 será igual al 2.25% del negocio.

La inversión se considerará como un préstamo que se deberá pagar en 15 años al 11% de interés. La suma de reembolso por cada acción del 2.25% será $79.03 al mes.

Ningún socio de responsabilidad limitada tendrá derecho a participar activamente en la dirección de los negocios, ni tendrá facultad para obligar a los demás socios en contratos, convenios, promesas u obligaciones.

Disposiciones en caso de salida o disolución de la compañía

La duración de una sociedad es cuatro años. El Socio General tendrá la opción de comprar las partes de los Socios de Responsabilidad Limitada al final de cuatro años por $3,250 por cada 2.25% de interés. Esa compra no afectará el préstamo pendiente, pero el Socio General ofrecerá una garantía igual al balance del préstamo. El valor del negocio se usará como colateral.

La distribución de las ganancias se hará dentro de 75 días al final del año. Cada Socio de Responsabilidad Limitada recibirá 2.25% por acción de la inversión hecha en cualquier ganancia aparte de los gastos de operación de los siguientes dos meses (enero y febrero). Este monto será necesario para mantener las operaciones y generar los ingresos necesarios para mantener la compañía solvente.

En caso de pérdidas, cada Socio de Responsabilidad Limitada asumirá 2.25% de la responsabilidad en cuanto se refiere a impuestos, y no recibirá ganancias. El Socio General asumirá el 55% de las pérdidas por razones de impuestos.

Se comprará una Póliza de Seguro para el Hombre Indispensable por la suma de $250,000 a nombre del Socio General, para pagárselo a los Socios de Responsabilidad Limitada en el caso de la muerte de aquél. La póliza se dividirá entre los Socios de Responsabilidad Limitada de acuerdo al porcentaje de su interés en la compañía.

* Ver copia del contrato en la sección de Documentos Auxiliares para el resto de los detalles.

Productos y Servicios

La línea de productos de **Marine Art of California** consiste en ediciones limitadas de productos en bronce, acrílicos, litografías y letreros con certificados. Se incluyen los diseños exclusivos (cubiertos por contratos firmados) de (1) originales e impresiones, (2) figurinas de vidrio, y (3) joyería fina. Para completar la línea hay figuras de cerámica, videos, cassettes, CDs, libros de vida marina, relojes náuticos, joyería de marina (oro de 14 quilates, plata esterlina, piedras preciosas genuinas) y muchos artículos para regalos, así como líneas de productos específicos para niños. Los mercados que se cubren se hallan en el norte y en el sur de California.

Los abastecedores son artistas y vendedores de toda California. ¡Su número pasa de 260!. Los escogí porque son los que mejor expresan, artísticamente, el creciente interés en el ambiente marino. Sin embargo, debido a los límites de espacio en el catálogo, solamente se puede representar a 30 ó 50 artistas o vendedores. El salón de exhibiciones podrá acomodar más.

Mi fuente de marcos para las imágenes de arte es una operación al por mayor en Fullerton, que ofrece sus servicios a grandes organizaciones, incluyendo los Estudios Disney.

Con tan extensas fuentes de artistas y vendedores, virtualmente elimino la posibilidad de una escasez que no se pueda reemplazar con rapidez. También, mi política de envíos especifica un máximo de tres semanas para la entrega de piezas hechas a la orden, tales como ediciones limitadas de artículos en bronce que se tienen que hacer en fundiciones. Casi todos mis proveedores han estado en el negocio por años y comprenden las tendencias anuales de los mercados.

Administración

Por ahora, yo, Roberto A. García, soy propietario único. Poseo una fortuna de experiencia en el ambiente de los negocios como lo indica mi curriculum. Mi primer trabajo a largo plazo fue en la industria de los víveres, con los supermercados Stater Bros. He trabajado desde que estudiaba en la secundaria hasta terminar mi universidad, ascendiendo a la posición de segundo ayudante del gerente. La experiencia más valiosa que obtuve fue la capacidad de trabajar en una forma cohesiva con una variedad de personalidades en situaciones tensas. Fue entonces cuando aprendí sobre la importancia y el valor del cliente en los negocios norteamericanos. ¡Las necesidades del cliente van primero! Son el vínculo más importante en la cadena.

Con la oportunidad de un mejor salario y horas regulares en los días de la semana, renuncié de Stater Bros. para trabajar con General Dynamics, Pomona Division. Por los siguientes once años trabajé en Control de la Producción y recibí el título de Coordinador de Manufactura, supervisando un pequeño número de individuos clave. Era responsable por el ensamblaje de todos los tableros de circuito impreso que se fabricaban fuera de la fábrica, en Arizona y Arkansas. Mis obligaciones incluían viajar entre esas instalaciones según fuera necesario. Diariamente me comunicaba apoyando los departamentos de ingeniería, control de la calidad, adquisiciones, envío y recibo de mercadería, inspección, bodegas y control del inventario, centro de control de datos, fabricación electrónica, maquinaria de taller y ensamblaje final.

Los programas involucrados eran Standard Missile (Surface to Air Weapon System), Phalanx Close I Weapons System, Stinger System, y Sparrow Missile. Mi grupo era responsable de todos los informes de análisis para la administración superior, el personal naval y las oficinas corporativas en San Luis, Missouri.

Administración, cont.

Mis obligaciones eran: resolver escaseces de materiales, programar el trabajo que permitiría comenzar o terminar operaciones. Mi ocupación era la resolución de problemas. Era crítica la importancia de mantener control sobre las operaciones. Los tres conceptos claves que usamos en negocios eran (1) manufactura de un **PRODUCTO DE CALIDAD** (2) a un **PRECIO COMPETITIVO** (3) entregado **A TIEMPO.**

Actualmente estoy en contacto en una forma regular con ocho consultantes de diferentes campos, como son mercadeo, publicidad, ley corporativa, comienzo de pequeños negocios, finanzas, envíos por correo, y producción de catálogos. Dos personas son profesores universitarios con negocios activos, uno es el publicador de mi libro de referencia para un plan del negocio, y dos son ejecutivos jubilados con historial en mercadotecnia y ley corporativa en el programa SCORE, por medio de la Administración de Negocios Pequeños (SBA). Me reúno con estos dos ejecutivos todas las semanas.

Cursos Pertinentes y Seminarios Completados

Curso universitario	Capacitación de Supervisor	Mt. San Antonio College
Curso universitario	Escritura para Negocios	Mt. San Antonio College
Seminario	Producción de un Catálogo para Vender por Correo	Coastline Community College
Seminario	Impuestos en los Negocios y Control de Libros	Taller de SCORE
Seminario	Mapa para Plan del Negocio	Taller de SCORE

Nota: Ver curriculum en la sección Documentos Auxiliares

Plan para el salario del gerente: Al firmarse el convenio de sociedad limitada, mantendré mi estado de socio administrativo. Por la duración de la presente sociedad (proyectada en cuatro años), como gerente, percibiré un salario mensual de $2,000, según el convenio. Además, retendré 55% como propietario de la compañía.

Personal

El número total de empleados que se contratará inicialmente será cuatro. Se han estado realizando entrevistas para cada posición y, por el momento, todas estás asignadas. Yo estaré en la planta durante las horas de trabajo para las operaciones de venta al por menor y por catálogos durante el primer mes de operaciones. Será obligación del propietario contratar a los siguientes empleados:

1. **Gerente del Almacén** - tiempo parcial; $11.00 por hora

2. **1er Ayudante del Gerente** - tiempo parcial; $9.00 por hora

3. **2do Ayudante del Gerente** - tiempo parcial; $8.00 por hora

4. **Consultante de Ventas** - tiempo parcial; $5.50 por hora

5. **Asistente Administrativo** - tiempo parcial; $10.00 por hora

Personal (Cont.)

Capacitación:

Todos los empleados recibirán capacitación en las siguientes áreas:

a. Conocimiento de la línea de productos

b. Reporte de la reconciliación diaria de las ventas (DSR)

c. Procesamiento de órdenes por catálogo

d. Familiarización con los principales abastecedores

e. Política de la compañía con respecto a relaciones con clientes

f. Cargos: VISA/MasterCard

Obligaciones del Personal:

1. **Gerente:** Se reporta directamente con el propietario

   a. Abrir el almacén (Llave) - quitar el polvo y pasar la aspiradora

   b. Escribir el horario de trabajo

   c. Verificar las ventas del día anterior

   d. Supervisar los problemas del día anterior

   e. Dirigir el inventario quincenal "de pared a pared"

   f. Reconciliar discrepancias en los negocios

   g. Responsable de las operaciones del almacén y sección de catálogos

   h. Ordenar el inventario

   i. Tener acceso a la caja fuerte

   j. Procesar las órdenes por catálogo

   k. Realizar ventas por teléfono en su tiempo libre

   l. Autorizar programas de compras para los empleados (EPP)

2. **Asistente administrativo:** Se reporta al gerente

   a. Abrir el negocio (llave)

   b. Escribir el horario de trabajo

   c. Realizar funciones de oficina

(1) Reporte de reconciliación de ventas diarias	(DSR)
(2) Cuentas a cobrar	(A/R)
(3) Cuentas a pagar	(AP)
(4) Nómina de pagos	(PR)
(5) Libro Mayor	
(6) Mecanografiar - 60 palabras por minuto	
(7) Computadoras - WP/Lotus/D-Base	
(8) Sumadora de 10 teclas	

   d. Tener acceso a la caja fuerte

   e. Procesar las órdenes por catálogo

   f. Autorizar programas de compras para los empleados (EPP)

6

Personal (Cont.)

3. **1er asistente del gerente:** Se reporta al gerente

   Cerrar el negocio (llave)

   b. Ordenar el inventario

   c. Completar el reporte de reconciliación de ventas diarias (DSR)

   d. Ayudar a supervisar los problemas del día que no se han resuelto

   e. Tener acceso a la caja fuerte

   f. Procesar las órdenes por catálogo

   g. Realizar ventas por teléfono en su tiempo libre

4. **2do asistente del gerente:** Se reporta al 1o asistente del gerente

   a. Familiarizado con todas las tareas del 1o asistente del gerente

   b. Procesar las órdenes por catálogo

   c. Ayudar en la supervisión de las relaciones con los clientes

   d. Quitar el polvo y pasar la aspiradora en la sala de exhibiciones

   e. Realizar ventas por teléfono en su tiempo libre

5. **Consultante de ventas:** Se reporta al 2do asistente del gerente

   a. Supervisar el espacio de la sala de exhibiciones

   b. Procesar las órdenes por catálogo

   c. Ayudar en la supervisión de las relaciones con los clientes

   d. Quitar el polvo y pasar la aspiradora en la sala de exhibiciones

   e. Realizar ventas por teléfono en su tiempo libre

Perfil de un Empleado

1. Agradable, sociable, confiable, buena salud

2. Estudios universitarios

3. Alta integridad y dedicación

4. Apariencia nítida

5. Capaz de asumir responsabilidades

6. Capaz de seguir direcciones

7. Demostrar cualidades de liderazgo

8. Experiencia en venta al por menor

9. Habilidades básicas de oficina

10. Interés sincero en el arte marino y en el ambiente

11. Aficionado a los deportes acuáticos

12. Trabajador en grupo

Métodos para Mantener Registros

Todas las actividades de teneduría de libros las llevará a cabo el Asistente Administrativo. Los informes financieros los presentará John Horist, Contador Público. John ha sido mi amigo personal por cinco años y cuenta con más de 40 años de experiencia en su campo. Sus honorarios son razonables.

Quiero señalar las principales áreas de mantenimiento de registros que se necesitan en este negocio, y explicar el software que se debe usar y por qué. Las áreas son como sigue:

Listas de correo: List & Mail Plus Software, de Avery. Almacena, clasifica e imprime hasta 64,000 direcciones y no requiere programación. Contiene formatos predeterminados de etiquetas, pudiendo crear las nuestras. Es posible buscar y extraer juegos de listas de correo si se necesita. También verifica que no se dupliquen las entradas.

Etiquetas: MacLabel Pro Software, de Avery. Ofrece esquemas de etiquetas Avery vía laser y etiquetas con matriz de puntos, instrumentos para dibujar, así como arte fácil de combinar.

Contabilidad: Sybiz Windows Accounting Software. Este programa automáticamente actualiza todas las cuentas, los clientes, abastecedores, inventario y libros en un paso. Las gráficas Windows, fuentes e integración, facilitan su uso.

La simplicidad y potencia de estos programas a precio razonable los hace muy atractivos.

Seguros

Probable asegurador:	State Farm Insurance	
	2610 Avon, Suite C	
	Newport Beach, CA 92660	
	(714) 645-6000	
Agente:	Kim Hiller	
Tipo de seguro:	Negocios/Personal:	$ 150,000.00
	Deducible:	$ 1,000.00
	Responsabilidad:	$ 1,000,000.00
Prima:	Prima anual:	$ 3,100.00
	Prima mensual:	$ 258.00
	Workers' Comp.: 1.43 per/1K de Planilla bruta	

Seguridad

Situaciones Problematicas a Considerarse y Medidas Protectivas Que se Deberan Usar

1. **Robos internos:** Falta de honradez de los empleados

   a. Hurto de la mercadería: 2 cámaras de circuito cerrado para vigilar las actividades en la sala de exhibiciones cada dia de trabajo.

   b. Robo de efectivo: Un límite de $400 en efectivo a mano. Depósitos oportunos en la caja fuerte. Se guardará un Reporte de Reconciliación de Ventas Diarias, que deberá balancear con los recibos de efectivo recibido.

   c. Falsificación de informes: El Reporte de Reconciliación detectará discrepancias.

   d. Plan de Compras de los Empleados: Reducirá la inclinación a robar. El descuento de los empleados es del 35% del precio de venta al por menor. Podrán reservar sus compras (20% pago inicial-- el resto en 60 días o más) o por medio de deducciones en el cheque de pagos (deducido de cada cheque en 4 períodos de pago). Procesado por personal autorizado que no incluya al comprador (se necesitará dos firmas).

   e. Programa de orientación de los empleados: Enfatizará procedimientos de seguridad e integridad de los empleados.

   f. Inventario total cada dos semanas: Revelará posibles pérdidas.

2. **Robos externos:** Hurto o robo por clientes

   a. Robo mientras se compra: 2 cámaras de circuito cerrado registrarán las actividades en la sala de exhibiciones cada día de trabajo.

   b. Robo por entrada violenta: Un sistema de alarma y cámaras de circuito cerrado. Toda la joyería fina se muestra en vitrinas bajo llave y se le almacenará cada noche.

   c. Inventario total cada dos semanas para revelar cualquier pérdida de mercadería.

II. PLAN DE MERCADEO
Marine Art of California

Objetivo del Mercado

¿Quiénes son mis clientes?

1. Perfil:

Nivel económico: Clase media a superior.

Estructura sicológica: Amante del arte y de la joyería, atento a las modas, amante del océano, gustos eclécticos, educación universitaria, comprador exigente, estilo de vida ascendente.

Edad: De 35 a 55 años.

Sexo: Masculino/Femenino.

Nivel de ingresos: $75,000 o más.

Hábitos: Entretenimientos caros, viajes, pasatiempos de orientación marina (coleccionista de conchas o delfines, buzo, dueño de bote o yate, etc.), patrocinador de las artes de representación, conciertos y museos.

Trabajo: Profesional, dueño de negocios, ejecutivo, gerencia media, diseñador de interiores.

Compras: En establecimientos de perfil medio a alto.

2. Ubicación:
Condado de Orange: Areas costeñas. Valor de su casa $500,000 o más.
Condados de San Francisco, San Diego y San Bernardino.

3. Dimensión de su mercado:

Lista de correos adquirida con compañías que producen listas de compradores al por mayor. La base de consumidores variará de 20,000 a 100,000 en el primer año de operaciones.

4. Competencia:

Mínima, debido a un concepto único de mercadeo exclusivo para el arte marino de California, joyerías diseñadas para el cliente y regalos obtenibles (1) directamente o por catálogos y (2) en sala de exhibiciones. No se sabe de otras operaciones en esa categoría.

5. Otros factores:

Como distribuidor activo para otros artistas he podido retener derechos   exclusivos de mercadeo y, en la mayoría de los casos, he firmado contratos para comprar a **10-15% debajo de los precios publicados al por mayor.**

Competencia

Las dos áreas de competencia a considerarse son: (1) competidores de la sala de exhibiciones al por menor, y (2) competidores de la operación de venta directa por correo.

1. Competencia con la sala de exhibiciones al menudeo

En las páginas siguientes ofrecemos Hojas de Trabajo para la Evaluación de la Competencia, por cada competidor situado dentro de un radio de 3 millas del sitio propuesto para el negocio.[2] Los almacenes de ventas al menudeo que serán evaluados tendrán por lo menos 1 de las 4 categorías de mi línea de productos:

   a. **Arte Marino:** Encuadrado según lo pida el cliente, y encuadrado simple

   b. **Escultura Marina:** Moldeado en bronce y acrílico

   c. **Regalos Maritimos Y Nauticos**

   d. **Disenos De Joyeria Marina Y Contemporanea:** Fino y de moda

2. Competencia directa al catálogo para la venta directa por correo

Después de investigar numerosos catálogos de compañías en todo el país durante el año pasado, y de hablar con artistas y vendedores en todo el estado de California, descubrimos solamente una compañía que recibe y vende por correo con un tema similar, pero con un perfil muy distinto del de **Marine Art of California.**

Metodos de Distribución

Programa de distribucion de dos maneras:

1. Catálogo para Venta Directa por Correo

   a. Los envíos por correo de los catálogos se hacen después que se determina quién los desea recibir.

   b. Las órdenes se procesan por teléfono (1-800 #) o tras recibir cuestionarios previamente enviados, aceptando cheques, VISA/MC, o American Express.

   c. En la mayoría de los casos los envíos los hace directamente el artista o el vendedor al cliente, siguiendo mis instrucciones. Los demás envíos los hace **Marine Art of California.**

   d. Los costos de envío se indican en el catálogo. Al cliente se le cobra los costos de envío para reembolsárselos al vendedor.

   e. Se puede hacer envíos por UPS en todos los Estados Unidos.

11

Metodos de Distribución, (cont.)

2. Al por menor desde la sala de exhibiciones

a. Todos los artículos que se muestran en el catálogo estarán disponibles para comprar en los almacenes al menudeo o por menor.

b. Los artículos de precio elevado se mostrarán en consignación con acuerdos previamente hechos con cada artista.

c. Los Catálogos Generales se mostrarán en un escritorio para tomar órdenes para todos los artículos que no se encuentren en el almacén, y se les enviará si así se solicita.

d. Todos los artículos de gran tamaño se entregarán **libres de cargos** dentro del Condado de Orange.

Puesto que estoy tratando con más de 260 artistas y vendedores en todo el estado, no debe haber problema para obtener la mercadería. Yo solamente puedo exhibir a 55 artistas y vendedores en el catálogo. La mayor parte de ellos podrán vender sus productos en el almacén, y ponerlos en nuestras bodegas en 2-3 días.

Para obtener información más detallada acerca de arreglos para hacer envíos, favor de ver una copia de Términos y Condiciones para los Participantes en la Sección Documentos Auxiliares.[3]

Publicidad

Pacific Bell:	Páginas Blancas/Amarillas: 1 línea	Gratis
	Negritas: $5 extra por cada una	
Pac Bell/Sammy:	Orden de venta # N74717625 (8-21)	
740-5211	Instalación línea de negocios	$70.45
	Tarifa mensual:	$11.85
	FECHA DE ENTREGA: Agosto 19th	
	No se puede cambiar sin un aumento de	
	$18.00 al mes	
	Muestra: Lista de 1/4 de columna (por mes)	$49.00
	(Costo anual $588.00)	
	Desconectar con mensaje (nuevo #) 1 año	Gratis
Donnelly:	Páginas blancas - 1 línea	Gratis
1-800-834-8425	Páginas amarillas - 2 líneas	Gratis
	3 ó más	$10.00
	1/2 agregado (por mes)	$27.00
	FECHA DE ENTREGA: (Agosto 21 (30 días para cancelar)	
	Cambio fecha de entrega - Sept. 10	
	Pagar depósito septiembre 11	$183.00
	Tarifa mensual	$ 91.50
	(Costo anual $1098)	

12

---

[3] No se incluyen documentos auxiliares para esta sección.

Publicidad (cont.)

Metropolitan Magazine: 757-1404	Circulación 40,000 Tarifa mensual	$129.00

Kim Moore
4940 Campus Drive
Newport Beach, CA 92660

California Riveria: 494-2659 Leslie Box 536 Laguna Beach CA 92652	1/6 de página (por mes)	$300.00
	Cambios en el arte - sólo una vez	$ 50.00
	40% descuento - nuevos subscriptores	
	Puede mantener tarifa por 6 meses	
	(Reg. $575.00)	
	Color (por mes)	$600.00
	Artículos	Gratis
	Impresión al final del mes	
	Circulación: 50,000:29K Tráfico alto	
	21k Correo directo (92660-92625)	

Gran inauguración:	Tarjeta a color 4 x 6	$400.00
	Arte a domicilio	$200.00
	Cupones de descuento	
	Volantes	
	Anuncios en periódicos (OC Register:	
	Una publicación - $100)	

Orange County News (714) 565-3881	Aceptará estimados de publicidad después de 6 meses de experiencia en el negocio.	

Orange County Register:	Tarifa mensual:	$100.00

Publicidad (cont.)

Listados Donnelly:

5 categorías:

      1. Comerciante en arte, galerías

      2. Diseñadores y decoradores de interiores

      3. Fabricantes de marcos

      4. Joyeros

      5. Tiendas de regalos

1. Comerciantes en Arte:

    Solicitar un catálogo para conocer los precios de arte original, litografías, carteles, marcos personales, esculturas en bronce y en acrílico.

2. Disenadores y Decoradores de Interiores:

    Solicitar un catálogo para conocer los precios de arte original, litografías, carteles, marcos personales, esculturas en bronce y en acrílico, precios de comerciantes.

3. Fabricantes de Marcos:

    Gran selección de arte marina de California, escenas costeñas, marcos personales, cartulina para enmarcar dibujos. Pida el catálogo para hacer órdenes por correo.

4. Joyeros:

    Especialidades, diseños personales marinos o náuticos por artistas californianos, oro de 14 quilates, plata esterlina, piedras preciosas. Pida el catálogo para hacer órdenes por correo.

5. Tiendas de Regalos:

    Línea única de regalos marinos o náuticos, figurines de vidrio, botes acrílicos, relojes, arte, joyería, bronces. Pida el catálogo.

14

Precios

1. **Compras:** Como se estipula en mis Términos y Condiciones, pido un descuento del 10 al 15% sobre los precios al por mayor que se publican en los catálogos de artistas y vendedores, en vez de una cuota por participación. En cerca del 95% de los convenios hechos, he estado recibiendo importantes descuentos.

2. **Precios de catálogos:**

   a. Artículos no de joyería: Para recuperar los costos de publicación, he sobrecargado (100%) todos los productos ("Key"), más un 10-50% adicional. Esta práctica es común en la industria de ventas al menudeo. El margen agregado cubrirá cualquier cargo adicional de fletes que no se hayan cubierto en el precio indicado de flete que pagó el cliente.

   b. Artículos de joyería: El precio típico en la industria es "Key" más 50% (150% de sobrecargo) a triple "Key" (200% de sobrecargo). Mi sobrecargo es "Key" más 10-30% para permanecer competitivo.

3. **Precios de venta:** En todos los artículos será "Key" más 10-20% para permitir un buen margen de venta en los artículos seleccionados.

4. **Por mayor:** Los avisos por correo y la publicidad se concentrarán en los Diseñadores y Decoradores de Interiores. Para comprar al por mayor, deberán presentar copia de su número de licencia ASID o ISID, y ordenar un mínimo de $500.00. El descuento será 20% del precio al menudeo.

Nota: A continuación se ofrece una muestra de base de datos por computadora con 17 áreas de información en cada artículo inventariado, explicando cómo se computó el precio al menudeo.

Expediente: Lista de Precios
Record 1 a 49

Artículo:	Fisherman's Wharf
Identificación:	Cartel
Vendedor:	A Chrasta
Exclusivo:	Sur de California
Tamaño:	21 a 26 pies cuadrados
Vendedor #:	NAC102WM
Pr. imagen:	$5.00
Tipo:	Cartel
Marco:	PT4XW
Precio del marco: $31.50	
Precio por mayor:	$36.50
Descuento:	50% IM
Ajuste por mayor:	$36.50
Key+	10%
Precio menudeo: $79.50	
Grupo:	1

Diseno de la Galeria

Después de administrar Sea Fantasies Gallery en Fashion Island Mall en Newport Beach, decidí crear de nuevo su diseño básico. Mi meta es crear la sala de exhibiciones más impresionante y única en el Condado de Orange, con una línea de productos que atraiga el gusto del comprador más exclusivo.

El tema del diseño trata de dar al comprador la sensación de encontrarse bajo agua cuando entra. Esto se lograría con el uso de mostradores de vidrio, plantas vivas en macetas para simular la vegetación lujuriante y verde submarina. Cortinas elevadas con una anchura de 18 pulgadas hábilmente disimuladas ocultarían el origen de la iluminación y al mismo tiempo reflejarían la luz en los lados de la cortina, creando la ilusión de una escena submarina con la luz del sol reflejándose en la superficie del océano.

Una pantalla grande de televisión continuamente ofrecería videos de coloridas escenas bajo agua con música adecuada tocando en el sistema de sonido del almacén. Un sofá para dos permitiría que los clientes pudieran sentarse mirando a la pantalla. Aparte de crear una atmósfera tranquilizante y relajante, los videos, CDs y cassettes estarían disponibles para la venta. Todas las piezas de arte (bronce y enmarcadas) se verían acentuadas con iluminación que crearía un fuerte efecto visual.

Se usaría grandes piezas de coral para exhibición, tales como en la joyería. Otras estarían distribuidas en la sala de exhibiciones para crear un efecto natural de fondo del océano.

Ciertas esquineras se podrían construir de vidrio con escenas del fondo del mar que consistirían en arreglos de coral, conchas, y peces tropicales de madera pintados brillantemente en un fondo de arena de dos pulgadas. Todos los muestrarios estarían disponibles para la venta.

Generalmente, este diseño se consideró como el más original en Fashion Island, según lo expresaron los compradores de la Mall y la oficina administrativa. Al incorporar estos conceptos probados antes a mis propios diseños creativos, esta galería tendrá una apariencia sobresaliente y única, aparte de cualquier otra galería desde Long Beach hasta San Clemente.

El área de exhibición será de aproximadamente 800 pies cuadrados. Las áreas posterior y de almacenaje es de cerca de 200 pies cuadrados.

Momento de Entrada al Mercado

Tomando en cuenta que mis artículos se podrían considerar como regalos, la cercana temporada de festividades es de *importancia critica*! Típicamente, éste es el tiempo de mayor venta en la industria de ventas al menudeo. Los catálogos de los almacenes principales y las casas de ventas por correo ya están apareciendo, anticipándose a las festividades. Las que siguen son fechas que se deben tomar en cuenta:

1. OCTUBRE 8:   El arte "camera ready" va al separador de las telillas
Tiempo para tenerlas preparadas: 3 días

2. OCTUBRE 11:   Todas las diapositivas y trabajo de arte deben estar listos para entregarse al impresor, Bertco Graphics, en Los Angeles.

3. OCTUBRE 22:   Los catálogos ya impresos se deben llevar a Town House Marketing, en Santa Ana.

Tiempo para tenerlos preparados: 11 días.

4. OCTUBRE 29:   Envío de catálogos a la oficina de correos de Santa Ana

Tiempo para tenerlos preparados: 2 días de trabajo.

5. NOVIEMBRE 1:   **Los clientes reciben los catalogos** - Comienzan las órdenes.

6. DICIEMBRE 4:   ¡Ultima fecha para ordenar y asegurar entrega antes de Navidad! Se puede hacer envíos por Federal Express de todos los artículos en stock a los vendedores.

Artículos problemáticos:

a) Algunos bronces

b) Figurines de vidrio hechas a mano

c) Pinturas originales

Tiempo para tenerlos preparados: ¡3 semanas!

Ubicación

El lugar preferido para la ubicación de la sala de exhibiciones de **Marine Art of California** mide 1000 pies cuadrados, y se encuentra situado en 106 Bayview Circle, Newport Beach, CA 92660. Se escogió este sitio porque cuenta con ventanas de buenas dimensiones para las exhibiciones, tiene excelente visibilidad para el área de exhibiciones y existen buenas formas de acceso, así como espacio para guardar el inventario de la casa y preparar los envíos de las órdenes por catálogo. Ambas operaciones requieren cierto espacio para operar exitosamente. La demografía y las tiendas circunvecinas son extremadamente favorables.

Sitio propuesto: Newport Beach, California

Características: * Espacio para el almacén de ventas al por menor es 1000 pies cuadrados.

* Situado en la zona preferida de ventas al menudeo y de otros negocios
  en la comunidad afluente y creciente de Newport Beach, Condado de Orange.

* Excelente visibilidad y acceso.

* El ingreso medio doméstico en un radio de una milla es $90,000.00

Demografía[4]:

	1 milla	3 millas	5 millas
Población:	1,043	111,983	308,906
Ingresos:	$ 90,000	$ 61,990	$ 59,600

Empleos en el sector privado (Población diurna)

1 milla	3 millas	5 millas
43,921	113,061 306,313	

Indicador del estado socioeconómico (SESI)

1 milla	3 millas	5 millas
73	79	79

Población por edades

1 milla		3 millas	5 millas
25-29		9.2%	8.4%
30-34		9.4%	9.9%
35-44		16.1%	18.6%
45-54		12.3%	12.1%
25-54	**TOTAL**	**47.0%**	**49.0%**

Agente arrendador: Chuck Sullivan
CB Commercial
4040 MacArthur Blvd.
Newport Beach, CA 92660
(714) 955-6431

---

[4] Donnelly Marketing Information Service

Corrientes de la Industria

Información obtenida de: ABI/INFORM DATABASE de la sección de investigaciones para negocios de la Universidad de California Irvine.

Título: **Sharper Image Revamps Product Line, Sells Items Consummers Can Actually Buy.**

Revista: **Marketing News** Vol. 26, Edición 10, Página 2

Resumen: Aunque los compradores todavía encuentran artículos de clase en Sharper Image, la compañía ha doblado el número de productos que es fácil comprar. La adición de artículos de bajo precio es parte de un continuo cambio que durará, aun cuando la economía mejore.

Título: **What's Selling and Why**

Revista: **Catalog Age** Vol. 9, Edición 5, Página 5

Resumen: La investigadora de mercados, Judit Langer, cree que los actuales envíos por correo deben combinar calidad con precio. La mercadería refleja los sentimientos del consumidor acerca de la economía y su deseo de comprar productos y servicios estadounidenses.

Título: **Tripping the Gift Market Fantastic**

Revista: **Catalog Age** Vol. 9 Edición 6, Página 30

Resumen: Christmas Fantastic y Celebration Fantastic presentan regalos y accesorios decorativos, dirigiéndose a mujeres mayores de 25 años. La respuesta ha sido fuerte. El promedio de las órdenes es $95.00 para Christmas Fantastic y $85 para Celebration Fantastic, lo cual sobrepasa las esperanzas que tenía la compañía.

Título: **Spring Sales Blossom**

Revista: **Catalog Age** Vol. 9, Edición 6, Página 36

Resumen: Las ventas de primavera parecen ser más fuertes ahora. Muchos creen que este aumento durará largo tiempo.

Título: **Your Catalog's List Is Its Greatest Asset**

Revista: **Target Marketing** Vol 15, Edición 2, Páginas: 44-45

Resumen: Hay un buen número de razones por las cuales se debe poner más atención a las listas de clientes por correo, en vez de concentrarse en buscar nuevos clientes: 1. Son la fuente principal de ganancias para la compañía. 2. Es el producto más valioso del catálogo. 3. Sobrepasa listas 10 veces en respuestas obtenidas y en órdenes recibidas.

Nota: Los artículos que se muestran arriba fueron reducidos para mayor brevedad.

Publicaciones y Servicios Usados

Art Business News (Mensual)

Revista mensual para distribuidores de arte y marcos. Es la revista más sobresaliente en la industria del arte. Da a sus lectores un amplio rango de noticias sobre la industria del arte e información sobre nuevos productos. Informa sobre exhibiciones nacional e internacionalmente.

National Jeweler (Mensual)

Revista para distribuidores. Ofrece noticias en la industria de las joyas, artículos y noticias sobre las corrientes en el mercado, modas y estilos. Da lista de los principales fabricantes y vendedores al por mayor.

Catalog Age (Mensual)

Revista mensual que ofrece artículos sobre compañías que hacen negocios por correo. Da información sobre estadísticas para esas compañías. Altamente informativa.

Target Marketing: (Mensual) Revista mensual de la industria

Orange County Business Weekly: (Semanal)

Small Business Administration

Publicaciones gratis:　　**Selling by Mail Order**
Tax & Regulatory Requirements in Orange County
Partnership Agreements - Planning Checklist
Understanding Cash Flow
Developing a Strategic Business Plan
Insurance Checklist for Small Business

Anatomy of a Business Plan: Linda Pinson (Out of Your Mind…and Into the Marketplace, Publisher)

Direct Marketing Handbook: Edward L. Nash (McGraw-Hill)

The Catalog Handbook: James Holland

Direct Marketing Association: Organización con membresía entre quienes usan catálogos

Orange County Demographic Review: Reportes demográficos, cartas y mapas que ofrece el departamento de investigaciones de mercados del Orange County Register.

AB/INFORM Data Base: Universidad de California Irvine (ver sección Corrientes de la Industria)

Base de datos en línea situada en la biblioteca. Esta base de datos contiene abstractos e índices de los artículos de negocios publicados en más de 800 diferentes revistas. ABI/INFORM es una fuente excelente de información sobre:

Compañías	Corrientes	Mercadeo y Publicidad
Productos	Estrategias corporativas	
Condiciones de negocios	Estrategias administrativas	

Orange County Demographic Overview - Reportes demográficos, cartas y mapas que ofrece el departamento de investigaciones de mercados de *Orange County Register*.

III. DOCUMENTOS FINANCIEROS
Marine Art of California

Resumen de las Necesidades Financieras

I. Marine Art of California, una sociedad limitada en busca de capital para iniciar sus negocios.

    A. Catálogo de órdenes directas por correo

    B. Sala de exhibiciones por menor/por mayor

II. Los fondos necesarios para alcanzar esa meta serán $130,000. Ver "Declaración de la distribución de fondos del préstamo" para la distribución de los fondos y declaraciones de respaldo.

Declaraciones de la Distribución del Fondo del Préstamo

I. Distribución de los fondos del préstamo

Marine Art of California usará fondos en un total de $130,000 para iniciar las operaciones de dos funciones de venta al menudeo: (1) Un catálogo para ventas directas por correo y (2) Una sala de exhibiciones para ventas al por menor donde se efectuarán funciones afines.

II. Declaraciones de respaldo

Catálogo para venta directa por correo:	a) 24 páginas		
	b) 2 ediciones		
	c) Cantidades:	20K:	**$20,000**
		30K:	**23,200**
Gastos de iniciación de operaciones en la bodega - Costo aplicable una vez:			**25,275**
Gastos de 3 meses de operaciones:			**58,364**
Costo total por pago del préstamo por 3 meses (@ $1,560 por mes)			**3,161**
		TOTAL:	**$130,000**

Los ingresos por ventas por catálogo ofrecerán una ganancia neta suficiente para pagar todos los gastos y pagos del préstamo comenzando en 30 días y continuando los pagos.

Declaración Pro Forma del Movimiento del Efectivo

Página 1 (Prearranque y jenero hasta mayo)

Marine Art of California

Año: 2011	Prearranque Nov-Dec	Janero	Febrero	Marzo	Abril	Mayo	Junio
EFECTIVO AL PRINCIPIO	0	75,575	65,312	50,837	49,397	37,807	43,559
RECIBOS EN EFECTIVO							
A. Ventas/Ingresos	41,620	22,065	16,040	42,350	30,300	67,744	47,696
B. Por Cobrar	0	0	0	0	0	0	0
C. Ingreso por Intereses	0	0	0	0	0	0	0
D. Vento de biences a largo plazo	0	0	0	0	0	0	0
TOTAL EFECTIVO DISPONIBLE	41,620	97,640	81,352	93,187	79,697	105,551	91,255
PAGOS EN EFECTIVO							
A. Costo de Bienes por Vender							
Bienes de Inventario	29,900	12,213	9,200	22,375	16,375	35,122	25,123
B. Gastos Variables							
1. Publicidad/Mercadeo	1,042	221	221	221	521	521	521
2. Entregas por auto/viajes	200	100	100	100	100	100	100
3. Gastos de catálogo	27,600	9,600	10,800	10,800	14,600	14,600	16,400
4. Salarios brutos	5,120	2,560	2,560	2,560	2,560	3,520	3,520
5. Gastos de pianilla	384	192	192	192	192	269	269
6. Envios	800	400	400	400	400	400	400
7. Gastos misceláneos	3,000	500	500	500	500	500	500
Total Gastos Variables	38,146	13,573	14,773	14,773	18,873	19,910	21,710
C. Gastos Fijos							
1. Contabilidad y legal	820	160	160	160	160	160	160
2. Seguro + Workers' Comp	904	302	302	302	302	320	320
3. Renta	3,900	1,300	1,300	1,300	1,300	1,300	1,300
4. Reparación y mantenimiento	60	30	30	30	30	30	30
5. Pago garantizado (socio gerente)	4,000	2,000	2,000	2,000	2,000	2,000	2,000
6. Abastecimientos	600	300	300	300	300	300	300
7. Teléfono	1,050	600	600	700	700	1,000	1,000
8. Gastos de funcionamiento	630	290	290	290	290	290	290
9. Gastos misceláneos	175	0	0	0	0	0	0
Total Gastos Fijos	12,139	4,982	4,982	5,082	5,082	5,400	5,400
D. Gastos de Interés	1,192	1,192	1,192	1,192	1,192	1,192	1,192
E. Impuesto Federal/Estado Ingresos	0	0	0	0	0	0	0
F. Pagos bienes a largo plaza (oficina)	9,000	0	0	0	0	0	0
G. Pagos bienes a largo plaza (exhibiciones)	5,300	0	0	0	0	0	0
H. Pagos de préstamos	368	368	368	368	368	368	368
I. Retiros por el dueño	0	0	0	0	0	0	0
TOTAL CASH PAID OUT	96,045	32,328	30,515	43,790	41,890	61,992	53,793
BALANCE/DEFICIENCIA EFECTIVO	(54,425)	65,312	50,837	49,397	37,807	43,559	37,462
FONDOS DEL PRÉSTAMO A RECIBIRSE	130,000	0	0	0	0	0	0
DEPOSITO S PARTICIPACIÓN DEL DEL PROPIETARIO	0	0	0	0	0	0	0
BALANCE FINAL DEL EFECTIVO	75,575	65,312	50,837	49,397	37,807	43,559	37,462

1. Préstamo de $130,000 por 15 años. 20 Socios Limitados @ $6,500 a cambio de 2.25% de participación (cada uno) de la compañía. (Ver Propuesta en la Sección Documentos Auxiliares).
2. Transacciones en efectivo: Solamente órdenes prepagadas y pagadas in situ; no se aceptan cuentas abiertas o cuentas por cobrar.

Declaración Pro Forma del Movimiento del Efectivo

Página 2 (mayo hasta diciembre + Totales para meses 6-12)

Marine Art of California

Totales Para Meses 1-6	Julio	Augusto	Septiembre	Octubre	Noviembre	Deciembre	Total Meses 1-12
75,575	37,462	48,996	46,287	47,992	37,772	80,527	75,575
226,195	83,508	58,672	67,950	47,700	154,200	105,700	743,925
0	0	0	0	0	0	0	0
0	0	0	0	0	0	0	0
0	0	0	0	0	0	0	0
301,770	120,970	107,668	114,237	95,692	191,972	186,227	819,500
120,408	43,054	30,661	35,275	25,150	78,375	54,125	387,048
2,226	521	521	521	521	521	521	5,352
600	100	100	100	100	100	100	1,200
76,800	16,400	18,200	18,200	20,000	20,000	20,000	189,600
17,280	3,520	3,520	3,520	3,520	3,520	3,520	38,400
1,306	269	269	269	269	269	269	2,920
2,400	400	400	400	400	400	400	4,800
3,000	500	500	500	500	500	500	6,000
103,612	21,710	23,510	23,510	25,310	25,310	25,310	248,272
960	160	160	160	160	160	160	1,920
1,848	320	320	320	320	320	320	3,768
7,800	1,300	1,300	1,300	1,300	1,300	1,300	15,600
180	30	30	30	30	30	30	360
12,000	2,000	2,000	2,000	2,000	2,000	2,000	24,000
1,800	300	300	300	300	300	300	3,600
4,600	1,250	1,250	1,500	1,500	1,800	1,800	13,700
1,740	290	290	290	290	290	290	3,480
0	0	0	0	0	0	0	0
30,928	5,650	5,650	5,900	5,900	6,200	6,200	66,428
7,152	1,192	1,192	1,192	1,192	1,190	1,190	14,300
0	0	0	0	0	0	0	0
0	0	0	0	0	0	0	0
0	0	0	0	0	0	0	0
2,208	368	368	368	368	370	370	4,420
0	0	0	0	0	0	0	0
264,308	71,974	61,381	66,245	57,920	111,445	87,195	720,468
37,462	48,996	46,287	47,992	37,772	80,527	99,032	99,032
0	0	0	0	0	0	0	0
0	0	0	0	0	0	0	0
37,462	48,996	46,287	47,992	37,772	80,527	99,032	99,032

23

Análisis Trimestral del Presupuesto
Marine Art of California

Para el trimestre que termina el diciembre, 2011

ARTICULO	ESTE TRIMESTRE			AÑO HASTA LA FECHA		
	Presupuesto	Real	Variación	Presupuesto	Real	Variación
VENTAS/INGRESOS	**307,600**	**300,196**	**(7,404)**	**743,925**	**730,379**	**(13,546)**
a. Ventas por catálogos	285,500	275,238	(10,262)	672,920	647,380	(25,540)
b. Ventas sala de exhibiciones	15,300	16,382	1,082	46,325	53,805	7,480
c. Ventas al por mayor	6,800	8,576	1,776	24,680	29,194	4,514
Menos Costo del Producto	**159,650**	**146,315**	**13,335**	**375,048**	**369,502**	**5,546**
a. Compras	167,650	154,172	13,478	387,048	380,914	6,134
Productos de catálogos	152,750	137,619	15,131	336,460	323,690	12,770
Productos sala de exhibiciones	10,650	11,191	(541)	35,163	38,903	(3,740)
Productos al por mayor	4,250	5,362	(1,112)	15,425	18,321	(2,896)
b. Menos cambios en inventario final	8,000	7,857	143	12,000	11,412	588
GANANCIAS BRUTAS	**147,950**	**153,881**	**5,931**	**368,877**	**360,877**	**(8,000)**
GASTOS VARIABLES						
1. Publicidad/Mercadeo	1,563	4,641	(3,078)	5,352	16,431	(11,079)
2. Entregas por auto/viajes	300	268	32	1,200	1,193	7
3. Gastos de catálogo	60,000	54,852	5,148	189,600	172,263	17,337
4. Salarios brutos	10,560	10,560	0	38,400	38,400	0
5. Gastos de pianilla	807	807	0	2,920	2,920	0
6. Envíos	1,200	1,732	(532)	4,800	5,591	(791)
7. Gastos misceláneos de ventos	1,500	1,328	172	6,000	4,460	1,540
8. Depreciación (sala de exhibiciones)	265	265	0	1,060	1,060	0
GASTOS FIJOS						
1. Contabilidad y legal	480	450	30	1,920	2,035	(115)
2. Seguro + Workers' Comp	960	960	0	3,768	3,768	0
3. Renta	3,900	3,900	0	15,600	15,600	0
4. Reparaciones y mantenimiento	90	46	44	360	299	61
5. Pago garantizado (socio gerente)	6,000	6,000	0	24,000	24,000	0
6. Abastecimientos	900	500	400	3,600	2,770	830
7. Teléfono	5,100	5,134	(34)	13,700	13,024	676
8. Gastos de funcionamiento	870	673	197	3,480	2,447	1,033
9. Gastos misceláneos de administración	0	197	(197)	0	372	(372)
10. Depreciación (equipo de oficina)	450	450	0	1,800	1,800	0
INGRESO NETO DE LAS OPERACIONES	53,005	61,118	8,113	51,317	52,444	1,127
INGRESO POR INTERESES	0	0	0	0	0	0
GASTOS DE INTERÉS	3,858	3,858	0	14,300	14,300	0
GANANCIA (PERDIDA) NETA ANTES IMPUESTOS	**49,147**	**57,260**	**8,113**	**37,017**	**38,144**	**1,127**
IMPUESTOS (Sociedad*)	0	0	0	0	0	0
(Socios pagan impuestos individualamenta según pérdidas o ganacias)						
SOCIEDAD: GANANCIA (PERDIDA) NETA	**49,147**	**57,260**	**8,113**	**37,017**	**38,144**	**1,127**

ARTICULOS DECLARADOS SIN INGRESOS

1. Pagos de bienes a largo plazo	0	0	0	0	0	0
2. Pagos de préstamos	1,104	1,104	0	4,420	4,420	0
3. Retiro fondos por valor acumulado	0	0	0	0	0	0
4. Bienes de inventario	8,000	7,857	143	12,000	11,412	588

DEVIACIONES DEL PRESUPUESTO

	Esta Trimestre	Año a la Fecha
1. Artículos declaracion de ingresos	$ 8,113	$ 1,127
2. Artículos declarados sin ingresos	$ 143	$ 588
3. Deviación total	$ 8,256	$ 1,715
Situación efectivo hasta la fecha:	Proyectado = $99,032	Real = $100,747

Proyección de Ingresos por Tres Años
Marine Art of California

Actualizado: Septiembre 26, 2010	Nov-Dec 2010 Prearranque	Año 1 2011	Año 2 2012	Año 3 2013	TOTAL 3 Años
INGRESOS					
1. VENTAS/INGRESOS	41,620	743,925	2,651,856	4,515,406	7,952,807
a. Ventas por catálogos	33,820	672,925	2,570,200	4,421,500	7,698,445
b. Ventas sala de exhibiciones	4,600	46,320	53,274	61,266	165,460
c. Ventas al por mayor	3,200	24,680	28,382	32,640	88,902
2. Costo de bienes vendidos (c-d)	23,900	375,048	1,329,476	2,261,783	3,990,207
a. Inventario inicial	6,000	6,000	18,000	25,000	6,000
b. Compras	23,900	387,048	1,336,476	2,268,783	4,016,207
Catálogo	19,600	336,460	1,285,100	2,210,750	3,851,910
Sala de exhibiciones (para el publico)	2,300	35,163	33,637	37,633	108,733
Por mayor	2,000	15,425	17,739	20,400	55,564
c. Costo productos disponibles, Ventas (a+b)	29,900	393,048	1,354,476	2,293,783	4,022,207
d. Menos Inventario final (12/31)	6,000	18,000	25,000	32,000	32,000
3. GANANCIAS BRUTAS EN VENTAS (1-2)	17,720	368,877	1,322,380	2,253,623	3,962,600
GASTOS					
1. VARIABLES (Ventas) (a hasta h)	38,146	249,332	734,263	1,316,291	2,338,032
a. Publicidad/Mercadeo	1,042	5,352	5,727	6,127	18,248
b. Entregas por auto/viajes	200	1,200	1,284	1,374	4,058
c. Gastos de catálogo	27,600	189,600	670,400	1,248,000	2,135,600
d. Salarios brutos	5,120	38,400	41,088	43,964	128,572
e. Gastos de planilla	384	2,920	3,124	3,343	9,771
f. Envios	800	4,800	5,280	5,808	16,688
g. Gastos misceláneos de variables	3,000	6,000	6,300	6,615	21,915
h. Depreciación (sala de exhibiciones)	0	1,060	1,060	1,060	3,180
2. FIJOS (Administrativos) (a hasta j)	12,139	68,228	71,609	75,268	227,244
a. Contabilidad y legal	820	1,920	2,054	2,198	6,992
b. Seguro + Workers' Comp	904	3,768	4,032	4,314	13,018
c. Renta	3,900	15,600	16,692	17,860	54,052
d. Reparaciones y mantenimiento	60	360	385	412	1,217
e. Pago garantizado (socio gerente)	4,000	24,000	24,000	24,000	76,000
f. Abastecimientos	600	3,600	3,852	4,123	12,175
g. Teléfono	1,050	13,700	15,070	16,577	46,397
h. Gastos de funcionamiento	630	3,480	3,724	3,984	11,818
i. Gastos misceláneos de administración	175	0	0	0	175
j. Depreciación (artículos de oficina)	0	1,800	1,800	1,800	5,400
TOTAL GASTOS DE OPERACIÓN (1+2)	50,285	317,560	805,872	1,391,559	2,565,276
INGRESO NETO DE OPERACIONES (Ganacias Brutas menos Gastos)	(32,565)	51,317	516,508	862,064	1,397,324
OTROS INGRESOS (Ingresos de interés)	0	0	0	0	0
OTROS GASTOS (Gastos de interés)	1,192	14,300	13,814	13,274	42,580
GANANCIA (PERDIDA) NETA PARA LA SOCIEDAD	(33,757)	37,017	502,694	848,790	1,354,744
Impuestos: (Sociedad)*	0	0	0	0	0
* (Socios pagan impuestos individualamenta	0	0	0	0	0
segun perdidas o ganacias)	0	0	0	0	0
SOCIEDAD: GANANCIAS (PERDIDAS) NETAS	(33,757)	37,017	502,694	848,790	1,354,744

Hoja de Balances Proyectada

Nombre del negocio: ***Marine Art of California***	**Fecha de proyección: Septiembre 30, 2010** **Proyectada para: Diciembre 31, 2011**

ACTIVO		% of Activo	PASIVO		% of Pasivo
Activo corriente			**Pasivo actual**		
Efectivo	$ 98,032	73.96%	Cuentas a pagar	$ 0	0.00%
Caja chica por cobrar	$ 1,000	0.75%	Notas pagaderas	$ 4,906	3.79%
Cuenta Impuesto ventas retenidos	$ 4,067	3.07%	Interés pagadero	$ 0	0.00%
Cuentas a cobrar	$ 0	0.00%			
Inventario	$ 18,000	13.58%	Impuestos pagaderos (Sociedad)		
Inversiones corto plazo	$ 0	0.00%	Impuesto federal ingresos	$ 0	0.00%
			Impuesto al autoempleado	$ 0	0.00%
Inversiones largo plazo	$ 0	0.00%	Impuesto estatal a ingresos	$ 0	0.00%
			Impuestos acumulada ventas	$ 4,067	3.15%
Activo fijo			Impuesto a la propiedad	$ 0	0.00%
Terreno (valuada al costo)	$ 0	0.00%			
			Planilla acumulada	$ 0	0.00%
Edificios	$ 0	0.00%			
1. Costo	0		**Obligaciones a largo plazo**		
2. Less Acc. Depr.	0		Notas pagaderas inversionistas	$ 120,306	93.06%
			Notas pagaderas a otros	$ 0	0.00%
Mejoras sala exhib.	$ 4,240	3.20%			
1. Costo	5,300		**TOTAL DE PASIVO**	$ 129,279	100.00%
2. Menos depr. acum.	1,060				

ACTIVO		% of Activo	ACTIVO NETO (PARTICIPACIÓN)		% of Valor neto
Mejoras oficina	$ 4,160	3.14%			
1. Costo	5,200				
2. Menos depr. acum.	1,040				
Equipo de oficina	$ 3,040	2.29%	**Propiedad**	$ 0	0.00%
1. Costo	3,800		o		
2. Menos depr. acum.	760		**Sociedad**		
			1. Bob Garcia, 55% Partic.	$ 1,793	55.00%
Autos/Vehículos	$ 0	0.00%	2. Ltd. Prtnrs., 45% Partic.	$ 1,467	45.00%
1. Costo	0		o		
2. Menos depr. acum.	0		**Corporación**		
			Capital social	$ 0	0.00%
Otros activos			Superávit pagado	$ 0	0.00%
1.	$ 0	0.00%	Ganancias retenidas	$ 0	0.00%
2.	$ 0	0.00%			

		VALOR NETO TOTAL	$ 3,260 100.00%
TOTAL ACTIVO	$ 132,539 100.00%	*Activo - Pasivo = Valor Neto* *y* *Pasivo + Ganancias Participación = Activo Total*	

Nota: Ver Análisis Financiero para indices y notas.

Análisis Punto de Equilibrio
Marine Art of California

Fecha del análisis: Septiembre 29, 2010

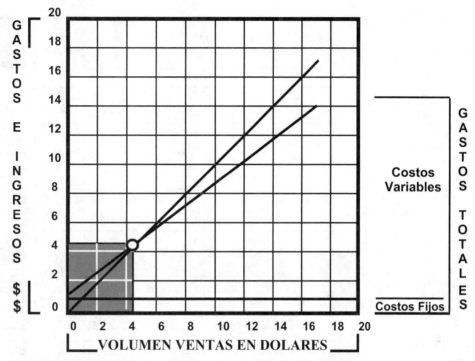

NOTE: Las cifras que se muestran son en 2 cientos de miles de dólares. (Ej: 2 = $ 400,000)

Marine Art of California
Calculo del Punto de Equilibrio

Punto Equilibrio (Ventas) = Costos fijos + [(Costos Variables /Ingresos. Estimados) X Ventas]

P-E (Ventas) = $ 181,282 + [($ 2,750,165 / $ 3,437,401) X Ventas]

P-E (Ventas) = $ 181,282 + [.8001 X Ventas]

Ventas - .8001Ventas = $181,282   Ventas - .8001Ventas = $181,282

.19992Ventas = $181,282

Ventas (P-E) = $181,282 / .1999

Punto de equilibrio
S = $906,700*

*cifras redondeadas

		$
CF (Costos fijos) = (Gastos administrativos + Interés)		$ 181,282
CV (Costos variables) = (Costo de artículos + Gastos de ventas)		$ 2,750,165
I (Ingresos estimados) = (Ingresos por venta de productos y servicios)		$ 3,437,401
Punto de Equilibrio		$ 906,732

27

Las cifras que se muestran a continuación en ninguna forma representan la verdadera Declaración de Pérdidas y Ganancias el negocio del señor García. Se usa esta declaración solamente para fines ilustrativos y es un ejemplo de lo que pudo er sucedido durante

Declaración de Pérdidas & Ganancias (Ingresos)
Marine Art of California
Página 1 (Enero a junio + Totales de 6 meses)

Para el año: 2011

	Enero	Febrero	Marzo	Abril	Mayo	Junio	Totales de 6 Meses MONTO	% de Ingresos Totales PORCENTAJE
INGRESOS								
1. Ventas/Ingresos	21,073	17,916	40,640	31,408	66,858	50,034	227,929	100.00%
a. Ventas catálogos (60%-40%)	16,700	13,700	34,786	24,600	61,540	42,846	194,172	85.19%
b. Ventas sala (Público)	1,825	2,356	3,900	4,670	3,170	4,648	20,569	9.02%
c. Ventas por mayor	2,548	1,860	1,954	2,138	2,148	2,540	13,188	5.79%
2. Costo de bienes vendidos	10,622	9,960	22,799	16,417	35,137	25,580	120,515	52.87%
a. Inventario inicial	6,000	7,234	7,465	6,230	6,784	6,345	6,000	2.63%
b. Compras	11,856	10,191	21,564	16,971	34,698	26,335	121,615	53.36%
(1) Articulos catálogo (50%)	8,350	6,850	17,393	12,300	30,770	21,423	97,086	42.59%
(2) Sala (50%+$1Kp/m)	1,913	2,178	2,950	3,335	2,585	3,324	16,285	7.14%
(3) Por mayor (x .625)	1,593	1,163	1,221	1,336	1,343	1,588	8,244	3.62%
c. Costo productos para venta	17,856	17,425	29,029	23,201	41,482	32,680	127,615	55.99%
d. Menos inventario final	7,234	7,465	6,230	6,784	6,345	7,100	7,100	3.12%
3. Ganancias brutas	10,451	7,956	17,841	14,991	31,721	24,454	107,414	47.13%
GASTOS								
1. Gastos variables (Ventas)								
a. Publicidad/Mercadeo	836	836	836	1,547	1,547	1,547	7,149	3.14%
b. Envíos por auto/Viajes	94	126	78	83	112	97	590	0.26%
c. Gastos de catalogo	9,600	10,770	10,770	11,960	11,960	11,960	67,020	29.40%
d. Salarios brutos	2,560	2,560	2,560	2,560	3,520	3,520	17,280	7.58%
e. Gastos de planilla	192	192	192	192	269	269	1,306	0.57%
f. Envíos	385	432	391	406	389	391	2,394	1.05%
g. Gastos varios misceláneos	538	147	268	621	382	211	2,167	0.95%
h. Depreciación (Sala)	88	88	89	88	88	89	530	0.23%
Total gastos variables	14,293	15,151	15,184	17,457	18,267	18,084	98,436	43.19%
1. Gastos fijos (administrativos)								
a. Contabilidad y legal	150	150	150	385	150	150	1,135	0.50%
b. Seguro + Workers' Comp	302	302	302	302	320	320	1,848	0.81%
c. Renta	1,300	1,300	1,300	1,300	1,300	1,300	7,800	3.42%
d. Reparación & mantenimiento	0	12	56	0	0	72	140	0.06%
e. Pago garantizado (socio gerente)	2,000	2,000	2,000	2,000	2,000	2,000	12,000	5.26%
f. Abastecimientos	287	246	301	223	259	172	1,488	0.65%
g. Teléfono	542	634	556	621	836	872	4,061	1.78%
h. Gastos de funcionamiento	287	263	246	164	168	172	1,300	0.57%
i. Gastos fijos misceláneos	23	17	0	46	39	0	125	0.05%
j. Depreciación (Equipo de oficina)	150	150	150	150	150	150	900	0.39%
Total gastos fijos	5,041	5,074	5,061	5,191	5,222	5,208	30,797	13.51%
Total gastos de operación	19,334	20,225	20,245	22,648	23,489	23,292	129,233	56.70%
Ingreso neto de operaciones	(8,883)	(12,269)	(2,404)	(7,657)	8,232	1,162	(21,819)	-9.57%
Otros ingresos (Interés)	0	0	0	0	0	0	0	0.00%
Otros gastos (Interés)	1,192	1,192	1,192	1,192	1,192	1,192	7,152	3.14%
Ganancias (Pérdidas) netas antes de impuestos	(10,075)	(13,461)	(3,596)	(8,849)	7,040	(30)	(28,971)	-12.71%
Impuestos: Sociedad*	0	0	0	0	0	0	0	0.00%
*(Impuestos individuales segun	0	0	0	0	0	0	0	0.00%
ganancias distris)	0	0	0	0	0	0	0	0.00%
GANANCIAS (PÉRDIDAS) NETAS	(10,075)	(13,461)	(3,596)	(8,849)	7,040	(30)	(28,971)	-12.71%

Las cifras que se muestran a continuación en ninguna forma representan la verdadera Declaración de Pérdidas y Ganancias el negocio del señor García. Se usa esta declaración solamente para fines ilustrativos y es un ejemplo de lo que pudo er sucedido durante

Declaración de Pérdidas & Ganancias (Ingresos)
Marine Art of California
Página 2 (Julio a Diciembre + Totales de 12 Meses)

Para el año: 2011

	Julio	Agosto	Sept.	Oct.	Nov.	Dic.	Totales de 12 Meses MONTO	% de Ingresos Totales PORCENTAJE
INGRESOS								
1. Ventas/Ingresos	81,092	57,014	64,148	67,684	127,390	105,122	730,379	100.00%
a. Ventas catálogos (60%-40%)	72,740	47,890	57,340	57,468	120,550	97,220	647,380	88.64%
b. Ventas sala (Público)	5,490	6,734	4,630	6,340	4,280	5,762	53,805	7.37%
c. Ventas por mayor	2,862	2,390	2,178	3,876	2,560	2,140	29,194	4.00%
2. Costo de bienes vendidos	41,819	28,641	32,212	33,942	63,689	48,684	369,502	50.59%
a. Inventario inicial	7,100	7,256	8,421	9,555	10,940	12,267	6,000	0.82%
b. Compras	41,975	29,806	33,346	35,327	65,016	53,829	380,914	52.15%
(1) Artículos catálogo (50%)	36,370	23,945	28,670	28,734	60,275	48,610	323,690	44.32%
(2) Sala (50%+$1Kp/m)	3,745	4,367	3,315	4,170	3,140	3,881	38,903	5.33%
(3) Por mayor (x .625)	1,860	1,494	1,361	2,423	1,601	1,338	18,321	2.51%
c. Costo productos para venta	49,075	37,062	41,767	44,882	75,956	66,096	386,914	52.97%
d. Menos inventario final	7,256	8,421	9,555	10,940	12,267	17,412	17,412	2.38%
3. Ganancias brutas	39,273	28,373	31,936	33,742	63,701	56,438	360,877	49.41%
GASTOS								
1. Gastos variables (Ventas)								
a. Publicidad/Mercadeo	1,547	1,547	1,547	1,547	1,547	1,547	16,431	2.25%
b. Envíos por auto/Viajes	136	107	92	96	84	88	1,193	0.16%
c. Gastos de catalogo	15,125	17,633	17,633	18,284	18,284	18,284	172,263	23.59%
d. Salarios brutos	3,520	3,520	3,520	3,520	3,520	3,520	38,400	5.26%
e. Gastos de planilla	269	269	269	269	269	269	2,920	0.40%
f. Envíos	516	467	482	534	617	581	5,591	0.77%
g. Gastos varios misceláneos	459	184	322	721	265	342	4,460	0.61%
h. Depreciación (Sala)	88	88	89	88	88	89	1,060	0.15%
Total gastos variables	21,660	23,815	23,954	25,059	24,674	24,720	242,318	33.18%
1. Gastos fijos (administrativos)								
a. Contabilidad y legal	150	150	150	150	150	150	2,035	0.28%
b. Seguro + Workers' Comp	320	320	320	320	320	320	3,768	0.52%
c. Renta	1,300	1,300	1,300	1,300	1,300	1,300	15,600	2.14%
d. Reparación & mantenimiento	0	0	113	46	0	0	299	0.04%
e. Pago garantizado (socio gerente)	2,000	2,000	2,000	2,000	2,000	2,000	24,000	3.29%
f. Abastecimientos	164	231	387	143	164	193	2,770	0.38%
g. Teléfono	1,164	1,287	1,378	1,422	1,943	1,769	13,024	1.78%
h. Gastos de funcionamiento	159	148	167	193	217	263	2,447	0.34%
i. Gastos fijos misceláneos	41	9	0	22	0	175	372	0.05%
j. Depreciación (Equipo de oficina)	150	150	150	150	150	150	1,800	0.25%
Total gastos fijos	5,448	5,595	5,965	5,746	6,244	6,320	66,115	9.05%
Total gastos de operación	27,108	29,410	29,919	30,805	30,918	31,040	308,433	42.23%
Ingreso neto de operaciones	12,165	(1,037)	2,017	2,937	32,783	25,398	52,444	7.18%
Otros ingresos (Interés)	0	0	0	0	0	0	0	0.00%
Otros gastos (Interés)	1,192	1,192	1,192	1,192	1,190	1,190	14,300	1.96%
Ganancias (Pérdidas) netas antes de impuestos	10,973	(2,229)	825	1,745	31,593	24,208	38,144	5.22%
Impuestos: Sociedad*	0	0	0	0	0	0	0	0.00%
*(Impuestos individuales segun ganancias distris)	0	0	0	0	0	0	0	0.00%
	0	0	0	0	0	0	0	0.00%
GANANCIAS (PÉRDIDAS) NETAS	10,973	(2,229)	825	1,745	31,593	24,208	38,144	5.22%

Las cifras que se muestran a continuación en ninguna forma representan la verdadera Declaración de Pérdidas y Ganancias el negocio del señor García. Se usa esta declaración solamente para fines ilustrativos y es un ejemplo de lo que pudo haber sucedido durante el primeraño de operaciones de Marine Art of California.

Declaración Pérdidas y Ganancias (Ingresos)
Marine Art of California

Comienza: Enero 1, 2011   **Final: Diciembre 31, 2011**

			% Total Revenues
INGRESOS			
1. Ventas/Ingresos		$ 730,379	100.00%
a. Ventas por catálogos (60%-40%)	647,380		88.64%
b. Ventas sala de exhibiciones	53,805		7.37%
c. Ventas al por mayor	29,194		4.00%
2. Costo de bienes vendidos (c menos d)		369,502	50.59%
a. Inventario inicial	6,000		0.82%
b. Compras	380,914		52.15%
(1) Artículos de catálogos (50%)	323,690		44.32%
(2) Sala de exhibición (50%+$1K p/m)	38,903		5.33%
(3) Por mayor (x .625)	18,321		2.51%
c. Costo productos disponibles. Ventas (a+b)	386,914		52.97%
d. Menos inventario final (12/31)	17,412		2.38%
3. Ganancias brutas en ventas (1-2)		$ 360,877	49.41%
GASTOS			
1. Variables (Ventas) (a hasta h)		242,318	33.18%
a. Publicidad/mercadeo	16,431		2.25%
b. Entregas por auto/viajes	1,193		0.16%
c. Gastos de catálogo	172,263		23.59%
d. Salarios brutos	38,400		5.26%
e. Gastos de planilla	2,920		0.40%
f. Envios	5,591		0.77%
g. Gastos misceláneos de variables	4,460		0.61%
h. Depreciación (sala de exhibiciones)	1,060		0.15%
2. Fijos (Administrativos) (a hasta j)		66,115	9.05%
a. Contabilidad y legal	2,035		0.28%
b. Seguro + Workers' Comp	3,768		0.52%
c. Renta	15,600		2.14%
d. Reparaciones y mantenimiento	299		0.04%
e. Pago garantizado (socio gerente)	24,000		3.29%
f. Abastecimientos	2,770		0.38%
g. Teléfono	13,024		1.78%
h. Gastos de funcionamiento	2,447		0.34%
i. Gastos misceláneos de administración	372		0.05%
j. Depreciación (articulos de oficina)	1,800		0.25%
Total Gastos de operación (1+2)		308,433	42.23%
Ingreso neto de operaciones y (ganancias brutas menos gastos)		$ 52,444	7.18%
Otros ingresos (ingresos de interés)	0		0.00%
Otros Gastos (gastos de interés)	14,300		1.96%
Ganancia (perdida) neta para la sociedad		38,144	5.22%
Impuestos (Sociedad)*	0		0.00%
*(Socios pagan impuestos indivualamenta	0	0	0.00%
segun perdidas o ganancias)	0		0.00%
SOCIEDAD: GANANCIAS (PERDIDAS) NETAS		$ 38,144	5.22%

Hoja de Balance

Nombre del negocio:
Marine Art of California

Fecha: Diciembre 31, 2011

ACTIVO			% of Activo
Activo corriente			
Efectivo	$	100,102	75.43%
Caja chica por cobrar	$	645	0.49%
Cuenta Impuesto ventas retenidos	$	3,107	2.34%
Cuentas a cobrar	$	0	0.00%
Inventario	$	17,412	13.12%
Inversiones corto plazo	$	0	0.00%
Inversiones largo plazo	$	0	0.00%
Activo fijo			
Terreno (valuada al costo)	$	0	0.00%
Edificios	$	0	0.00%
1. Costo	0		
2. Less Acc. Depr.	0		
Mejoras sala exhib.	$	4,240	3.20%
1. Costo	5,300		
2. Menos depr. acum.	1,060		
Mejoras oficina	$	4,160	3.13%
1. Costo	5,200		
2. Menos depr. acum.	1,040		
Equipo de oficina	$	3,040	2.29%
1. Costo	3,800		
2. Menos depr. acum.	760		
Autos/Vehículos	$	0	0.00%
1. Costo	0		
2. Menos depr. acum.	0		
Otros activos			
1.	$	0	0.00%
2.	$	0	0.00%
TOTAL ACTIVO	$	132,706	100.00%

PASIVO			% of Pasivo
Pasivo actual			
Cuentas a pagar	$	0	0.00%
Notas pagaderas	$	4,906	3.82%
Interés pagadero	$	0	0.00%
Impuestos pagaderos (Sociedad)			
Impuesto federal ingresos	$	0	0.00%
Impuesto al autoempleado	$	0	0.00%
Impuesto estatal a ingresos	$	0	0.00%
Impuestos acumulada ventas	$	3,107	2.42%
Impuesto a la propiedad	$	0	0.00%
Planilla acumulada	$	0	0.00%
Obligaciones a largo plazo			
Notas pagaderas inversionistas	$	120,306	93.76%
Notas pagaderas a otros	$	0	0.00%
TOTAL DE PASIVO	$	128,319	100.00%

ACTIVO NETO (PARTICIPACIÓN)			% of Valor neto
Propiedad	$	0	0.00%
o			
Sociedad			
1. Bob Garcia, 55% Partic.	$	2,413	55.00%
2. Ltd. Prtnrs., 45% Partic.	$	1,974	45.00%
o			
Corporación			
Capital social	$	0	0.00%
Superávit pagado	$	0	0.00%
Ganancias retenidas	$	0	0.00%
VALOR NETO TOTAL	$	4,387	100.00%

Activo - Pasivo = Valor Neto
y
Pasivo + Ganancias Participación = Activo Total

Nota: Ver Análisis Financiero para indices y notas.

RESUMEN DEL ANÁLISIS DECLARACIÓN FINANCIERA

Lo que sigue es un resumen del análisis de la información financiera para 2011 que se desarrolla continuación, en las siguientes cinco hojas (páginas 33-37).

El escritor debe investigar las normas de la industria.

2011	PROYECTAD	REAL	NORMA PARA* LA INDUSTRIA
1. Activo circulante neto	$112,126	$113,253	$100,000 +
2. Indice actual	13.5	15.1	2.0 +
3. Indice rápido	11.5	13.0	1.0 +
4. Margen de ganancia bruta	49.60%	49.4%	45.0%
5. Margen de ganancia en operación	6.9%	7.2%	6.8%
6. Margen de ganancia neta	5.0%	5.2%	12.4%
7. Deuda al activo	97.5%	96.7%	33.0%
8. Deuda a la participación	39.7:1	29.3:1	1.0:1 +
9. RDI (Recuperación de la inversión	28.0%	28.7%	11% +
10. Análisis declaración ingreso vertical **			
Ventas/Ingresos	100.0%	100.0%	
Costo de productos	50.4%	50.6%	50.0% -
Ganancia bruta	49.6%	49.4%	40.0% +
Gastos de operación	42.7%	42.2%	35.0% +
Operaciones de ingreso neto	6.9%	7.2%	15.0% +
Ingresos por intereses	0/0%	0.0%	N/A
Gastos de intereses	1.9%	2.0%	Variable
Ganancia neta (pre-impuestos)	5.0%	5.2%	10.0% +
** *Marcados como % del total*			
11. Hoja con analisis balance vertical ***			
Activo actual	91.2%	91.4%	85.0%
Inventorio	13.6%	13.1%	28.0%
Capital total	3.7%	96.7%	
Pasivo actual	3.7%	3.7%	20.0% -
Total del pasivo	97.5%	96.7%	
Valor neto	2.5%	3.3%	50.0% +
Total de pasivo + valor neto	100.0%	100.0%	

*** *Todos las categorias de Activos como % del activos totales.*

Las categorias de Pasivo y Activo como % de Activos + Valor Neto

Nota:

Marine Art of California tiene un índice de deuda muy elevado (96.7%). Sin embargo, la compañía ha sobrevivido el primer año, mainteniendo su movimiento del efectivo ($100,000+), produciendo un total más alto que el original que se había prometido a los inversionistas. Las ventas en el primer año fueron menos de lo proyectado (-2%), pero la ganancia neta fue en exceso de las proyecciones en un 0.2%. La buena administración de la compañía por el señor García + un producto certero, con unsólido nich, podría ser un buen indicador de que las ganancias de la compañía seguirán aumentando rápidamente, y que la compañía lograra cumplir con sus obligaciones a sus socios limitados e inversionistas.

Análisis de las Declaraciones Financieras
Marine Art of California

Tablas de índices　　　　　　　　　　　　　　　　　　**Para el Año: 2011**

Tipo de análisis	Formula	Proyectado para 2011		Historico para 2011	
1. Análisis de liquidez	*Hoja de balance*	Activo actual	121,099	Activo actual	121,266
	Activo actual	Pasivo actual	8,973	Pasivo actual	8,013
a. Capital neto de trabajo	— Pasivo actual	**Capital neto de trabajo**	**$112,126**	**Capital neto de trabajo**	**$113,253**
	Hoja de balance	Activo actual	121,099	Activo actual	121,266
b. Indice actual	Activo actual	Pasivo actual	8,973	Pasivo actual	8,013
	Pasivo actual	**Indice actual**	**13.50**	**Indice actual**	**15.13**
	Hoja de balance	Activo actual	121,099	Activo actual	121,266
c. Indice rápido	Activo actual menos inventario	Inventario	18,000	Inventario	17,412
	Pasivo actual	Pasivo actual	8,973	Pasivo aactual	8,013
		Indice rápido	**11.49**	**Indice rápido**	**12.96**
2. Análisis de la costeabilidad	*Declaración de ingresos*	Ganancias brutas	368,882	Ganancias brutas	360,877
		Ventas	743,930	Ventas	730,379
a. Margen de ganancia bruta	Ganancias brutas	**Margen ganancia bruta**	**49.59%**	**Margen ganancia bruta**	**49.41%**
	Ventas				
b. Margen ganancia de operación	Ingreso de las operaciones	Ingreso de las operaciones	51,322	Ingreso de las operaciones	52,444
	Ventas	Ventas	743,930	Ventas	730,379
		Margen ganancia oper.	**6.90%**	**Margen ganancia oper.**	**7.18%**
c. Margen de ganancia neta	Ganancias netas	Ganancias netas	37,022	Ganancias netas	38,144
	Ventas	Ventas	743,930	Ventas	730,379
		Margen ganancia neta	**4.98%**	**Margen ganancia neta**	**5.22%**
3. Indice de deudas	*Hoja de balances*	Pasivo total	129,279	Pasivo total	128,319
	Pasivo total	Activo total	132,539	Activo total	132,706
a. Deudas a activo	Activo total	**Indice deudas a activo**	**97.54%**	**Indice deudas a activo**	**96.69%**
b. Deuda a valor y acumulado	Pasivo total	Pasivo total	129,279	Pasivo total	128,319
	Valor acum. total del propietario	Valor acumulado total del prop	3,260	Valor acumulado total del prop	4,387
		Indice deuda a valor ac.	**3965.61%**	**Indice deuda a valor ac.**	**2924.98%**
4. Medidas de las inversiones	*Hoja de balance*	Ganancias netas	37,022	Ganancias netas	38,144
a. RI	Ganancias netas	Activo total	132,539	Activo total	132,706
(Recuperación de la inversión)	Activo total	**RI (Recuperación Inver)**	**27.93%**	**RI (Recuperación Inver)**	**28.74%**
5. Análisis de la declaración financiera vertical	*Hoja de balance* 1. Cada activo es % de Pasivo Total 2. Resp. y Valor Acum. son % de R y V acumul. *Declaración de ingreso* 3. Todos los artículos % de ingresos totales	NOTA: *Ver adjunto* **Hoja de balance y declaración de ingresos**		NOTA: *Ver adjdunto* **Hoja de balance y declaración de ingresos**	
6. Análisis de la declaración financiera horizontal	*Hoja de balance* 1. Activo, pasivo y valor acum. medidos contra 2o año. Aumentos y descensos se declaran como monto y porcentaje *Declaración de ingresos* 2. Ingresos y gastos medidos contra 2o año. Aumentos y descensos se declaran como monto y porcentaje	NOTA: **El análisis horizontal no es aplicable a este caso** **Solamente un año en negocio**		NOTA: **El análisis horizontal no es aplicable a este caso** **Solamente un año en negocio**	

Las cifras que se muestran de ninguna manera representan una Declaración de Pérdidas y Ganancias (Ingresos) del negocio de Sr. Garcia. Esta declaración es sólo para fines ilustrativos y es un ejemplo de lo que "podría haber sucedido" durante el primer año del negocio de Marine Art of California.

Análisis de la Declaración del Ingreso Vertical
Marine Art of California

Histórico para el año: 2011	Comienza: Enero 1, 2011 Termina: Diciembre 31, 2011		
	MONTO		**% Total de los Ingresos**
INGRESOS			
1. Ventas/Ingresos		$ 730,379	100.00%
a. Ventas de catálogos	647,380		88.64%
b. Ventas sala de exhibiciones	53,805		7.37%
c. Ventas al por mayor	29,194		4.00%
2. Costo de bienes vendidos (c-d)		369,502	50.59%
a. Inventario inicial	6,000		0.82%
b. Compras	380,914		52.15%
(1) Productos del catálogo	323,690		44.32%
(2) Productos de la sala de exhibiciones	38,903		5.33%
(3) Productos de mayoreo	18,321		2.51%
c. Costo de artículos para la venta (a+b)	386,914		52.97%
d. Menos inventario final (12/31)	17,412		2.38%
3. Ganancia bruta en ventas (1-2)		$ 360,877	49.41%
GASTOS			
1. Variables (Ventas) (a hasta h)		242,318	33.18%
a. Publicidad/mercadeo	16,431		2.25%
b. Entrega por auto/viajes	1,193		0.16%
c. Gastos de catálogo	172,263		23.59%
d. Salarios brutos	38,400		5.26%
e. Gastos de planilla	2,920		0.40%
f. Envíos	5,591		0.77%
g. Gastos variables misceláneos	4,460		0.61%
h. Depreciación (producto/servicio a activo)	1,060		0.15%
2.Fijos (Administrativos) (a hasta j)		66,115	9.05%
a. Contabilidad & legal	2,035		0.28%
b. Seguro & workers' comp	3,768		0.52%
c. Alquiler	15,600		2.14%
d. Reparaciones & mantenimiento	299		0.04%
e. Pago garantizado (socio gerente)	24,000		3.29%
f. Abastecimientos	2,770		0.38%
g. Teléfono	13,024		1.78%
h. Gastos de operación	2,447		0.34%
i. Gastos fijos misceláneos	372		0.05%
j. Depreciación (activos administrativos)	1,800		0.25%
Gastos totales de operación (1+2)		308,433	42.23%
Ingreso neto de operaciones (GB-Gastos)		$ 52,444	7.18%
Otros ingresos (Ingresos de intereses)	0		0.00%
Otros gastos (gastos de intereses)	14,300		1.96%
Ganancia (pérdida)neta antes de impuestos		$ 38,144	5.22%
IMPUESTOS: Sociedad *			
* (los socios pagan impuestos individualmente de acuerdo	0	0	0.00%
con las pérdidas o ganancias de sus acciones))	0		0.00%
SOCIEDAD: GANANCIA (PERDIDA) NETA		$ 38,144	5.22%

Las cifras que se muestran de ninguna manera representan una Declaración de Pérdidas y Ganancias (Ingresos) del negocio de Sr. Garcia. Esta declaración es sólo para fines ilustrativos y es un ejemplo de lo que "podría haber sucedido" durante el primer año del negocio de Marine Art of California.

Análisis de Hoja de Balance Vertical

(Todos los activos en % representan el % del Activo Total; Todos los % de Pasivo o Valor Acumulado representan el % del Pasivo Total+ Valor Acumulado Total)

Análisis de la hoja de balance histórica			Fecha de la Hoja de Balance: Diciembre 31, 2011		
Marine Art of California					

ACTIVOS		% del Activo Total	PASIVOS		% of Total P + VN
Activo corriente			**Pasivo corriente**		
Efectivo	$ 100,102	75.43%	Cuentas pagaderas	$ 0	0.00%
Caja chica por cobrar	$ 645	0.49%	Notas pagaderas	$ 4,906	3.70%
Cuenta impuesto ventas retenidos	$ 3,107	2.34%	Interés pagadero	$ 0	0.00%
Cuentas cobrables	$ 0	0.00%			
Inventario	$ 17,412	13.12%	Impuestos pagaderos		
Inversiones a corto plazo	$ 0	0.00%	Impuestos federal sobre ingresos	$ 0	0.00%
			Impuestos al autoempleado	$ 0	0.00%
Inversiones a largo plazo	$ 0	0.00%	Impuestos estatal sobre ingresos	$ 0	0.00%
			Impuestos Ventas acumulados	$ 3,107	2.34%
Activo fijo			Impuestos sobre la propiedad	$ 0	0.00%
Terrenos (valuados al costo)	$ 0	0.00%			
			Planilla acumulada	$ 0	0.00%
Edificios	$ 0	0.00%			
1. Costo 0			**Pasivo a largo plazo**		
2. Menos depr. acum. 0			Notas pagaderas a inversionistas	$ 120,306	90.66%
			Notas pagaderas a otros	$ 0	0.00%
Mejoras Sala Exhib.	$ 4,240	3.20%			
1. Costo 5,300					
2. Menos depr. acum. 1,060			**TOTAL PASIVOS**	**$ 128,319**	96.69%
Mejoras a oficina	$ 4,160	3.13%			
1. Costo 5,200					
2. Menos depr. acum. 1,040			**VALOR NETO (ACUMULADO)**		
Equipo de oficina	$ 3,040	2.29%			
1. Costo 3,800			**Proprietario**	$ 0	0.00%
2. Menos depr. acum. 760			o		
			Sociedad		
Autos/Vehículos	$ 0	0.00%	1. Bob Garcia, 55% Participación	$ 2,413	1.82%
1. Costo 0			2. Socios Ltdos., 45% Participación	$ 1,974	1.49%
2. Menos depr. acum. 0			o		
			Corporación		
			Capital Social	$ 0	0.00%
Otros activos			Superávit pagado	$ 0	0.00%
1.	$ 0	0.00%	Ganancias retenidas	$ 0	0.00%
2.	$ 0	0.00%			
			TOTAL VALOR NETO	**$ 4,387**	3.31%
TOTAL ACTIVOS	**$ 132,706**	100.00%	**PASIVOS + VALOR NETO**	**$ 132,706**	100.00%

Activos - Pasivos = Valor Neto -o- Pasivos + Valor Acumulado = Activos

Proyectado
Análisis Declaración Ingresos Verticales

(Los porcentajes de todas las categorías son % del Total de Ventas/Ingresos)

Marine Art of California

Proyecciones para años que terminan: 12/31/00, 12/31/01, 12/31/02 y 2000-2002 (Análisis combinados)

	Prearranque: 2010		Año 2: 2011		Año 3: 2012		Total: 2 Años + Pre-Arranque	
	MONTO	%	MONTO	%	MONTO	%	MONTO	%
INGRESOS								
1. VENTAS/INGRESOS	41,620	100.00%	743,930	100.00%	2,651,856	100.00%	3,437,406	100.00%
a. Ventas/Catálogos	33,820	81.26%	672,925	90.46%	2,570,200	96.92%	3,276,945	95.33%
b. Ventas sala exhibiciones	4,600	11.05%	46,325	6.23%	53,274	2.01%	104,199	3.03%
c. Ventas al por mayor	3,200	7.69%	24,680	3.32%	28,382	1.07%	56,262	1.64%
2. Costo de artículos vendidos (c-d)	23,900	57.42%	375,048	50.41%	1,329,476	50.13%	1,728,424	50.28%
a. Inventario inicial	6,000	14.42%	6,000	0.81%	18,000	0.68%	6,000	0.17%
b. Compras	23,900	57.42%	387,048	52.03%	1,336,476	50.40%	1,747,424	50.84%
(1) Productos del catálogo	19,600	47.09%	336,460	45.23%	1,285,100	48.46%	1,641,160	47.74%
(2) Sala de exhibiciones	2,300	5.53%	35,163	4.73%	33,637	1.27%	71,100	2.07%
(3) Productos al mayoreo	2,000	4.81%	15,425	2.07%	17,739	0.67%	35,164	1.02%
c. Costo productos para la venta (a+b)	29,900	71.84%	393,048	52.83%	1,354,476	51.08%	1,753,424	51.01%
d. Menos inventario final (12/31)	6,000	14.42%	18,000	2.42%	25,000	0.94%	25,000	0.73%
3. GANANCIA BRUTA EN VENTAS(1-2)	17,720	42.58%	368,882	49.59%	1,322,380	49.87%	1,708,982	49.72%
GASTOS								
1. VARIABLES (Ventas) (a hasta h)	38,146	91.65%	249,332	33.52%	734,263	27.69%	1,021,741	29.72%
a. Publicidad/Mercadeo	1,042	2.50%	5,352	0.72%	5,727	0.22%	12,121	0.35%
b. Entregas en auto/Viajes	200	0.48%	1,200	0.16%	1,284	0.05%	2,684	0.08%
c. Gastos de catálogo	27,600	66.31%	189,600	25.49%	670,400	25.28%	887,600	25.82%
d. Salarios brutos	5,120	12.30%	38,400	5.16%	41,088	1.55%	84,608	2.46%
e. Gastos de planilla	384	0.92%	2,920	0.39%	3,124	0.12%	6,428	0.19%
f. Envíos	800	1.92%	4,800	0.65%	5,280	0.20%	10,880	0.32%
g. Gastos de ventas misceláneos	3,000	7.21%	6,000	0.81%	6,300	0.24%	15,300	0.45%
h. Depreciación (sala exhibiciones)	0	0.00%	1,060	0.14%	1,060	0.04%	2,120	0.06%
2. FIJOS (Administrativo (a hasta j)	12,139	29.17%	68,228	9.17%	71,609	2.70%	151,976	4.42%
a. Contabilidad & Legal	820	1.97%	1,920	0.26%	2,054	0.08%	4,794	0.14%
b. Seguro + Workers' Comp	904	2.17%	3,768	0.51%	4,032	0.15%	8,704	0.25%
c. Alquiler	3,900	9.37%	15,600	2.10%	16,692	0.63%	36,192	1.05%
d. Reparaciones & Mantenimiento	60	0.14%	360	0.05%	385	0.01%	805	0.02%
e. Pago garantizado (socio gerente)	4,000	9.61%	24,000	3.23%	24,000	0.91%	52,000	1.51%
f. Abastecimientos	600	1.44%	3,600	0.48%	3,852	0.15%	8,052	0.23%
g. Teléfono	1,050	2.52%	13,700	1.84%	15,070	0.57%	29,820	0.87%
h. Gastos de operación	630	1.51%	3,480	0.47%	3,724	0.14%	7,834	0.23%
i. Gastos fijos misceláneos	175	0.42%	0	0.00%	0	0.00%	175	0.01%
j. Depreciación (Activos de oficina)	0	0.00%	1,800	0.24%	1,800	0.07%	3,600	0.10%
Total Gastos de Operacion (1+2)	50,285	120.82%	317,560	42.69%	805,872	30.39%	1,173,717	34.15%
INGRESO NETO DE OPERACIONES (GB- Gastos)	(32,565)	-78.24%	51,322	6.90%	516,508	19.48%	535,265	15.57%
OTROS INGRESOS (Ingresos de interés)	0	0.00%	0	0.00%	0	0.00%	0	0.00%
OTROS GASTOS (Gastos de interés)	1,192	2.86%	14,300	1.92%	13,814	0.52%	29,306	0.85%
GANANCIA (PERDIDA) NETA ANTES DE IMPUESTOS	(33,757)	-81.11%	37,022	4.98%	502,694	18.96%	505,959	14.72%
IMPUESTOS: Sociedad*	0	0.00%	0	0.00%	0	0.00%	0	0.00%
* (los socios pagan impuestos individualmente de	0	0.00%	0	0.00%	0	0.00%	0	0.00%
acuerdo con las ganancias o pérdidas de sus acciones)	0	0.00%	0	0.00%	0	0.00%	0	0.00%
SOCIODAD: GANANCIAS (PERDIDAS) NETAS	(33,757)	-81.11%	37,022	4.98%	502,694	18.96%	505,959	14.72%

Proyecto
Análisis Hoja de Balance Vertical

(Todos los activos en % representan el % del Activo Total; Todos los % de Pasivo o Valor Acumulado representan el % del Pasivo Total+ Valor Acumulado Total)

Fecha proyectada para: Diciembre 31, 2011	Fecha de la proyección: Septiembre 30, 2010

Marine Art of California

ACTIVOS			% del Activo Total	PASIVOS			% of Total P + VN
Activo corriente				**Pasivo corriente**			
Efectivo	$	98,032	73.96%	Cuentas pagaderas	$	0	0.00%
Caja chica por cobrar	$	1,000	0.75%	Notas pagaderas	$	4,906	3.70%
Cuenta impuesto ventas retenidos	$	4,067	3.07%	Interés pagadero	$	0	0.00%
Cuentas cobrables	$	0	0.00%				
Inventario	$	18,000	13.58%	Impuestos pagaderos			
Inversiones a corto plazo	$	0	0.00%	Impuesto federal sobre ingresos	$	0	0.00%
				Impuestos al autoempleado	$	0	0.00%
Inversiones a largo plazo	$	0	0.00%	Impuesto estatal sobre ingresos	$	0	0.00%
				Impuestos Ventas acumulados	$	4,067	3.07%
Activo fijo				Impuestos sobre la propiedad	$	0	0.00%
Terrenos (valuados al costo)	$	0	0.00%				
				Planilla acumulada	$	0	0.00%
Edificios	$	0	0.00%				
1. Costo	0			**Pasivo a largo plazo**			
2. Menos depr. acum.	0			Notas pagaderas a inversionistas	$	120,306	90.77%
				Notas pagaderas a otros	$	0	0.00%
Mejoras Sala Exhib.	$	4,240	3.20%				
1. Costo	5,300						
2. Menos depr. acum.	1,060			**TOTAL PASIVOS**	$	**129,279**	97.54%
Mejoras a oficina	$	4,160	3.14%				
1. Costo	5,200						
2. Menos depr. acum.	1,040			**VALOR NETO (ACUMULADO)**			
Equipo de oficina	$	3,040	2.29%	**Proprietario**	$	0	0.00%
1. Costo	3,800			o			
2. Menos depr. acum.	760			**Sociedad**			
				1. Bob Garcia, 55% Participación	$	1,793	1.35%
Autos/Vehículos	$	0	0.00%	2. Socios Ltdos., 45% Participación	$	1,467	1.11%
1. Costo	0			o			
2. Menos depr. acum.	0			**Corporación**			
				Capital Social	$	0	0.00%
				Superávit pagado	$	0	0.00%
Otros activos				Ganancias retenidas	$	0	0.00%
1.	$	0	0.00%				
2.	$	0	0.00%				
				TOTAL VALOR NETO	$	**3,260**	2.46%
TOTAL ACTIVOS	$	**132,539**	100.00%	**PASIVOS + VALOR NETO**	$	**132,539**	100.00%

Activos - Pasivos = Valor Neto -o- Pasivos + Valor Acumulado = Activos

IV. DOCUMENTOS DE APOYO
Marine Art of California

Curriculum vitae

Cartas de referencia

Propuesta para una sociedad en comandita

Análisis del costo del catálogo

Análisis de comparación con la competencia

Términos y condiciones para los participantes

Robert A. García

P.O. Box 10059-251   (714) 722-6478
Newport Beach CA 92658

Administración de manufactura

Historial de logros realizados en más de 12 años en el campo de la manufactura y la distribución. Experiencia en el inicio y continuación de las operaciones. Comprensión completa de sistemas de producciones en varias instalaciones y de alta tecnología. Punto fuerte es la administración de proyectos, resolución de problemas y coordinación/administración de funciones críticas de manufactura: compras, ingeniería, control de inventario, rastreo, programación y control de la calidad desarrollado con General Dynamics.

PERFIL

Estilo administrativo directo: coordinó cinco grupos auxiliares en instalaciones situadas en Arizona, Arkansas y California durante la producción de 57 ensamblajes complejos, cada uno con más de 100 componentes por tablero de circuito.

Experiencia en el desarrollo de productos para mercados-objetivo; experiencia en muchos productos

Establecí prioridades, proporcioné clara dirección, motivando a los demás, obteniendo resultados positivos.

Efectué una relación entusiasta, me distinguí como un analista con iniciativa, persistente, persuasivo.

VISTA GENERAL DE MIS LOGROS

Recuperación de operaciones

La producción de sistemas se hallaba siete meses atrasada en su programa, no se podía confiar en el control de inventario, los compradores carecían de agresividad para encontrar componentes críticos entre los vendedores.

* Obtuve materiales para el ensamblaje de las tarjetas de circuitos electrónicos que apoyarían el ensamblaje de sistemas de misiles.

* Creé, junto con otros miembros del grupo especial, procedimientos y un sistema de rastreo interno para demostrar cómo una escasez de partes podría impactar los programas de producción hasta por seis meses.

* Dirigí reuniones semanales para comprobar el estado del inventario en cooperación con representantes de los departamentos de Compras y Control de la Calidad.

* Supervisé a cinco analistas.

* Coordiné actividades de subensamble entre las instalaciones de Arizona y Arkansas y la planta de ensamblaje final en California, a fin de entregar el producto a los clientes a pesar de severos requisitos de tiempo.

* Entrené a los nuevos empleados.

* Proporcioné datos a la alta adminstración para su inspección.

Resultados obtenidos: Corregí la exactitud del inventario de 70% a 97% en nueve meses.

Robert A. García Página 2

Arranque de Producción/Distribución - Operación de tiempo parcial (ingreso secundario)

* Investigué el mercado, encontré gran potencial para el producto, árboles Bonsai.

* Estudié los métodos de propagación de la planta, construí invernaderos grandes, implanté nuevos métodos, puse el producto en el mercado.

* Participé en varias exhibiciones de hogares y jardines, en ferias regionales, en tres exhibiciones mayores cada año.

* Empleé un personal de 8, vendí productos al por mayor a tiendas de plantas en los condados de Los Angeles y Orange.

Resultados obtenidos: Promoví y operé un negocio exitosamente por ocho años, aumenté las ganancias netas de $4,500 a $12,000 en cuatro años.

HISTORIAL PROFESIONAL

Fotógrafo independiente/Marine Art of California *Propietario/Presidente*	1992 a la actualidad
Galería Sea Fantasy *Gerente del almacén*	1991-1992
General Dynamics Corporation *Coordinador de manufactura*	1980-1989
Restaurante Casa Vallarta *Contralor (Tiempo parcial)*	1986-1987
B & D Nursery (ingreso secundario) *Gerente de operaciones*	1973-1981
Stater Bros. Markets *Empleado*	1969-1980

EDUCACION

Completé cursos en Historia en la California State Polytechnic University. Estudios independientes en Psicología de la Supervisión, Comunicación Escrita.

AFILIACIONES/INTERESES

Coordinador en la Junta de Servicios de los Grupos
Familiares Alanon y Alateen del Condado de Orange

Regularmente en el elenco de producciones musicales.
Ha actuado en el Orange County Performing Arts Center y en la Opera Ligera de Fullerton

Powell and Associates
Marketing Consultants

1215 West Imperial Highway - Suite 103 - Brea, CA 92621 Keith Powell - President Tel: (714) 680-8306

Noviembre 17th

Apreciable Posible Inversionista:

Es en verdad un placer escribir una carta de recomendación para Bob A. García.

He conocido a Bob por los últimos cinco años y lo considere como una persona extremadamente creativa y entusiasta. He estado asociado con Bob en varias organizaciones comunitarias y cívicas en las cuales es él un participante activo. Ha sido oficial en varias de esas organizaciones y siempre ha cumplido sus obligaciones con aplomo.

Bob se puso en contacto conmigo hace más de un año, pidiéndome que me reuniera con él en una forma regular para convertirme en el "mentor" de un sueño, que ahora es una realidad, su compañía MARINE ART OF CALIFORNIA. En compañía de otros mentores de quienes ha solicitado consejo, he tenido el privilegio de revisar, comentar y ayudar en el desarrollo de su plan. Ha demostrado gran disciplina, constancia, creatividad y deseos de hacer sus tareas en esta aventura financiera.

Enfáticamente recomendaría que se le ofreciera la consideración que él busca. Bob ha dado muestras de tener las cualidades necesarias para triunfar en una compañía de negocios, es decir, la dedicación, optimismo y deseo de completar lo que comienza.

Si Ud, desea mas informacion, por favor no dude en llamarme. Mi línea directa es 714-680-8306.

Cordialmente

Keith P. Powell

Keith P. Powell
Presidente

Propuesta para una Sociedad Limitada

Obtener un préstamo de $130,000.00 con inversionistas privados, en calidad de Socios Limitados, como sigue:

$130,000.00 = 45% de Marine Art of California
$130,000.00 = 20 acciones @ $6,500.00 cada una
1 acción = 2.25% de Marine Art of California

Los Socios Limitados poseerán un 2.25% del negocio por cada $6,500.00 que inviertan. La inversión se tomará como un préstamo que se deberá pagar con un interés del 11% en un período de 15 años, a $78.00 mensuales por cada accionista.

1 acción = $78.00 mensuales por 15 años
20 acciones = $1560.00 mensuales

El Socio General, Robert A. García, será dueño del 55% del negocio. Los Socios Limitados poseerán el 45% del negocio mientras dure la sociedad.

La duración de la sociedad será de 4 años. El Socio General tendrá la opción de adquirir las acciones de los Socios Limitados al final de los 4 años, pagando $3250.00 por cada 2.25% del interés en la compañía. La adquisición no afectará el préstamo pendiente, pero el Socio General ofrecerá una garantía igual al saldo del préstamo. El valor del inventario se usará como esa garantía.

Recuperación de la inversión (RI) por cada acción de $6500.00:

A. Capital (15 años) + Interés (15 años) + Compra (4 años) = Total (15 años)
$6,500.00 $7,540.00 $3,250.00 $17,290.00

B. Ganancias (Pérdidas) Proyectadas por cada acción (2.25%):

2010	2011	2012	2013		Total 4 años
($759.53)	$833.00	$11,310.62	$19,097.78	=	$30,481.87

- ◆ Capital & interés (15 años) $ 14,040.00
- ◆ Adquisición (4 años) $ 3,250.00
- ◆ Ganancias/pérdidas proyectadas (4 años) $ 30,481.87

Total proyectado recuperación inversión $ 47,771.87

-o-

$$\frac{\text{Ganancias netas}}{\text{Activos}} = \frac{\$41,271}{\$ 6,500} = 635\%$$

Puntos sobresalientes del contrato:

1. Primer Derecho a Optar: Los Socios Limitados convienen en extender el Primer Derecho a Optar al Socio General, Robert A. García, en caso que los Socios Limitados de-searan vender, conceder, o negociar sus acciones en el negocio.

2. Seguro del Hombre Clave: Se tomará un seguro de vida por $250,000.00 a nom-bre del Socio General, Robert A. García, lo que es aproximadamente el doble del monto del préstamo de $130,000.00 que se necesitaba. En caso que falleciera Robert A. García, los pagos de la póliza se dividirán entre los Socios Limitados en partes equivalentes al monto invertido (es decir, una inversión del 2.25% es igual a 1/20avo de $12,500.00)

3. Programa de compras de los Socios Limitados: El Socio General, Robert A. García, acuerda conceder *con privilegios de precio de costo* en todos los artículos de la línea, por la compra de 3 ó más acciones. Por 1 ó 2 acciones, se extenderá un descuento del 45%. Esto estará en efecto durante la duración del contrato de Socios Limitados (mínimo de 4 años antes de usar la opción de la adquisición). Por el resto del contrato de préstamo, (2 años) se extenderá un descuento del 35% del precio minorista. Al compel-tarse los pagos del préstamo, un *Descuento Vitalicio del 20%* se extenderá a los So-cios Limitados. Estos privilegios no se pueden transferir.

Análisis de Costo por Catálogo

CALIDAD DE LA IMPRESIÓN	20,000	30,000	40,000	50,000	60,000
ARTÍCULOS DEL CATÁLOGO					
24-Páginas: Precio por 1000	521.37	413.92	360.07	336.11	306.49
Peso - 2.208 oz.					
Costo ampliado	10,427.40	12,417.60	14,402.80	16,305.50	18,389.40
Preparación y entrega	756.00	970.00	1,235.00	1,500.00	1,765.00
Costo envío por correo - $50.00 por/1000	1,000.00	1,500.00	2,000.00	2,500.00	3,000.00
Franqueo - $170 per/1000	3,200.00	4,800.00	6,400.00	8,000.00	9,600.00
Separación de filmes - $64 por/página	3,600.00	2,500.00	2,500.00	2,500.00	2,500.00
Trabajo artístico	1,000.00	1,000.00	1,000.00	1,000.00	1,000.00
COSTOS TOTALES	**19,983.40**	**23,187.60**	**27,537.80**	**31,805.50**	**36,254.40**
Cifras redondeadas	20,000.00	23,200.00	27,600.00	32,000.00	36,500.00
COSTOS POR UNIDAD	1.00	0.77	0.69	0.64	0.61
COSTOS POR PAGINA	0.04	0.03	0.03	0.03	0.03
COSTOS POR/1000	999.17	772.92	688.44	636.11	604.24

CANTIDAD IMPRESA	70,000	80,000	90,000	100,000	
ARTÍCULOS DEL CATÁLOGO					
24-Páginas: Precio por 1000	291.72	280.29	268.85	261.00	
Peso - 2.208 oz.					
Costo ampliado	20,420.40	22,423.20	24,196.50	26,100.00	
Preparación & Entrega	2,030.00	2,295.00	2,560.00	2,825.00	
Costo envío por correo - $50.00 per/1000	3,500.00	4,000.00	4,500.00	5,000.00	
Franqueo - $170 per/1000	11,900.00	13,600.00	15,300.00	17,000.00	
Separación de filmes - $64 por/página	2,500.00	2,500.00	2,500.00	2,500.00	
Trabajo artístico	1,000.00	1,000.00	1,000.00	1,000.00	
COSTOS TOTALES	**41,350.40**	**45,818.20**	**50,056.50**	**54,425.00**	
Cifras redondeadas	41,500.00	46,000.00	50,500.00	55,000.00	
COSTOS POR UNIDAD	0.59	0.57	0.56	0.54	
COSTOS POR PÁGINA	0.02	0.02	0.02	0.02	
COSTOS POR/1000	590.72	572.73	556.18	544.25	

CANTIDAD IMPRESA EN EL EXTRANJERO	40,000	50,000	60,000	70,000	
NOTA: 20% se descontará por impresión en el					
extranjero. Los precios se reflejan en el	27,600.00	32,000.00	36,500.00	41,500.00	
Análisis de las Ganancias	0.80	0.80	0.80	0.80	
COSTOS DE IMPRESIÓN EN EL EXTRANJERO	**22,080.00**	**25,600.00**	**29,200.00**	**33,200.00**	

CANTIDAD IMPRESA EN EL EXTRANJERO	80,000	90,000	100,000	
	46,000.00	50,500.00	55,000.00	
	0.80	0.80	0.80	
COSTOS DE IMPRESIÓN EN EL EXTRANJERO	**36,800.00**	**40,400.00**	**44,000.00**	

Análisis de Comparación con la Competencia

NOMBRE DE LA COMPAÑÍA	Rango del Precio	Total Precios al por menor	Precios Totales %	# de Artículos	Artículo Rango %		
Wild Wings	-50.00	2,092.35	3%	68	19%		
Primavera	-100.00	5,269.50	7%	68	19%	-100.00	38%
32 Páginas	-200.00	11,302.00	15%	78	22%		
	-500.00	39,905.00	54%	124	34%		
	-999.00	11,045.00	15%	19	5%		
	$1,000.00	4,745.00	6%	2	1%		
		$74,358.85	100%	359	100%		
						Precio medio/art	**$207.13**
			(Basado en precio sobrecargado)			Ganancia media por artículo	**$103.56**
Sharper Image	-50.00	1,580.65	9%	47	39%		
Jul/Ago	-100.00	2,418.45	14%	31	26%	-100.00	64%
24 de 60 Páginas	-200.00	3,898.75	23%	25	21%		
	-500.00	4,879.45	29%	13	10%		
	-999.00	2,797.85	17%	4	3%		
	$1,000.00	1,195.00	7%	1	1%		
		$16,770.15	100%	121	100%		
						Precio medio/art	**$138.60**
			(Basado en precio sobrecargado)			Ganancia media por artículo	**$69.30**
Sharper Image	-50.00	2,223.60	10%	73	42%		
Jul/Ago	-100.00	3,227.95	15%	41	24%	-100.00	66%
32 de 60 Páginas	-200.00	5,088.35	23%	33	19%		
	-500.00	7,129.10	33%	20	12%		
	-999.00	4,047.75	19%	6	3%		
	$1,000.00	0.00	0%	0	0%		
		$21,716.75	100%	173	100%		
						Precio medio/art	**$125.53**
			(Basado en precio sobrecargado)			Ganancia media por artículo	**$62.77**
Marine Art of CA	-50.00	2,826.95	13%	108	54%		
Nov/Dic	-100.00	3,587.65	17%	46	23%	**-100.00**	77%
40 Páginas	-200.00	3,461.85	16%	23	12%		
	-500.00	4,528.25	21%	15	7%		
	-999.00	4,281.00	20%	6	3%		
	$1,000.00	2,600.00	12%	1	1%		
		$21,285.70	100%	199	100%		
						Precio medio/art	**$106.96**
			(Basado en precio sobrecargado)			Ganancia media por artículo	**$53.48**

MARINE ART OF CALIFORNIA

Robert A. García
P.O. Box 10059-251
Newport Beach, CA 92658
(714) 722-6478

TERMINOS Y CONDICIONES PARA LOS PARTICIPANTES

1. El **Artista/Vendedor** conviene en entregar los artículos en stock en el término de 48 horas de notificación a los clientes indicados, con las Instrucciones para Envío proporcionadas por **Marine Art of California.** Se necesitará un horario para piezas hechas a la orden, tales como acrílicos de bronce, o trabajos de arte originales que requieran más tiempo para su entrega. El cliente pagará los gastos de envío.

2. El **Artista/Vendedor** conviene en ofrecer envío por Federal Express de 48 horas, con gastos adicionales de envío para todos los artículos en stock.

3. El **Artista/Vendedor** conviene en usar solamente etiquetas de envío propocionadas por **Marine Art of California.**

4. El **Artista/Vendedor** garantiza que todos los artículos enviados estarán libres de cualquier nombre de negocios, logos, direcciones, números telefónicos o cualquier otro material impreso que haga referencia al **Artista/Vendedor** (no incluye grabados o firmas del **Artista**)

5. Cada **Artista** incluirá con cada envío una hoja autobiográfica previamente aprobada.

6. El **Artista/Vendedor** incluirá los Certificados de Autenticidad necesarios en todas las piezas de Edición Limitada que se envíen.

7. Los derechos exclusivos de mercadeo y distribución hechos para **Marine Art of California** se cubrirán con contrato separado.

8. El **Artista/Vendedor** conviene en enviar via fax una copia de la declaración de envío, o hablar por teléfono para dar la información sobre el envío y la fecha de entrega, todo en el mismo día de la transacción.

9. El **Artista/Vendedor** garantiza protección con seguro por el valor total al por menor.

Terminos Y Condiciones, página 2

10. El **Artista/Vendedor** aceptará un período de 10 días de reembolso, comenzando en la fecha en que el cliente recibe la mercadería enviada.

11. El **Artista/Vendedor** conviene en extender un plan de pago de 30 días neto a **Marine Art of California.**

12. El **Artista/Vendedor** no guardará los nombres y las direcciones de los compradores para fines de ventas o mercadeo, hasta que hayan pasado 24 meses del envío de la orden.

13. En vez de una cuota de participación, el **Artista/Vendedor** conviene en extender un descuento del 15% en el precio al por mayor publicado para **Marine Art of California.** Esto se justifica, debido a los costos incurridos en publicidad, impresión, envío por correo y mercadeo y el volumen proyectado de ventas.

14. Cada **Artista/Vendedor** recibirá una notificación antes del envío por correo del primer catálogo.

15. El **Artista/Vendedor** conviene en ofrecer artículos y servicios como se mencionó antes por un período mínimo de 60 días después de la fecha de publicación.

Por la presente reconozco y acepto los términos y condiciones establecidos por **Marine Art of California.**

_____

(Compañía)

_____

(Nombre y título en letras de molde)

_____

(Firma y título del representante autorizado)

_____

(Fecha)

Dayne Landscaping, Inc.
Plan de Negocio

El plan de negocio que se presenta en las siguientes páginas se basa en una reciente investigación hecha para un negocio de jardinería ornamental y retiro de nieve en New Hampshire. Lo desarrolló una especialista en mercadotecnia internacional, Robin Dayne, presidenta de rtd Marketing International, Inc., en Nashua, New Hampshire. Robin escribió este plan específicamente para ustedes (lectores de *Anatomía de un Plan del Negocio,* y los usuarios del software de **Automatice su Plan de Negocio).** Les mostrará cómo formar y escribir un exitoso plan del negocio para su propia compañía.

Escenario de Dayne Landscaping, Inc.

Dayne Landscaping, Inc., es un negocio ficticio que ha operado por un año y que proporciona servicios de jardinería ornamental y retiro de nieve en Nashua, New Hampshire. El negocio tuvo un exitoso primer año (2010) y hace planes para extender su base de clientes y comprar el sitio actual (que ahora arrienda) por $375,000. Con el objeto de comprar ese lugar, Dayne Landscaping, Inc. usará $100,000 de sus propios fondos y buscará un préstamo de los restantes $275,000.

¿Cómo está organizado este plan del negocio?

Los planes de organización y mercadeo para Dayne Landscaping, Inc. reflejan el estado actual de la compañía y sus planes para una expansión futura. Es extremadamente importante que el plan de mercadeo sea suficientemente fuerte para asegurar que se puede pagar el préstamo y sus intereses y aún mantener costeabilidad.

Los documentos financieros necesitan reflejar la historia de la compañía y proyectarse hacia el futuro. Esta compañía ha estado operando por un año (2010) y ahora busca un préstamo. Por lo tanto, los documentos financieros necesitan comenzar con un resumen de las necesidades financieras y una declaración sobre la distribución de los fondos obtenidos en el préstamo. La siguiente sección incluye proyecciones para el año fiscal de 2011 y declaraciones históricas financieras para el año fiscal de 2010. Mostrarán lo bien que la compañía cumplió con sus proyecciones originales y cuál es su actual estado financiero. La tercer área que cubrirán los documentos financieros hará referencia a las proyecciones de la compañía para el futuro: el movimiento de efectivo proyectado, las proyecciones de ingresos por los próximos tres años, y una hoja de balance proyectada. Las páginas finales de la sección financiera contienen un análisis de la declaración financiera del historial de la compañía y sus futuras proyecciones. Valiéndose de la información financiera que se desarrolló previamente, se computan los índices y se les compara con las normas de la industria.

Este plan le puede ayudar.

Conforme Ud. comience a escribir su propio plan, le conviene leer el plan del negocio de Dayne Landscaping, Inc. para ver cómo Robin usó cada una de las secciones correspondientes. Parte del material investigado ha sido condensado y no hemos incluido todos los documentos auxiliares necesarios. También hemos decidido omitir cualquier historial financiero o de negocios que el escritor o el prestamista desee incluir en las copias de su plan del negocio.

¡Advertencia! Este plan se debe examinar solamente para ver cómo la señora Dayne usó su contenido. Se le ha usado como un ejemplo en nuestro libro y software porque creemos que es un buen ejemplo de la organización de su plan del negocio. No ofrecemos ningún juicio acerca de su valor o su potencial financiero para posibles prestamistas o inversionistas. No lo use como fuente de investigación para su propia compañía.

Nos sentimos muy satisfechos de que Robin Dayne nos haya proporcionado este excelente ejemplo de un plan del negocio para que lo incluyéramos en *Anatomía de un Plan del Negocio* y **Automatice su plan del negocio.** Esperamos que el plan de Dayne Landscaping, Inc. le sea beneficioso. Ofrecemos nuestros agradecimientos a Robin por su generosidad y por permitir que compartiéramos con nuestros lectores su interpretación de la planificación para los negocios.

__Robin Dayne__ es una consultora de mercadotecnia internacional que se especializa en crear ingresos por medio de su Customer Base Management ™. A través de su firma, rtd Marketing International, Inc., cualquier compañía puede obtener un análisis de su base de clientes y un plan de mercadeo y estrategia para satisfacer las necesidades de su negocio. Si a Ud. le gustaría ponerse en contacto con la señora Dayne para obtener más información sobre sus servicios, Ud. puede comunicarse con ella escribiéndole a: rtd Marketing International, Inc., 81 Walden Pond Drive, Nashua, NH 03060. Tel (603) 880-0136.

Dayne Landscaping, Inc.

22 San Carlos Dr.
Nashua, New Hampshire 03060
603-335-8200

Robin T. Dayne, Presidenta
22 San Carlos Dr.
Nashua, New Hampshire 03060
(603) 335-8200

Sandra Barillas, Vicepresidenta
56 Gingham St.
Nashua, NH 03900

(603) 446-9870

Bridgette Henderson, Tesorera
98 Canon St.
Nashua, NH 06223
(603) 883-0938

Aura E. Jerez, Secretaria
31 Mill St.
Nashua, NH 08876
(603) 595-3982

**Plan preparado en noviembre de 2010
por los funcionarios de la Corporación**

(Privado y Confidencial)

TABLA DE CONTENIDO

 * **Nota:** *Hemos incluido sólo una parte de los documentos auxiliares en la muestra de un plan del negocio.*

Dayne Landscaping, Inc.

Resumen Executivo

Dayne Landscaping Inc. es una compañía con un año de operaciones que se dedica a la jardinería ornamental y al negocio de retirar la nieve. La compañía está situada en 22 San Carlos Dr., Nashua, New Hampshire. El sitio que actualmente arrienda está a la venta por $375,000. Dayne Landscaping Inc. cuenta con $100,000 para invertir y busca un préstamo de $275,000 para completar la compra. Al ser propietaria de las instalaciones, la compañía puede aumentar su valor por una suma equivalente al gasto actual del alquiler.

Dayne Landscaping ha establecido su nicho en el negocio de la jardinería ornamental y del retiro de nieve durante 2010. Las proyecciones para 2011 muestran que es razonable esperar una expansión de la base de clientes hacia nuevos mercados y territorios. Las proyecciones del movimiento del efectivo apoyan la presunción de que la compañía contará con fondos suficientes para comprar equipo y contratar los servicios de empleados adicionales para apoyar la implantación de los programas de mercadeo.

Ahora, el negocio ofrece sus servicios a 100 cuentas residenciales, 15 cuentas de pequeños negocios, y por el momento ninguna corporación grande. Los servicios incluyen: Jardinería ornamental y diseño, cuidado y mantenimiento del césped, servicio de limpianieves, mantenimiento y retiro de árboles. El éxito de la compañía ha sido el resultado directo de nuestra capacidad de propocionar servicio personal a un precio competitivo, creando así una base de clientes devotos. En la actualidad, el costo promedio del mantenimiento del césped en una residencia es $25-$30 por hora, $50-$100 por hora en los negocios pequeños, la cuota con las organizaciones grandes se determina por negociación. Debido a los cambios de las estaciones en New Hampshire, el retiro de la nieve se vuelve parte importante del negocio para compensar los ingresos más bajos durante los meses de invierno en diciembre, enero, febrero y marzo.

La tasa de crecimiento proyectado para la industria de la jardinería ornamental, basándose en los años previos, es del 28%. Nosotros ensancharemos nuestro negocio con el nuevo equipo, mercadeo y con un número adicional de empleados, a fin de cumplir con y exceder esa demanda. Esperamos crecer con nuestra base de clientes en un 50%, basándose en nuestro historial del primer año, la exclusividad de nuestras ofertas, y las actividades planeadas para el mercadeo.

Los $275,000 en fondos del préstamo serán necesarios para finales de abril de 2011. El pago de ese préstamo en 15 años, más su interés, puede comenzar prontamente en mayo. El retiro anticipado del préstamo se anticipa para 2014. Además de la propiedad y las instalaciones, el préstamo se puede asegurar con el valor parcial ya pagado de la residencia del propietario, que actualmente se calcula en $167,000.

Dayne Landscaping, Inc.

I. El Plan Organizativo

Descripción del Negocio

Dayne Landscaping, Inc., establecida en enero de 2010 como una corporación, se dedica a la jardinería ornamental, mantenimiento de céspedes y el retiro de la nieve, en residencias y pequeños negocios de New Hampshire. Comenzó con 20 cuentas residenciales y dos de pequeños negocios. Para noviembre de 2010, había crecido a 100 residencias y 15 pequeños negocios, haciendo un total de $750,000 en ingresos, un crecimiento del 520%.

La compañía ha sido muy exitosa debido a la alta calidad de su servicio y del cuidado que se ofrece a los clientes, y por su reputación de aparecerce en el lugar de los hechos con rapidez durante las tormentas de nieve. La compañía también ofrece un servicio exclusivo de diseño ornamental de jardines orientales, el único en esta zona triestatal. Ahora, ese servicio se ofrece solamente en New Hampshire. Veinticinco de las 115 cuentas usan este servicio de jardines orientales. Nuestro plan es el de abrir mercados en Connecticut y Massachusetts en los próximos tres años. Es importante notar que esos jardines no son solamente un servicio único; son también nuestro servicio estelar que ofrece un alto margen de ganancias, impactando directamente el renglón de ganancias de la compañía.

La estrategia de crecimiento de la compañía es comprar pequeñas compañías de jardinería ornamental conforme ensanchemos nuestros negocios en Massachusetts y Connecticut, aumentando nuestros servicios de retiro de nieve a las corporaciones más grandes. Actualmente, conforme las corporaciones locales disminuyen el alcance de sus operaciones, se ha vuelto común ofrecer esos servicios a los negocios locales.

En la actualidad la compañía arrienda un área de 20,000 pies cuadrados, que incluye 4,000 pies cuadrados de edificio para la oficina principal, un garaje de buen tamaño para camiones, equipo de mantenimiento y partes, dos lotes de buen tamaño, uno de ellos rodeado por una cerca para estacionar el equipo, los arados, las plataformas, y para el almacenamiento de árboles, arbustos y plantas.

Estructura Legal

Dayne Landscaping, Inc. es una corporación registrada bajo el mismo nombre.

Sus consejeros legales y financieros han recomendado la corporación como la estructura más eficiente basándose en el plan de comprar en los próximos dos años las actuales pequeñas compañías de jardinería ornamental en el área triestatal. Se han solicitado 300 acciones, y se ha otorgado 100 de ellas a un accionista (el presidente) en el momento de la incorporación. Esto deja cierta flexibilidad para tener acciones adicionales si llegara el caso de que se les necesitara en negociaciones para comprar compañías de mayor tamaño.

Los funcionarios de la compañía, un presidente, un vicepresidente, un tesorero y un secretario, determinan la dirección de la corporación durante las reuniones de la junta directiva.

Ademas, se cuenta con un plan de incentivos para los miembros de la junta directiva donde adquieren acciones con base en metas de ganancias previamente establecidas.

Se debe hacer notar que el presidente es el único directivo que trabaja constantemente en la compañía. Todos los demás funcionarios interactúan durante las sesiones mensuales de la junta. Esto permite que la compañía tenga acceso a experiencias y consejos en una forma económica, lo que tiene un impacto directo en las ganancias de la compañía.

Productos y Servicios

Dayne Landscaping ofrece tres categorías de servicios de jardinería ornamental a tres variedades de clientes. Los clientes consisten en hogares residenciales, pequeños negocios y grandes corporaciones. Cada grupo tiene la opción de comprar el mismo tipo de servicios: El cuidado del césped, que incluye segar, cortar la maleza, plantar, recubrir el césped, control de las pestes, y mantenimiento de árboles y arbustos. Es posible comprar una ornamentación individualizada por medio de contratos, lo que incluiría especializaciones en jardines orientales, escultura arbórea, y un diseño completo del jardín. El tercer servicio que se ofrece es el retiro de la nieve.

Todas las plantas son de alta calidad y se compran en una tienda de plantas local que ha estado en negocios por más de 35 años. También hemos hecho arreglos con esa tienda para que actúe como consultora cuando así se necesite.

Tipo de clientes

A continuación se ofrece descripciones de los tres tipos de clientes y de los servicios que generalmente compra cada uno.

1. **Hogares residenciales** en áreas de ingresos medianos a altos, quienes generalmente pagan por el cuidado del césped, consisten en segar, cortar la maleza, control de las pestes, y mantenimiento de árboles y arbustos. Se ha asignado esta tarea a dos personas: dos estudiantes universitarios parciales, controlados por un supervisor. Este trabajo puede tardar un promedio de dos horas en completarse. Cada residencia recibe un contrato que incluye dos visitas al mes, a menos que haya alguna necesidad especial, que representa un costo adicional en el contrato básico. Los contratos del césped corren de marzo a noviembre. Además, 50% de las residencias también compran retiro de la nieve en el invierno para sus entradas al edificio, y a estos clientes se les carga una cuota mínima, con un depósito inicial para asegurarles la prioridad en los servicios.

2. **Las cuentas de negocios pequeños o parques de oficinas** son el segundo tipo de clientes. Generalmente son bancos, o edificios de negocios pequeños que requieren cuidado de sus árboles y arbustos, control de las pestes y las malezas y un mínimo de cuidado del césped. El tiempo promedio necesario para este servicio es de tres a cuatro horas con un supervisor y dos o tres empleados de tiempo parcial. Todas las cuentas de negocios pequeños firman un contrato para el retiro de la nieve. Un monto previamente determinado para el contrato se ha negociado en octubre para los cuatro meses entre noviembre y febrero, con una cuota a cobrarse por cada llamada en el mes de marzo, que generalmente tiene inesperadas tempestades de nieve. Estos clientes necesitan una respuesta rápida y se cobra por ese nivel de servicio, ya que tienen que acomodarse a sus clientes durante horas de negocios.

3. **Las cuentas de grandes corporaciones y complejos de condominios** son el tercer tipo de clientes. Necesitan los mismos servicios que las corporaciones pequeñas, pero requieren muchas horas más, empleados y equipo. Además, en el mantenimiento del césped se incluye regado de agua. Las cuentas que se piensa conseguir en esta categoría necesitan un promedio de una semana al mes de mantenimiento. Esta es el área en que se piensa extender en los próximos tres años. Para apoyar el agua necesaria para cada dos días durante los meses de verano, un trabajador de tiempo parcial ha sido contratado, quien se dedica a regar las plantas de dos compañías. Los contratos con las corporaciones se van a negociar individualmente, y van de 60M a 350M por año, según sea el número de pies cuadrados, y los requisitos específicos de la jardinería ornamental. Estos clientes también necesitan una respuesta inmediata cuando necesitan los servicios, especialmente en el invierno, durante la temporada de la nieve.

Administración y Personal

Administración

Actualmente, Robin Dayne es la presidenta y única accionista en Dayne Landscaping, Inc. Robin tiene cinco años de experiencia en el negocio de la jardinería ornamental, habiendo trabajado antes para un competidor local. Previamente, había trabajado para una variedad de industrias del servicio, vendiendo y poniendo en el mercado productos y servicios.

Dayne Landscaping, Inc. ha estado incorporada ya por casi un año, efectuando una tasa de crecimiento del 520% entre enero y noviembre. La tasa de crecimiento se atribuye a la alta calidad del servicio a los clientes. Muchos clientes han cambiado de compañías como muestra de su lealtad hacia Robin Dayne. Ella ha establecido un plan de incentivos para sus empleados, que los recompensa por su servicio sobresaliente al cliente, con base en los resultados de una encuesta que se hace al final del año, o cuando se renuevan los contratos o se cierran nuevos negocios.

Bajo la administración de la señora Dayne, se ha formado un fuerte grupo de empleados devotos que aman trabajar con la naturaleza. Como administradora, su papel es identificar los nuevos negocios, desarrollar e implantar nuevas actividades de mercadotecnia, y negociar y rematar nuevos contratos.

Los cuatro (4) supervisores administran los negocios con los clientes y supervisan a los trabajadores de tiempo parcial. También determinan la necesidad de nuevo personal o de equipo, necesarios para mantener la cuenta. Se tiene también un especialista diseñador que está específicamente capacitado en el diseño de jardines orientales y en la ornamentación de árboles.

Oficiales corporativos

Los oficiales corporativos son: Robin T. Dayne, presidenta
Sandra Barillas, vicepresidenta y contadora
Bridgette Henderson, tesorera
Aura E. Jerez, secretaria y consejera legal

Las vicepresidenta/contadora, secretaria/consejera legal y la tesorera no interactúan en la conducción diaria de los negocios de la compañía. Se usan sus servicios conforme se les necesita.

Personal

Hay tres empleados de tiempo completo: un gerente de oficina y dos asistentes administrativos. Cuatro supervisores y dos especialistas en diseños trabajan fuera de la oficina. El resto es empleados de tiempo parcial, y su número varía de cuatro a veinticinco o más, según sea la parte del año y la demanda de trabajo.

1. Dueña-presidenta: Salario garantizado en 2010 $65,000 con aumentos anuales justificados por la costeabilidad.

5

2. Especialistas en diseños: Dos en 2011; Salarios @ $25,000 + 5% de comisión en los contratos de nuevos negocios.

3. Cuatro supervisores: Salarios @ $15,000 + bono del 3% por contrato siempre que la encuesta anual revele excelencia en el servicio a los clientes.

4. Gerente de oficina: Salario @ $22,000 anuales.

5. Asistentes administrativos: (uno en 2010, dos en 2011): Salarios de $15,000 anuales.

6. Trabajadores de tiempo parcial: 5-25 @ $7 por hora; (se agregará más si el volumen de trabajo lo exige).

Capacitación

Todos los empleados reciben capacitación con el presidente y el supervisor en las siguientes áreas:

Por el presidente

a. Política de la compañía con los clientes y normas de la compañía

b. Orientación sobre ornamentación cuando se les contrata

c. Responsabilidad y procedimientos de seguridad

d. Cuidado del equipo y política a seguir en caso de robos

Por los supervisores

a. Examen general de cada cuenta asignada

b. Asignación de equipo y práctica de su uso: Operación de las segadoras, herramientas y piezas

c. Precauciones en el uso de productos químicos

Obligaciones del personal

1. Presidente/propietario

a. Establece la política de la compañía y capacita a los nuevos empleados

b. Solicita, entrevista y contrata a los nuevos empleados

c. Asigna las cuentas a los supervisores

d. Negocia contratos nuevos y grandes

e. Aprueba la compra de equipo y partes

f. Se encarga de asuntos del servicio a los clientes que los supervisores no pueden resolver

g. Revisa y firma todos los cheques

h. Supervisa las iniciativas de ventas por los supervisores

2. Cuatro supervisores - se reportan al presidente

a. Administra un promedio de 25 cuentas residenciales y 4 cuentas de pequeños negocios

b. Administrará 1-2 cuentas de grandes corporaciones

c. Responsable de la capacitación de los trabajadores de tiempo parcial en las áreas de

   a. mantenimiento de las cuentas y del equipo

d. Anticipará ls necesidades de partes para cada cuenta

e. Anticipará y administrará los planes de trabajo

f. Llevará a cabo la segunda vuelta de las entrevistas a empleados de tiempo parcial

   a. y las aprobará

g. Se encargará de resolver problemas con clientes, relacionados con el servicio y su calidad

h. Buscará nuevos clientes para el presidente

i. Responsable por el inventario y el equipo que se le asigne a su grupo

3. Gerente de la oficina - se reporta al presidente

a. Administra las cuentas

b. Apoya a los supervisores - Repuestos misceláneos

c. Recibe llamadas de los clientes y las pasa a los supervisores

d. Lleva a cabo las encuestas anuales entre los clientes

e. Responde a las llamadas telefónicas

f. Despacha y está en contacto por "pager" con los supervisores

g. Asigna y mantiene el equipo para los supervisores

4. Asistente administrativo - se reporta al presidente

a. Responsable por de las siguientes funciones de teneduría de libros:

    1. Reconciliación diaria de ventas

    2. Cuentas a cobrar

    3. Cuentas a pagar

    4. Planilla de salarios

    5. Libro mayor general

b. Mecanografiar en computadora - 60 palabras por minuto, con conocimiento del software - WP/Excel/D-Base

c. Máquina sumadora de 10 teclas

d. Acceso a la caja fuerte

e. Control de las órdenes puestas para equipo y herramientas

5. Empleados de tiempo parcial - se reportan al supervisor

a. Se les asigna a trabajar en determinadas cuentas

b. Siega el césped, quita las malezas, hace trabajo manual

c. Identifica cualquier problema

d. Sigue las instrucciones del supervisor

e. Administra el inventario de partes y herramientas

Perfil del empleado

Todos los empleados deben:

a. Trabajar con vigor

b. Disfrutar el trabajo al aire libre

c. Ser buenos comunicadores

d. Trabajar en grupo

e. Estar educados para trabajar tiempo completo, como mínimo deben ser graduados

f. de la escuela secundaria o estar en la universidad

g. De apariencia nítida

h. Capaz de seguir instrucciones y aprender rápidamente

i. Dispuesto a hacer un trabajo sobresaliente

j. Responsable en cuanto a la seguridad

Métodos para Guardar Libros de Contabilidad

Toda la teneduría de libros se mantiene en una computadora con regularidad por el asistente administrativo en el software "Quickbooks" de Intuit. Al final de cada año, se imprimen los expedientes y se envían a la contadora pública certificada, Sandra Barillas, quien ha sido una amiga personal y tiene 35 años de experiencia como contadora pública. Sus honorarios son razonables y existe un alto nivel de confianza por sus contribuciones al negocio, ya que ella es vicepresidenta de la corporación.

La base de clientes y la base de datos de posibles clientes se mantiene en el software ACT de Contact Software International, que nos permite mantener horarios precisos para nuestra programación, y administrar las cuentas con exactitud. "Office" de Microsoft nos permite llevar a cabo el procesamiento de palabras, desarrollar hojas de trabajo, y propuestas para hacer presentaciones a las grandes corporaciones. Todos los programas que se mencionan arriba son fáciles de obtener y es posible obtener apoyo a precios muy razonables.

Seguro

Asegurador: Primercia
111 Shoe St.
Manchester, New Hampshire

Agente: Sam Abickford

Tipo de seguro:

Negocios/personal	600,000
Deducible	4,000
Responsabilidad	1,000,000
Equipo	40,000
Deducible	500
Responsabilidad	2,000,000
Vehículos	150,000
Deducible	1,000
Responsabilidad	1,000,000
Cuota anual	**8,000**
Cuota mensual	**670**

Workers Com. 1.43 per/1k planilla bruta

9

Seguridad

Problemas y situaciones a considerar y medidas protectoras qué tomar:

1. Hurto interno - falta de honradez del empleado

   a. Hurto -de herramientas- (4) cámaras de circuito cerrado en el garaje, operando 24 horas diarias

   b. Robo de efectivo - Límite de la caja chica es $600. El dinero recaudado cada día se lleva al banco

   c. Falsificación de firmas - Todos los cheques los firma el presidente al final del día

   d. Orientación de los empleados - Para reducir los robos y enfatizar procedimientos de seguridad

   e. Inventario mensual - Responsabilidad de los supervisores

2. Externo

   a. Cámaras para detectar robos de gente que recién entra al local, situadas en cada puerta de salida (2)

   b. Cámaras en los garajes del área de estacionamiento, y circundadas por una cerca en el lote de la planta

   c. Robo por allanamiento - Se instalan las alarmas cada noche y se les conecta directamente a la estación de policía

Dayne Landscaping, Inc.

II. Plan de Mercadeo

Mercado-objetivo

Objetivo #1

Instalaciones de grandes corporaciones y condominios

Quién. Las corporaciones que contratan servicios para el mantenimiento de sus instalaciones, y los complejos de condominios. Hay aproximadamente 75 cuentas que son probables clientes dentro de un radio de 50 millas. Nuestra meta es obtener 5 en 2011.

Qué. Mercadeo por teléfono para obtener información, y enviar por correo directo que se supervisará por teléfono. Describir los servicios de jardinería ornamental, mantenimiento del césped, control de las pestes y otros servicios de jardinería, tales como el retiro de árboles y su reemplazo, jardinería ornamental diseñada para el cliente y su cuidado, y retiro de la nieve de las entradas a los edificios y las zonas de estacionamiento. Ofrecer una garantía por los servicios y mostrar un sistema de precios competitivo con las otras compañías locales.

Cuándo. Comenzando en enero para determinar el proceso de la subasta y también determinar el tiempo en que se deben presentar las propuestas. Llamar a cada cliente para determinar el tiempo y hora en que se puede hacer una inspección ocular, para determinar el monto de trabajo necesario y las necesidades especiales, a fin de preparar un estimado. Si es posible, preguntar cuáles fueron los costos en los años anteriores y si el cliente quedó satisfecho con el trabajo que le ofrece el jardinero actual.

Dónde. Coordinar servicios conjuntos con almacenes locales de productos de jardinería para la promoción y publicidad.

Objetivo #2

Pequeños negocios y parques de oficinas

Quién. Todos los negocios pequeños y parques de oficinas que tienen terrenos al aire libre y desean ahorrar dinero, o no se hallan satisfechos con su actual compañía jardinera. Dentro de un radio de 50 millas hay aproximadamente 125 cuentas que serían probables clientes. Nuestra meta es agregar 15 nuevos contratos en esta categoría en 2011.

Qué. Mercadeo por teléfono para obtener información, y enviar por correo directo que se supervisará por teléfono. Describir todos los mismos servicios de jardinería ornamental y retiro de la nieve, haciendo referencia a clientes que se encuentren satisfechos. Ofrecer una garantía en los servicios prestados, y mostrar los ahorros que se obtienen usando los servicios de Dayne Landscaping, Inc., y desarrollar un plan de continuo servicio de retiro de la nieve y de mantenimiento ornamental. Ofrecer una garantía de la calidad del servicio de la compañía, y una comparación de precios.

Cuándo. Comenzar en enero para determinar cuándo expiran los actuales contratos, ofreciendo información sobre la compañía y sus servicios. Solicitar permiso para hacer una inspección ocular, a fin de determinar los costos y descubrir algún problema que necesite solución.

Dónde. Coordine servicios conjuntos con jardinerías locales para fines de promoción y publicidad. Anúnciese en los periódicos locales, las Páginas Amarillas y el Directorio de Negocios a Negocios.

Objetivo #3

Residencias

Quién. Concentrarse en todas las residencias dentro de un radio de 50 millas cuyos ingresos varían de medianos a altos y que cuentan con 3 acres o más de terreno. Ponerse en contacto con todos los clientes existentes que mostraron satisfacción en la encuesta, y solicitar al mismo tiempo que nos ofrezcan:

    a. Negocio adicional - renovar los contratos por un año más

    b. Nuevos clientes - por referencia

Qué. Preparar y enviar literatura sobre la compañía, concentrándose en las residencias y ofreciéndoles información sobre los servicios que ofrece Dayne Landscaping, Inc., haciendo comparaciones en el precio.

Cuándo. Preparar la literatura en enero y enviarla por correo en febrero, antes que comiencen la primavera y los contratos del verano. Comunicarse con esos clientes y con posibles clientes en septiembre para firmar contratos de retiro de la nieve.

Dónde. Coordinar los servicios con las jardinerías locales para las promociones y la publicidad.

Competencia

Dayne Landscaping actualmente tiene dos competidores en el área local: The Garden Shop y Landscaping Plus. Aunque han estado en el área de New Hampshire por varios años, son negocios que dirige cada familia y tienen un número limitado de clientes, contando con las mismas cuentas año tras año. También no cuentan con especialidades en jardinería ornamental. Solamente The Garden Shop ofrece servicios para retirar la nieve. Landscaping Plus solamente cuenta con tres arados para la nieve que se mantienen activos durante los meses del invierno.

Métodos de distribución

Dayne Landscaping vende directamente al cliente, es principalmente un negocio de servicios, con la excepción de la venta de árboles y arbustos, que vienen de un almacén mayoritario de productos para el jardín.

Actividades de promoción

Publicidad pagada - Actualmente participamos en varias formas de publicidad:

1. Anuncios en periódicos. Todos los anuncios son idénticos e incluyen la información que exige el periódico:

    a. Información del anuncio
       1. Medida del anuncio: Dos columnas x 3 pulgadas
       2. Frecuencia: Mensualmente
       3. Sección: Jardinería

b. Ubicación, contacto y tarifas

Nashua Telegraph	Contacto: Mark Potts
P.O. Box 1008	Circulación: 50,000
Nashua, NH 03061-1008	Tarifa: $126.00
Manchster Union Leader	Contacto: Ken Coose
100 William Loeb Drive	Circulación: 125,000
Manchester, NH 03109	Tarifa: $171.99
Lowell Sun	Contacto: Carol McCabe
15 Kearney Square	Circulación: 75,000
Lowell,MA 01852-1996	Tarifa: $153.00
Hartford Daily News	Contacto: Sue Betz
100 Main St.	Circulación: 150,000
Hartford, CT 10002	Tarifa: $190,000

2. Guías telefónicas - Páginas Amarillas y directorios

a. Guía NYNEX - Páginas Amarillas

Información del anuncio:

Cobertura:	Area Sur NH
Tarifa anual:	$650.00
Medida del anuncio:	1/4 de página
Fecha para renovar:	1o de febrero
Contacto:	Sam Moore

b. Directorio de Negocio a Negocio (solamente para NH)

Información del anuncio:

Cobertura:	Todo NH
Tarifa anual:	$250.00
Medida del anuncio:	1/4 de página
Fecha para renovar:	1o de enero
Contacto:	Karl Hess

3. Televisión local de cable

a. Canal 13 - Estación local de Nashua que llega a todo el sur de NH

Información sobre el anuncio:

Tiempo del "spot":	60 segundos
Costos de desarrollo:	$250.00 (cuota única)

Publicidad pagada (cont.)

Duración de la campaña	3 meses
Presentación cada mes	Tres veces diarias, todos los días
Costo en 3 meses	$300.00
Costo total de la campaña	$550.00

b. Canal del tiempo - llega a 400,000 hogares

Información del anuncio

Tiempo del "spot"	15 segundos
Costos de desarrollo	$100.00 (cuota única)
Duración de la campaña	3 meses
Presentación cada mes	20 veces diarias, todos los días
Costo en 3 meses	$900.00
Costo total de la campaña	$1,000.00

Correo directo

Nota. *No se usó el correo directo en el primer año de operaciones. Con el desarrollo del plan de mercadeo, se necesitará dos piezas de envío y será necesario desarrollarlas para dirigirlas a las tres probables base potenciales de clientes en 2011 (ver el plan detallado de esta actividad).*

Correo directo #1

Diseñado para Mercado objetivo #1 - corporaciones grandes y condominios

Mercado objetivo #2 - pequeños negocios y parques de oficinas

Estrategia creativa El diseño necesita ser brillante y lustroso, apropiado para un ambiente profesional de corporación

Punto principal Servicio al cliente - testimonios
Respuesta rápida al llamado del cliente

Todos los servicios

Garantía

Evaluación gratis

Publicidad pagada (cont.)

Correo directo #2

Diseñado para	Mercado objetivo #3 - residencias
Estrategia creativa	Diseño debe consistir en un folletín de 3 dobleces que se pueda enviar por correo sin necesidad de un sobre.
	Puntos principales señalados para el propietario de laresidencia.
Punto principal	Servicio al cliente - testimonios Respuesta rápida al llamado del cliente
	Todos los servicios
	Garantía
	Evaluación gratis

Participación en los asuntos de la comunidad

Miembro de la Cámara de Comercio de Nashua. Miembro directivo del Club de Jardinería local, dedicado a enseñar a los niños sobre las plantas y la naturaleza, involucrándose además en el programa "Embellecimiento de Nashua".

Nota. *En este ejemplo de plan, hemos incluido promociones para el mercado objetivo #1 solamente. Todos los mercados objetivos tienen que tener sus propios planes separados, pero usando el mismo formato.*

Hoja de trabajo para promociones de mercadeo individual

Mercado: Jardinería ornamental en corporaciones o condominios

Fecha: Feb. 2011

Nombre del programa: Corporación promo

Medio: Correo directo & mercadeo telefónico

Objetivos del programa

- Generar un mínimo de $500,000 en ingresos adicionales en 2011

- Aumentar la base corporativa con 5 cuentas nuevas

- Establecer Dayne Landscaping como un proveedor de jardinería ornamental a grandes corporaciones y a condominios

Audiencia

Correo directo

Quién: Las 70 cuentas identificadas que consisten en condominios y corporaciones

Qué: Enviar correo directo (literatura de la compañía) a contactos en las corporaciones y los condominios, mostrando los servicios y beneficios de Dayne Landscaping. Mencionar reembolsos como garantía en una promoción adicional.

Dónde: En las áreas de New Hampshire y Massachusetts (radio de 50 millas)

Cuándo: Enviar correo a mediados de enero.

Mercadeo telefónico (Previo a envíos por correo)

Quién: Llamar a todas las corporaciones para identificar a la persona que serviría de contacto en las corporaciones, o la compañía que administra las propiedades en los condominios.

Qué: Averiguar las fechas en que se renuevan los contratos y se envían las propuestas para cada posible cliente.

Cuándo: Hacer llamadas telefónicas en las primeras dos semanas de enero.

Dónde: Información no obtenible

17

Hoja de trabajo para mercadeo (cont.)

Mercadeo telefónico
(Después que se han hecho envíos por correo):

Quién: Llamar a todos los contactos y confirmar fechas de presentación de ofertas.

Qué: Confirmar que recibieron los envíos por correo y ofrecer una consulta gratis sobre jardinería ornamental.

Cuándo: Las llamadas comienzan de 5 a 8 días después que se recibió el correo.

Dónde: Información no obtenible.

Lista de fuentes de información

Lista obtenible en la biblioteca en el "New Hampshire Corporate Directory", y en el "Massachusetts Corporate Directory" así como en la lista de bienes raíces de condominios.

Estrategia creativa - para correo directo

- Declare a Dayne Landscaping, Inc. el líder en servicio de calidad
- Garantice la posición
- Afirme la existente base de clientes con ejemplos de sus triunfos
- Posición ante la competencia
- Mencione oferta de consulta "gratis"
- Vuelva a llamar en una semana

Estrategia creativa - para mercadeo telefónico

- Prepare un libreto con los mismos mensajes que usó en el correo directo
- Si es posible: Oferta promocional de la compañía

18

Hoja de trabajo para mercadeo (cont.)

Elementos en el envío por correo

Volante plegable en tres partes - componentes

- Volante que se puede enviar por correo independientemente, con una tarjeta para responder

- Dirección escrita a mano en la parte posterior del volante

Oportunidad

1. Previo a correo por el mercadeo telefónico

% Llamado	Ubicación	Fecha
50	New Hampshire	1/2-1/9
50	Massachusetts	1/9-1/18

2. Correo directo

% Llamado	Ubicación	Fecha
50	New Hampshire	Enero 1/12
50	Massachusetts	Enero 1/19

3. Después de correo por el mercadeo telefónico

% Llamado	Ubicación	Fecha
50	New Hampshire	1/22
50	Massachusetts	1/29

Llamada a la acción

Tarjeta de respuesta se debe enviar a la oficina y/o se puede llamar a un número 800

Criteria acerca de las pistas

Se clasifica como **"Caliente"** una solicitud de propuesta, evaluación, o que responde a la tarjeta enviada por correo o al llamado telefónico. Tienen la posibilidad de cerrar el negocio en 2011.

Se clasifica como **"Tibia"** una cuenta que está interesada pero podrá hacer algo al respecto hasta en 2012, debido a sus contratos actuales.

Se clasifica como **"Fría"** a la cuenta que no está interesada por completo, y que no cuenta con un ingreso potencial para el futuro.

Capacitación

Empleados en la práctica - recibirán una total instrucción de toda la promoción a fin de prepararlos para responder a las preguntas de los clientes, cuando se encuentren trabajando.

Personal de oficina - recibirán capacitación e instrucciones sobre cómo responder las llamadas   telefónicas y llevar la pista de las respuestas recibidas en el #800 y en los envíos por correo. También ayudarán en las actividades previas y posteriores al mercadeo por teléfono.

Gastos - No excederán de $3000 en toda la promoción.

Medidas

Meta de los ingresos	$500,000
Gastos	3,000
Total de # (lista)	70
# o respuestas	A determinarse*
# de pistas	A determinarse*
Costo por respuesta	A determinarse*
Costo por pista	A determinarse*
Proporción ingresos y gastos	A determinarse*

* A determinarse al final del programa.

Suposiciones

a. Valor promedio por contrato = $100,000

b. Tasa de respuestas = 2.0% en el correo directo y de 15 a 20% en el mercadeo por teléfono, o 1.5 respuestas en el correo directo y 10 a 14 en el mercadeo por teléfono.

c. Tasa de pistas "calientes" = 0.5% en el correo directo y 5 a 7% en el mercadeo por teléfono y 3.5 pistas en el correo directo y 3.5 a 5 pistas en el mercadeo por teléfono.

Proceso para seguir pistas

- Se seguirá la pista de todas las respuestas por correo

- Se entrará todas las llamadas telefónicas que respondan en el #800

- Se examinará todas las llamadas regulares con la pregunta, "¿Llama Ud. en respuesta a nuestra promoción por correo directo?"

Revisión del programa Se hará 30 días después de que se haya seguido por última vez la llamada de mercadeo por teléfono.

Dayne Landscaping, Inc.

III. Documentos Financieros

Orígenes y usos de los fondos del préstamo

Declaraciones financieras de 2010

Proyecciones financieras para 2011

Análisis de las declaraciones financieras

Declaración de las necesidades financieras

I. Dayne Landscaping, Inc. busca un préstamo para aumentar su capital acumulado a través de inversiones en bienes raíces.

   A. Comprando el edificio que actualmente arrienda para la compañía.

   B. Comprando el lote de terreno en el que se encuentran los edificios.

II. Dayne Landscaping, Inc. cuenta con $100,000 para invertir. Una suma adicional de $275,000 en fondos de préstamo son necesarios para completar la compra.

Distribución de los fondos del préstamo

1. Distribución de los fondos del préstamo

Dayne Landscaping, Inc. utilizará el préstamo que se anticipa por la suma de $275,000 para comprar las instalaciones (terreno y edificios) que actualmente arrienda. El precio total de la compra es $375,000. El actual propietario del local y terrenos es John S. Strykker. El lote de terreno y los edificios se hallan situados en 22 San Carlos Drive, en Nashua, New Hampshire y su actual propietario es John S. Strykker.

2. Declaraciones de respaldo

a. El terreno ha sido valuado en $200,000. El valor de los edificios es $175,000. El propietario, Sr. John S. Strykker, ha accedido a cerrar la plica más o menos el 15 de abril de 2011.

b. Dayne Landscaping, Inc. ha asignado $100,000 en ganancias retenidas para usarlos como capital de inversión en esa instalación. Los $275,000 adicionales en fondos de préstamo completarán el precio completo de la compra, que es $375,000.

c. Los edificios están situados en un terreno de 20,000 pies cuadrados, ubicados centralmente en Nashua, New Hampshire. El terreno ha sido valuado actualmente en $200,000 y los edificios en $175,000. Hay dos lotes de buen tamaño. Uno se halla cercado para guardar el equipo y sirve también como área de almacenamiento para árboles, arbustos y plantas. Hay 4,000 pies cuadrados de edificio que contienen la oficina principal y un garaje de buen tamaño para guardar camiones, equipo de mantenimiento y herramientas.

d. El fondo de $275,000 se necesitará el 1o de abril a fin de proceder a cerrar la plica. Los pagos en el préstamo pueden comenzar inmediatamente el 1o de mayo por los siguientes 15 años. La compañía cuenta con un considerable movimiento del efectivo y un mercado que crece con rapidez. Se anticipa poder pagar el préstamo con anticipación.

e. Actualmente, Dayne Landscaping, Inc. paga $2,850 en renta mensual. Los pagos del préstamo anticipado de $275,000, en un período de 15 años, el interés del 9% representaría $2,789. La compra del terreno y los edificios permitirá que Dayne Landscaping, Inc., sin hacer gastos adicionales, pueda pagar el préstamo más los intereses, convirtiendo el actual gasto de alquiler en un aumento de su valor acumulado.

Proyecciones del Efectivo a Pagarse en 2010
Dayne Landscaping, Inc.

Período que cubre: Enero 1 de 2010 a diciembre 31 de 2010

1. COSTOS DE INICIO		12,550
a. Licencia del negocio	150	
b. Registro de la corporación	250	
c. Gastos legales	650	
Otros costos iniciales:	0	
(1) Equipo para el césped	6,500	
(2) Equipo de oficina	5,000	
(3) Depósito de garantía - Alquiler del local	5,700	
2. COMPRAS DE INVENTARIO		98,000
Efectivo para productos que se piensa revender		
a. Fertilizante	20,000	
b. Pesticida	10,000	
c. Plantas/arbustos	18,000	
d. Sal/arena	5,000	
e. Semillas	45,000	
3. GASTOS VARIABLES (VENTAS)		
a. Salario especialista diseñador/Impuestos de planilla	20,000	
b. Maquinaria, herramientas, equipo	5,000	
c. MercAdeo	5,411	
d. Salarios trabajador tiempo parcial/Impuestos de planilla	150,000	
e. Bonificación de ventas	1,500	
f. Comisión por ventas	8,000	
g. Salarios del supervisor/Impuestos de planilla	60,000	
h. Gastos de viaje	9,500	
i. Gastos de venta misceláneos	1,000	
Gastos totales de venta		260,411
4. GASTOS FIJOS (ADMINISTRATIVOS)		
a. Gastos de administración - Legal/Contabilidad	2,000	
b. Seguros - Responsabilidad, accidentes, incendio, robo	11,600	
c. Licencias y permisos	4,200	
d. Equipo de oficina	1,200	
e. Salarios de oficina/Impuestos de planilla	42,000	
f. Pagos garantizados del propietario	65,000	
g. Gastos de alquiler	34,200	
h. Gastos de funcionamiento	4,320	
i. Gastos administrativos varios	200	
Gastos totales administrativos		164,720
5. BIENES (COMPRAS A LARGO PLAZO)		18,719
a. Maquinaria, equipo, camiones, segadoras grandes	17,333	
b. Gastos de interés en el activo	1,386	
6. RESPONSABILIDADES		0
Efectivo para retirar las deudas, los préstamos		
y/o cuentas a pagar		
7. Valor acumulado del propietario		0
Dividendos a pagar a los accionistas		
TOTAL DE EFECTIVO A PAGARSE		$ 554,400

Proyecciones Fuentes de Efectivo 2010
Dayne Landscaping, Inc.

Período cubierto: De Enero 1, 2010 hasta diciembre 31, 2010

1. EFECTIVO EN MANO   0

2. VENTAS (INGRESOS)

Ingreso por venta de productos		4,000
Accesorios misceláneos	4,000	
Ingreso por servicios		564,000
Jardinería ornamental - Residencias	185,000	
Jardinería ornamental - Pequeños negocios	65,000	
Jardinería ornamental - Según especificaciones	174,000	
Retiro de la nieve - Residencial	15,000	
Retiro de la nieve - Pequeños negocios	125,000	
Depósitos por ventas o servicios		5,000
5% adelantados en contratos de retirar nieve		
Recaudado en cuentas por cobrar		0

3. INGRESOS MISCELÁNEOS

Ingresos por intereses	1,250
5% de $25,000 ahorrados	
Pagos por recibir por préstamos	0

4. VENTA DE ACTIVOS A LARGO PLAZO   0

5. PASIVOS   0

   Fondos (por recibirse durante el período actual; de bancos, a través de SBA o de otras instituciones de préstamo)

6. VALOR ACUMULADO

Inversiones del propietario (Unico o con socios)	0
Pagado (Corporación)	25,000
Venta de acciones (Corporación)	0
Capital especulado	0

TOTAL EFECTIVO DISPONIBLE

A. Sin venta de productos = $ **595,250**

B. Con venta de productos = $ **599,250**

Declaración Movimiento de Efectivo 2010

Proyección movimiento efectivo por un año e historial del movimiento de efectivo

Dayne Landscaping, Inc.

Para el año 2010	Proyectado para 2010	Histórico para 2010
BALANCE INICIAL DE EFECTIVO (Enero 1, 2010)	0	0
RECIBOS DE EFECTIVO		
A. Ventas/Ingresos	**$573,000**	**$777,864**
1. Jardinería ornamental - Residencial	185,000	216,000
2. Jardinería ornamental - Pequeños negocios	65,000	160,700
3. Jardinería ornamental - Hecha a la orden	174,000	199,374
4. Retiro de la nieve - Residencial	15,000	18,250
5. Retiro de la nieve - Pequeños negocios	125,000	167,100
6. Retiro de la nieve - 5% contratos	5,000	8,500
7. Venta de accesorios misceláneos	4,000	7,940
B. Por cobrar	0	0
C.. Ingresos por interés	1,250	1,250
D. Venta de activo a largo plazo	0	0
TOTAL DE EFECTIVO DISPONIBLE	**$574,250**	**$779,114**
PAGOS EN EFECTIVO		
A. COSTO DE BIENES POR VENDERSE		
1. Fertilizante	20,000	19,000
2. Pesticida	10,000	11,000
3. Plantas/Arbustos	18,000	23,000
4. Sal/Arena	5,000	8,030
5. Semillas	45,000	45,000
Total costo de bienes	**$98,000**	**$106,030**
B. Gastos variables (Ventas)		
1. Salario especialista en diseños/Impuestos de salarios	20,000	20,000
2. Maquinaria, Herramientas, Equipo	11,500	11,000
3. Mercadeo	5,411	5,400
4. Salario trabajador tiempo parcial/ Impuestos de salarios	150,000	182,000
5. Bonificaciones por ventas	1,500	2,000
6. Comisiones por ventas	8,000	10,800
7. Salario supervisor/ Impuestos de salarios	60,000	60,000
8. Gastos de viajes	9,500	10,400
9. Gastos misceláneos de ventas	1,000	1,200
Total gastos variables	**$266,911**	**$302,800**
C. Gastos fijos (Administrativos)		
1. Gastos administrativos (Legales/Contabilidad)	3,050	3,050
2. Seguros (Responsabilidad, Accidentes, Incendio, Robo)	11,600	11,600
3. Licencias, permisos	4,200	4,200
4. Equipo de oficina	5,700	7,700
5. Salarios de oficina/ Impuestos de salarios	42,000	42,000
6. Pago garantizado del propietario	57,000	65,000
7. Gastos de alquiler + Depósito de garantía	39,900	39,900
8. Gastos de funcionamiento	4,320	4,320
9. Gastos misceláneos administrativos	200	500
Total gastos fijos	**$167,970**	**$178,270**
D. Gastos de interés	1,386	5,535
E. Impuesto estatal y federal sobre los ingresos	7,196	65,220
F. Otros usos	0	0
G. Pagos de bienes a largo plazo	17,334	15,081
H. Pagos de préstamos	0	0
I. Distribución del capital	0	0
TOTAL EFECTIVO PAGADO	**$558,797**	**$672,936**
BALANCE/DEFICIT DEL EFECTIVO	15,453	106,178
PRESTAMOS A RECIBIR	0	0
CONTRIBUCION DEL CAPITAL	25,000	25,000
BALANCE FINAL DEL EFECTIVO (Diciembre 31, 2010)	**$40,453**	**$131,178**

Análisis Presupuesto Trimestral 2010
Dayne Landscaping, Inc.

Para trimestre que termina el 31 de diciembre, 2010

ARTÍCULO DEL PRESUPUESTO	TRIMESTRE ACTUAL			AÑO HASTA LA FECHA		
	Presupuesto	Real	Variación	Presupuesto	Real	Variación
SALARIOS/ INGRESOS	**95,900**	**121,050**	**25,150**	**573,000**	**777,864**	**204,864**
Jardinería ornamental - Residencias	17,800	24,000	6,200	185,000	216,000	31,000
Jardinería ornamental - Pequeños negocios	9,600	14,000	4,400	65,000	160,700	95,700
Jardinería ornamental - A la orden	0	0	0	174,000	199,374	25,374
Retiro de nieve - Residencias	4,200	3,950	(250)	15,000	18,250	3,250
Retiro de nieve - Pequeños negocios	58,300	70,300	12,000	125,000	167,100	42,100
5% contratos retiro de nieve	6,000	8,500	2,500	5,000	8,500	3,500
Accesorios misceláneos	0	300	300	4,000	7,940	3,940
Menos costo de bienes	**3,520**	**(1,000)**	**4,520**	**98,000**	**101,030**	**(3,030)**
a. Fertilizante	0	0	0	20,000	19,000	1,000
b. Pesticida	0	0	0	10,000	11,000	(1,000)
c. Plantas/Arbustos	0	0	0	18,000	23,000	(5,000)
d. Sal, arena	3,520	4,000	(480)	5,000	8,030	(3,030)
e. Semillas	0	0	0	45,000	45,000	0
Menos inventario final (12/31)	0	5,000	0	0	5,000	(5,000)
GANANCIAS BRUTAS	**92,380**	**122,050**	**29,670**	**475,000**	**676,834**	**201,834**
GASTOS VARIABLES						
a. Salario especialista en diseños/Impuestos	5,000	2,500	2,500	20,000	20,000	0
b. Maquinaria, Herramientas, Equipo	0	0	0	11,500	11,000	500
c. Mercadeo	1,350	1,000	350	5,411	5,400	11
d. Salario trabajador tiempo parcial/Impuestos	18,700	33,000	(14,300)	150,000	182,000	(32,000)
e. Bonificaciones por ventas	0	0	0	1,500	2,000	(500)
f. Comisión por ventas	1,450	1,750	(300)	8,000	10,800	(2,800)
g. Salarios de supervisores/Impuestos planilla	15,000	15,000	0	60,000	60,000	0
h. Gastos de viaje	2,000	1,600	400	9,500	10,400	(900)
i. Gastos variables misceláneos	0	0	0	1,000	1,200	(200)
j. Gastos de depreciación	3,801	3,801	0	15,200	15,200	0
GASTOS FIJOS						
a. Gastos administrativos - Legales/Contab.	500	501	(1)	3,050	3,050	0
b. Seguros (Resp., Accid., Incendios, Robo)	2,900	2,898	2	11,600	11,600	0
c. Licencias y permisos	1,050	0	1,050	4,200	4,200	0
d. Equipo de oficina	300	400	(100)	5,700	7,700	(2,000)
e. Salarios de oficina/Impuestos	10,500	10,500	0	42,000	42,000	0
f. Pago garantizado del propietario	16,250	16,248	2	65,000	65,000	0
g. Gastos alquiler + Depósito de garantía	8,550	8,550	0	39,900	39,900	0
h. Gastos de funcionamiento	1,080	1,080	0	4,320	4,320	0
i. Gastos fijos misceláneos	0	0	0	200	500	(300)
INGRESO NETO DE OPERACIONES	**3,949**	**23,222**	**16,773**	**16,919**	**180,564**	**163,645**
INGRESO DE INTERÉS	347	312	(35)	1,250	1,250	0
GASTOS DE INTERÉS	2,400	348	(2,052)	1,386	5,535	4,149
GANANCIA NETA (ANTES DE IMPUESTOS)	**1,896**	**23,186**	**21,290**	**16,783**	**176,279**	**159,496**
IMPUESTOS (Federal y estatal)	1,282	12,549	(11,267)	7,196	65,220	(58,024)
GANANCIA NETA (DESPUES IMPUESTOS)	**614**	**10,637**	**10,023**	**9,587**	**111,059**	**101,472**

DECLARACIÓN ARTÍCULOS NO DE INGRESOS

1. Pago de activo a largo plazo	4,335	3,883	452	17,333	15,081	2,252
2. Pagos de préstamos	0	0	0	0	0	0
3. Pagos de dividendos	0	0	0	0	0	0
4. Contribución del capital	0	0	0	25,000	25,000	0
5. Inventario de bienes activos	0	5,000	(5,000)	0	5,000	(5,000)

DESVIACIONES DEL PRESUPUESTO

	Este trimestre	Año hasta la fecha
1. Declaración bienes de ingreso	$ 10,023	$ 101,472
2. Declaración bienes no de ingreso	$ (4,548)	$ (2,748)
3. Desviación total	**$ 5,475**	**$ 98,724**

Declaración de Ganancias y Pérdidas (Ingresos) 2010
Dayne Landscaping, Inc.

Comienza: Enero 1, 2010   **Final, Diciembre 31, 2010**

INGRESOS			
1. Ventas/Ingresos		$ 777,864	100.00%
Jardinería ornamental - Residencias	216,000		27.77%
Jardinería ornamental - Pequeños negocios	160,700		20.66%
Jardinería ornamental - A la orden	199,374		25.63%
Retiro de nieve - Residencias	18,250		2.35%
Retiro de nieve - Pequeños negocios	167,100		21.48%
5% de contratos para retiro de nieve	8,500		1.09%
Accesorios misceláneos	7,940		1.02%
2. Costo de bienes vendidos (c - d)		101,030	12.99%
a. Inventario inicial	0		0.00%
b. Compras	106,030		13.63%
(1) Fertilizante	19,000		2.44%
(2) Pesticida	11,000		1.41%
(3) Plantas/Arbustos	23,000		2.96%
(4) Sal/Arena	8,030		1.03%
(5) Semillas	45,000		5.79%
c. Costo bienes para la venta (a + b)	106,030		13.63%
d. Menos inventario final (12/31)	5,000		0.64%
3. Ganancia bruta en ventas (1-2)		$ 676,834	87.01%
GASTOS			
1. Variables (Ventas) (de a hasta l)		318,000	40.88%
a. Salario especialista en diseños/Impuesto de planilla	20,000		2.57%
b. Maquinaria, Herramientas de mano, Equipo	11,000		1.41%
c. Mercadeo	5,400		0.69%
d. Salarios trabajadores tiempo parcial/Impuesto planilla	182,000		23.40%
e. Bonificaciones por ventas	2,000		0.26%
f. Comisiones de ventas	10,800		1.39%
g. Salarios del supervisor/Impuesto de planilla	60,000		7.71%
h. Gastos de viaje	10,400		1.34%
i. Gastos variables misceláneos	1,200		0.15%
j. Depreciación (Venta de activo)	15,200		1.95%
2. Fijos (Administrativos) (de a hasta l)		178,270	22.92%
a. Cuotas administrativas - Legal/Contabilidad	3,050		0.39%
b. Seguros - Responsabilidad, Accidentes, Incendio/Robo	11,600		1.49%
c. Licencias y permisos	4,200		0.54%
d. Equipo de oficina	7,700		0.99%
e. Salarios de oficina	42,000		5.40%
f. Pago garantizado del propietario	65,000		8.36%
g. Gastos de alquiler	39,900		5.13%
h. Gastos de funcionamiento	4,320		0.56%
i. Gastos fijos misceláneos	500		0.06%
j. Depreciación (Bienes administrativos)	0		0.00%
Total gastos de operación (1+2)		496,270	63.80%
Ingreso neto de operaciones (Ganancia bruta - Gastos)		$ 180,564	23.21%
Otros ingresos (Ingreso de interés)	1,250		0.16%
Otros gastos (Gastos de interés)	5,535		0.71%
Ganancia (Pérdida) neta antes de impuestos		$ 176,279	22.66%
Provisión para pago de impuestos sobre los ingresos			
a. Federal	51,999		6.68%
b. Estatal	13,221	65,220	1.70%
c. Local	0		0.00%
GANANCIA (PERDIDA) NETA DESPUES DE IMPUESTOS		$ 111,059	14.28%

Declaración de Ganancias y Pérdidas (Ingresos) 2010
Dayne Landscaping, Inc.
Página 1 (Enero a junio + totales de 6 meses)

Para el año: 2010

	Enero	Febrero	Marzo	Abril	Mayo	Junio	TOTALES 6 MESES MONTO	% del total de ingresos PORCIENTO
INGRESOS								
1. Ventas/Ingresos	**71,200**	**39,700**	**139,150**	**90,230**	**77,080**	**71,250**	**488,610**	**100.00%**
Jardinería ornamental - Residencias	0	0	55,000	33,000	28,000	22,000	138,000	28.24%
Jardinería ornamental - Pequeños negocios	0	0	37,000	23,000	22,000	22,000	104,000	21.28%
Jardinería ornamental - Hecho a la orden	0	0	46,000	32,000	26,000	26,250	130,250	26.66%
Retiro de la nieve - Residencias	8,250	5,550	500	0	0	0	14,300	2.93%
Retiro de la nieve - Pequeños negocios	62,850	33,950	0	0	0	0	96,800	19.81%
Accesorios misceláneos	100	200	650	2,230	1,080	1,000	5,260	1.08%
5% de contratos para retirar la nieve	0	0	0	0	0	0	0	0.00%
2. Costo de bienes por vender	**2,530**	**500**	**30,800**	**17,700**	**21,000**	**18,500**	**91,030**	**18.63%**
a. Inventario inicial	0	0	0	0	0	0	0	0.00%
b. Compras	**2,530**	**500**	**30,800**	**17,700**	**21,000**	**18,500**	**91,030**	**18.63%**
(1) Fertilizante	0	0	7,000	0	6,000	0	13,000	2.66%
(2) Pesticidas	0	0	0	3,500	0	4,500	8,000	1.64%
(3) Plantas/arbustos	0	0	8,800	6,200	5,000	2,000	22,000	4.50%
(4) Sal/arena	2,530	500	0	0	0	0	3,030	0.62%
(5) Semillas	0	0	15,000	8,000	10,000	12,000	45,000	9.21%
c. Costo bienes para venta	2,530	500	30,800	17,700	21,000	18,500	91,030	18.63%
d. Menos inventario final	0	0	0	0	0	0	0	0.00%
3. GANANCIA BRUTA	**68,670**	**39,200**	**108,350**	**72,530**	**56,080**	**52,750**	**397,580**	**81.37%**
GASTOS								
1. Gastos variables (Ventas)								
a. Salarios especialista en diseños	0	0	2,500	2,500	2,500	2,500	10,000	2.05%
b. Maquinaria, herram. de mano, equipo	5,000	0	0	2,000	0	2,000	9,000	1.84%
c. Mercadeo	315	650	925	650	350	315	3,205	0.66%
d. Salarios trabajadores tiempo parcial	12,000	9,000	12,000	12,500	13,000	13,750	72,250	14.79%
e. Bonificación de ventas	0	0	500	500	500	500	2,000	0.41%
f. Comisión de ventas	600	300	800	2,100	1,000	1,500	6,300	1.29%
g. Salario de supervisores	5,000	5,000	5,000	5,000	5,000	5,000	30,000	6.14%
h. Gastos de viaje	800	700	1,100	1,900	1,150	1,050	6,700	1.37%
i. Gastos misceláneos de venta	200	100	250	350	0	0	900	0.18%
j. Depreciación (Activo variable)	1,266	1,266	1,266	1,266	1,267	1,267	7,598	1.56%
Total gastos variables	**25,181**	**17,016**	**24,341**	**28,766**	**24,767**	**27,882**	**147,953**	**28.23%**
2. Gastos fijos administrativos								
a.. Cuotas admin. Legal/Contabilidad	1,216	166	167	166	167	166	2,048	0.42%
b. Seguro (Resp. accid. Incendio, Robo)	967	967	967	967	967	967	5,802	1.19%
c. Licencias y permisos	100	200	1,250	2,500	150	0	4,200	0.86%
d. Maquinaria, herramientas, equipo	1,500	2,250	750	950	650	600	6,700	1.37%
e. Salarios de oficina	3,500	3,500	3,500	3,500	3,500	3,500	21,000	4.30%
f. Pago garantizado del propietario	5,417	5,417	5,417	5,417	5,417	5,417	32,502	6.65%
g. Gastos de alquiler - Dep. de seguridad	8,550	2,850	2,850	2,850	2,850	2,850	22,800	4.67%
h. Gastos de funcionamiento	360	360	360	360	360	360	2,160	0.44%
i. Gastos fijos misceláneos	0	0	100	100	100	100	400	0.08%
j. Depreciación (Activo fijo)	0	0	0	0	0	0	0	0.00%
Total gastos fijos	**21,610**	**15,710**	**15,361**	**16,810**	**14,161**	**13,960**	**97,612**	**19.98%**
Total gastos de operación	**46,791**	**32,726**	**39,702**	**45,576**	**38,928**	**41,842**	**245,565**	**48.21%**
Ingreso neto de operaciones	**21,879**	**6,474**	**68,648**	**26,954**	**17,152**	**10,908**	**152,015**	**33.16%**
Otro ingreso (Interés)	105	104	104	104	104	104	625	0.13%
Otro gasto (Interés)	507	499	490	482	474	466	2,918	0.60%
Ganancia (Pérdida) neta antes impuestos	**21,477**	**6,079**	**68,262**	**26,576**	**16,782**	**10,546**	**149,722**	**32.69%**
Disposición para los impuestos								
a. Federal	3,222	912	16,694	10,156	6,545	4,113	41,642	8.52%
b. Estatal	1,611	456	5,120	1,993	1,259	791	11,230	2.30%
GANANCIA (PERDIDA) DESPUES IMPUESTOS	**16,644**	**4,711**	**46,448**	**14,427**	**8,978**	**5,642**	**96,850**	**21.87%**

Declaración de Ganancias y Pérdidas (Ingresos) 2010
Dayne Landscaping, Inc.
Página 2 (Julio a diciembre + totales de 12 meses)

Para el año: 2010	Julio	Agosto	Septiembre	Octubre	Noviembre	Diciembre	TOTALES 12 MESES MONTO	% del total de ingresos PORCIENTO
INGRESOS								
1. Ventas/Ingresos	**60,330**	**51,012**	**56,862**	**38,200**	**32,800**	**50,050**	**777,864**	**100.00%**
Jardinería ornamental - Residencias	18,000	14,000	22,000	24,000	0	0	216,000	27.77%
Jardinería ornamental - Pequeños negocios	16,500	10,900	15,300	14,000	0	0	160,700	20.66%
Jardinería ornamental - Hecho a la orden	25,150	24,912	19,062	0	0	0	199,374	25.63%
Retiro de la nieve - Residencias	0	0	0	0	950	3,000	18,250	2.35%
Retiro de la nieve - Pequeños negocios	0	0	0	0	23,250	47,050	167,100	21.48%
Accesorios misceláneos	0	0	0	0	8,500	0	8,500	1.09%
5% de contratos para retirar la nieve	680	1,200	500	200	100	0	7,940	1.02%
2. Costo de bienes por vender	**4,000**	**6,000**	**1,000**	**0**	**1,000**	**(2,000)**	**101,030**	**12.99%**
a. Inventario inicial	0	0	0	0	0	0	0	0.00%
b. Compras	4,000	6,000	1,000	0	1,000	3,000	106,030	5.79%
(1) Fertilizante	0	6,000	0	0	0	0	19,000	2.44%
(2) Pesticidas	3,000	0	0	0	0	0	11,000	1.41%
(3) Plantas/arbustos	1,000	0	0	0	0	0	23,000	2.96%
(4) Sal/arena	0	0	1,000	0	1,000	3,000	8,030	1.03%
(5) Semillas	0	0	0	0	0	0	45,000	5.79%
c. Costo bienes para venta	4,000	6,000	1,000	0	1,000	3,000	106,030	5.79%
d. Menos inventario final	0	0	0	0	0	5,000	5,000	0.64%
3. GANANCIA BRUTA	**56,330**	**45,012**	**55,862**	**38,200**	**31,800**	**52,050**	**676,834**	**87.01%**
GASTOS								
1. Gastos variables (Ventas)								
a. Salarios especialista en diseños	2,500	2,500	2,500	2,500	0	0	20,000	2.57%
b. Maquinaria, herram. de mano, equipo	1,000	0	1,000	0	0	0	11,000	1.41%
c. Mercadeo	206	650	339	400	300	300	5,400	0.69%
d. Salarios trabajadores tiempo parcial	25,250	25,250	26,250	10,000	12,500	10,500	182,000	23.40%
e. Bonificación de ventas	0	0	0	0	0	0	2,000	0.26%
f. Comisión de ventas	400	1,100	1,250	250	1,000	500	10,800	1.39%
g. Salario de supervisores	5,000	5,000	5,000	5,000	5,000	5,000	60,000	7.71%
h. Gastos de viaje	850	650	600	620	480	500	10,400	1.34%
i. Gastos misceláneos de venta	100	200	0	0	0	0	1,200	0.15%
j. Depreciación (Activo variable)	1,267	1,267	1,267	1,267	1,267	1,267	15,200	1.95%
Total gastos variables	**36,573**	**36,617**	**38,206**	**20,037**	**20,547**	**18,067**	**318,000**	**40.88%**
2. Gastos fijos administrativos								
a.. Cuotas admin. Legal/Contabilidad	167	167	167	167	167	167	3,050	0.39%
b. Seguro (Resp. accid. Incendio, Robo)	967	967	966	966	966	966	11,600	1.49%
c. Licencias y permisos	0	0	0	0	0	0	4,200	0.54%
d. Maquinaria, herramientas, equipo	100	200	300	200	100	100	7,700	0.99%
e. Salarios de oficina	3,500	3,500	3,500	3,500	3,500	3,500	42,000	5.40%
f. Pago garantizado del propietario	5,417	5,417	5,416	5,416	5,416	5,416	65,000	8.36%
g. Gastos de alquiler - Dep. de seguridad	2,850	2,850	2,850	2,850	2,850	2,850	39,900	5.13%
h. Gastos de funcionamiento	360	360	360	360	360	360	4,320	0.56%
i. Gastos fijos misceláneos	100	0	0	0	0	0	500	0.06%
j. Depreciación (Activo fijo)	0	0	0	0	0	0	0	0.00%
Total gastos fijos	**13,461**	**13,461**	**13,559**	**13,459**	**13,359**	**13,359**	**178,270**	**22.92%**
Total gastos de operación	**50,034**	**50,078**	**51,765**	**33,496**	**33,906**	**31,426**	**496,270**	**63.80%**
Ingreso neto de operaciones	**6,296**	**(5,066)**	**4,097**	**4,704**	**(2,106)**	**20,624**	**180,564**	**23.21%**
Otro ingreso (Interés)	105	104	104	104	104	104	1,250	0.16%
Otro gasto (Interés)	457	449	441	432	423	415	5,535	0.71%
Ganancia (Pérdida) neta antes impuestos	**5,944**	**(5,411)**	**3,760**	**4,376**	**(2,425)**	**20,313**	**176,279**	**22.66%**
Disposición para los impuestos								
a. Federal	2,318	($2,110)	1,466	1,707	($946)	7,922	51,999	6.68%
b. Estatal	446	($406)	282	328	($182)	1,523	13,221	1.70%
GANANCIA (PERDIDA) DESPUES IMPUESTOS.	**3,180**	**(2,895)**	**2,012**	**2,341**	**(1,297)**	**10,868**	**111,059**	**14.28%**

Hoja de Balance

Nombre del negocio:
Dayne Landscaping, Inc.

Fecha: Diciembre 31, 2010

ACTIVO			% de Activo
Activo actual			
Efectivo	$	31,178	15.83%
Ahorroa (Terreno y Edificio)	$	100,000	50.77%
Caja chica por cobrar	$	0	0.00%
Cuentas a cobrar	$	0	0.00%
Inventario	$	5,000	2.54%
Inversiones a largo plazo	$	0	0.00%
Bienes fijos			
Terrenos (valuadas al costo)	$	0	0.00%
Edificios	$	0	0.00%
1. Costo	0		
2. Menos Depr. acumulada	0		
Mejoras	$	0	0.00%
1. Costo	0		
2. Menos Depr. acumulada	0		
Equipo	$	12,800	6.50%
1. Costo	16,000		
2. Menos Depr. acumulada	3,200		
Mobiliario	$	0	0.00%
1. Costo	0		
2. Menos Depr. acumulada	0		
Autos/vehículos	$	48,000	24.37%
1. Costo	60,000		
2. Menos Depr. acumulada	12,000		
Otros bienes activos			
1.	$	0	0.00%
2.	$	0	0.00%
TOTAL DE ACTIVO	$	196,978	100.00%

PASIVO			% de Capital Pasivo
Pasivo actual			
Cuentas a pagar	$	0	0.00%
Notas pagaderas	$	16,332	26.81%
Interés pagadero	$	0	0.00%
Depósitos prepagados	$	0	0.00%
Impuestos pagaderos			
Impuestos federal acumulado	$	0	0.00%
Impuestos estatal acumulado	$	0	0.00%
Impuestos sobre planillas acumulado	$	0	0.00%
Impuestos de ventas acumulado	$	0	0.00%
Planilla acumulada	$	0	0.00%
Obligaciones a largo plazo			
Notas pagaderas a inversionistas	$	0	0.00%
Notas pagaderas a otros	$	44,587	73.19%
PASIVOS TOTALES	$	60,919	100.00%

VALOR NETO (ACUMULADO)			% de Valor Neto
Propiedad	$	0	0.00%
o			
Sociedad			
1. (Nombre 1), ____ % acumulado	$	0	0.00%
2. (Nombre 2), ____ % acumulado	$	0	0.00%
or			
Corporación			
Capital social	$	20,000	14.70%
Superávit pagado	$	5,000	3.67%
Ganancias retenidas, asignadas	$	100,000	73.50%
Ganancias retenidas, no asignadas	$	11,059	8.13%
TOTAL VALOR NETO	$	136,059	100.00%

Activo - Pasivo = Valor Neto

y

Pasivo + Valor acumulado = Total activo

1. Ver Análisis de la Declaración Financiera para índices y anotaciones

Análisis del Punto de Equilibrio

Análisis actual (2010). No es una proyección.

Dayne Landscaping, Inc.

Fecha del análisis: Diceimbre 31, 2010

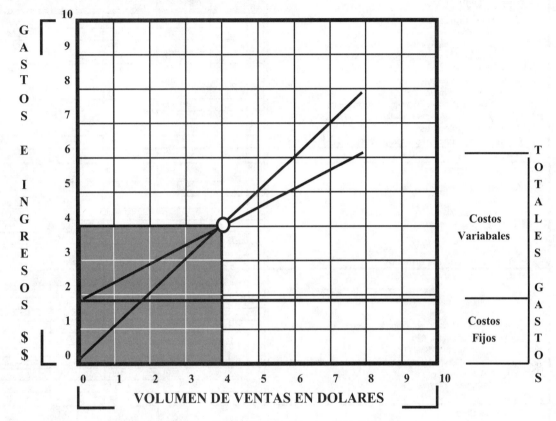

NOTA: Las cifras en cientos de miles de dólares. (Ej.: 1 = $100,000)

Punto Equilibrio Ventas = Costos fijos + [(Costos variabales/Ingresos) x Ventas]

Dayne Landscaping, Inc.

CALCULOS DE PUNTO DE EQUILIBRIO

CF (Costos fijos)	=	(Gastos administrativos + Intereses)	$	**183,805**
CV (Costos variables	=	(Costo de artículos + Gastos de Venta)	$	**419,030**
I (Ingresos)	=	(Ingreso de la venta de productos y servicios)	$	**777,864**
PUNTO DE EQUILIBRIO =			$	**398,444**

Declaración Pro Forma Movimiento del Efectivo 2011

Dayne Landscaping, Inc.

Por el año 2011	Enero	Febrero	Marzo	Abril	Mayo	Junio
BALANCE DEL EFECTIVO INICIAL	**131,178**	**137,633**	**140,273**	**139,746**	**45,856**	**115,074**
RECIBOS EN EFECTIVO						
A. Ventas/ Ingresos	**123,850**	**89,100**	**184,400**	**169,200**	**200,600**	**192,900**
1. Jardinería ornamental - Residencias	0	0	41,000	21,000	23,000	24,000
2. Jardinería ornamental - Pequeños negocios	0	0	56,500	50,500	40,000	39,500
3. Jardinería ornamental - Grandes corporaciones	0	0	73,500	57,200	55,100	51,000
4. Jardinería ornamental hecha a la orden	0	0	13,400	40,500	82,500	78,400
5. Retiro de la nieve - Residencias	11,050	5,700	0	0	0	0
6. Retiro de la nieve - Pequeños negocios	66,900	53,000	0	0	0	0
7. Retiro de la nieve - Grandes corporaciones	45,900	30,400	0	0	0	0
8. 5% de contratos para el retiro de la nieve	0	0	0	0	0	0
B. Ingreso de intereses	108	110	109	110	109	110
C. Venta capital activo a largo plazo	0	0	0	0	0	0
TOTAL DE EFECTIVO DISPONIBLE	**255,136**	**226,843**	**324,782**	**309,056**	**246,565**	**308,084**
CASH PAYMENTS						
A. Costo de artículos a venderse						
1. Fertilizante	0	0	10,700	12,800	9,800	3,100
2. Pesticida	0	0	6,250	2,400	5,500	3,500
3. Plantas/arbustos	0	0	16,100	13,000	3,500	3,200
4. Sal/arena	5,375	0	0	0	0	0
5. Semilla	0	0	21,000	41,500	24,500	5,000
Costo total de los artículos	**5,375**	**0**	**54,050**	**69,700**	**43,300**	**14,800**
B. Costos variables						
1. Especialists en diseños (2 con impuestos y prestaciones)	5,834	5,834	5,834	5,834	5,834	5,834
2. Maquinaria, herramienta, equipo	350	6,000	0	500	500	1,000
3. Mercadeo	3,500	6,500	6,500	3,500	3,500	5,000
4. Salarios trabajadores tiempo parcial (con impuestos)	23,500	30,000	37,600	40,000	39,000	38,033
5. Bonificación por ventas	0	2,000	2,500	500		
6. Comisiones por ventas	0	0	1,100	5,750	2,250	1,500
7. Salarios de supervisores (con impuestos y prestaciones)	7,500	7,500	15,000	15,000	15,000	15,000
8. Gastos de viaje	550	850	1,200	1,300	1,200	860
9. Gastos de venta misceláneos	500	500	500	500	500	500
Total gastos variables	**41,734**	**59,184**	**70,234**	**72,884**	**67,784**	**67,727**
C. Gastos fijos						
1. Cuotas de administración - Legal/contabilidad	509	508	508	2,250	508	508
2. Seguros (Resp., accidents, incendio/robo, c/comp.)	704	714	735	739	737	736
3. Licencias y permisos	100	200	750	2,350	1,300	1,025
4. Equipo de oficina	1,750	8,650	1,100	900	825	525
5. Salarios de oficina (con impuestos y prestaciones)	5,250	5,250	5,250	5,250	5,250	5,250
6. Pago garantizado por el propietario	6,833	6,833	6,833	6,833	6,833	6,833
7. Gastos de alquiler	2,850	2,850	2,850	0	0	0
8. Gastos de funcionamiento	480	463	360	376	247	378
9. Gastos administrativos misceláneos	200	200	200	200	200	200
Total gastos fijos	**18,676**	**25,668**	**18,586**	**18,898**	**15,900**	**15,455**
D. Gastos de interés (Vehículos, equipo)	406	397	389	380	371	362
E. Gastos de interés (Terreno y edificios)	0	0	0	0	2,062	2,057
F. Impuesto federal sobre los ingresos	0	0	33,249	0	0	33,249
G. Impuesto estatal	0	0	7,199	0	0	7,199
H. Compra en efectivo de capital activo (Terreno y edificios)	0	0	0	375,000	0	0
I. Capital Asset Purch, Cash (Vehicles, Equipment)**	50,000	0	0	0	0	48,000
J. Pago del préstamo (1996) (Terreno y edificios)	0	0	0	0	727	732
K. Pago del préstamo (1995) (Vehículos y equipo)	1,312	1,321	1,329	1,338	1,347	1,356
TOTAL DE EFECTIVO PAGADO	**117,503**	**86,570**	**185,036**	**538,200**	**131,491**	**190,937**
BALANCE O DEFICIT DEL EFECTIVO	137,633	140,273	139,746	(229,144)	115,074	117,147
PRESTAMO A RECIBIR (Terreno y edificios)	0	0	0	275,000	0	0
DEPOSITOS DE VALOR ACUMULADO	0	0	0	0	0	0
BALANCE FINAL DEL EFECTIVO	**137,633**	**140,273**	**139,746**	**45,856**	**115,074**	**117,147**

Nota: * Edificio/terreno comprados en abril por $375,000 ($100,000 en efectivo + préstamo bancario de $275,000)

** Dos camiones 4x4 comprados en enero y agosto @ $50,000 en efectivo cada uno; 4 U-hauls comprados con efectivo (julio y agosto) @ $10,000 cada uno.

Declaración Pro Forma de Movimiento del Efectivo 2011
Página 2 (Julio hasta diciembre + Totales de 6 y 12 meses)
Dayne Landscaping, Inc.

TOTALES DE 6 MESES	Julio	Agosto	Septiembre	Octubre	Noviembre	Diciembre	TOTALES DE 12 MESES
131,178	117,147	122,610	104,184	100,611	119,509	110,104	131,178
960,050	149,400	138,000	122,000	83,900	67,090	87,760	1,608,200
109,000	24,000	24,000	24,000	24,000	0	0	205,000
186,500	33,400	32,000	30,000	28,000	0	0	309,900
236,800	28,000	35,000	30,500	12,900	0	0	343,200
214,800	64,000	47,000	37,500	9,000			372,300
16,750	0	0	0	0	5,000	6,750	28,500
119,900	0	0	0	0	30,000	42,410	192,310
76,300	0	0	0	0	25,090	38,600	139,990
0	0	0	0	10,000	7,000	0	17,000
656	109	109	109	110	110	110	1,313
0	0	0	0	0	0	0	0
1,091,884	266,656	260,719	226,293	184,621	186,709	197,974	1,740,691
36,400	7,600	4,000	0	0	0	0	48,000
17,650	4,500	1,850	0	0	0	0	24,000
35,800	1,700	2,700	2,300	1,500	0	0	44,000
5,375	0	0	0	0	4,700	5,000	15,075
92,000	2,000	2,000	0	0	0	0	96,000
187,225	15,800	10,550	2,300	1,500	4,700	5,000	227,075
35,004	5,834	5,834	5,834	5,834	5,834	5,834	70,008
8,350	10,000	650	0	0	350	475	19,825
28,500	3,500	3,500	3,500	6,500	6,500	3,500	55,500
208,133	42,000	39,400	38,000	14,000	19,000	21,500	382,033
5,000					500	500	6,000
10,600	500	500	0	2,500	5,000	2,500	21,600
75,000	15,000	15,000	15,000	15,000	15,000	15,000	165,000
5,960	940	1,130	970	400	400	600	10,400
3,000	500	500	500	500	500	500	6,000
379,547	78,274	66,514	63,804	44,734	53,084	50,409	736,366
4,791	508	508	509	508	508	509	7,841
4,365	742	741	739	705	712	716	8,720
5,725	1,175	500	405	295	200	100	8,400
13,750	250	450	350	200	200	200	15,400
31,500	5,250	5,250	5,250	5,250	5,250	5,250	63,000
40,998	6,833	6,833	6,834	6,834	6,834	6,834	82,000
8,550	0	0	0	0	0	0	8,550
2,304	457	432	286	329	360	387	4,555
1,200	250	250	250	250	250	250	2,700
113,183	15,465	14,964	14,623	14,371	14,314	14,246	201,166
2,305	353	344	335	325	316	306	4,284
4,119	2,051	2,046	2,040	2,035	2,029	2,023	16,343
66,498	0	0	33,249	0	0	33,249	132,996
14,398	0	0	7,199	0	0	7,200	28,797
375,000	0	0	0	0	0	0	375,000
98,000	30,000	60,000	0	0	0	0	188,000
1,459	738	743	749	754	760	766	5,969
8,003	1,365	1,374	1,383	1,393	1,402	1,412	16,332
1,249,737	144,046	156,535	125,682	65,112	76,605	114,611	1,932,328
(157,853)	122,610	104,184	100,611	119,509	110,104	83,363	(191,637)
275,000	0	0	0	0	0	0	275,000
0	0	0	0	0	0	0	0
117,147	122,610	104,184	100,611	119,509	110,104	83,363	83,363

Proyecto de Ingresos por Tres Años
Dayne Landscaping, Inc.

Actualizado: Diciembre 31, 2010	Año 1 2011	Año 2 2012	Año 3 2013	TOTAL 3 Años
INGRESOS				
1. VENTAS/INGRESOS	**1,608,200**	**2,010,250**	**2,311,788**	**5,930,238**
a. Jardinería ornamental - Residencias	205,000	256,250	294,688	755,938
b. Jardinería ornamental - Pequeños negocios	309,900	387,375	445,481	1,142,756
c. Jardinería ornamental - Grandes corporaciones	343,200	429,000	493,350	1,265,550
d. Jardinería ornamental a la orden	372,300	465,375	535,181	1,372,856
e. Retiro de la nieve - Residencias	28,500	35,625	40,969	105,094
f. Retiro de la nieve - Pequeños negocios	192,310	240,388	276,446	709,143
g. Retiro de la nieve - Grandes corporaciones	139,990	174,988	201,236	516,213
h. 5% de los contratos para retiro de la nieve	17,000	21,250	24,438	62,688
2. Costo de bienes vendidos (1 - 2)	**222,075**	**273,844**	**323,420**	**819,339**
Costo de los artículos como porcentaje de las ventas)	*13.81%*	*13.62%*	*13.99%*	*13.82%*
a. Inventario inicial	5,000	10,000	20,000	5,000
b. Compras	227,075	283,844	326,420	837,339
(1) Fertilizante	48,000	60,000	69,000	177,000
(2) Pesticida	24,000	30,000	34,500	88,500
(3) Plantas/arbustos	44,000	55,000	63,250	162,250
(4) Sal/arena	15,075	18,844	21,670	55,589
(5) Semilla	96,000	120,000	138,000	354,000
c. Costo de artículos para la venta (a + b)	232,075	293,844	346,420	842,339
d. Menos inventario final (12/31)	10,000	20,000	23,000	23,000
3. GANANCIA BRUTA EN VENTAS (1 - 2)	**1,386,125**	**1,736,406**	**1,988,367**	**5,110,898**
Ganancia bruta (como porcentaje de las ventas)	*86.19%*	*86.38%*	*86.01%*	*86.18%*
GASTOS				
1. Variables (Ventas) (a hasta j)	**772,933**	**916,341**	**1,027,822**	**2,717,097**
Gastos variables (como porcentaje de las ventas)	*48.06%*	*45.58%*	*44.46%*	*45.82%*
a. Salario especialista en diseños/Impuesto planilla	70,008	77,000	84,700	231,708
b. Maquinaria, herramienta de manos, equipo	19,825	15,000	17,000	51,825
c. Mercadeo	55,500	55,000	55,000	165,500
d. Salarios trabajadores tiempo parcial/Impuesto planilla	382,033	477,541	549,172	1,408,747
e. Bonificación por ventas	6,000	13,500	18,500	38,000
f. Comisión por ventas	21,600	24,000	27,000	72,600
g. Salarios de supervisores/Impuestos planilla	165,000	181,500	199,650	546,150
h. Gastos de viaje	10,400	12,000	14,000	36,400
i. Gastos variables misceláneos	6,000	8,000	10,000	24,000
j. Depreciación (Venta de activo)	36,567	52,800	52,800	142,167
2. Fijos (Administrativo) (a hasta j)	**209,916**	**246,967**	**290,467**	**747,350**
Gastos Admininistrativo (como porcentaje de las ventas)	*13.05%*	*12.29%*	*12.56%*	*12.60%*
a. Cuotas administrativas - Legal/contabilidad	7,841	7,800	7,800	23,441
b. Seguros (Responsabilidad, accidente, incendio/robo)	8,720	10,500	12,000	31,220
c. Licencias y permisos	8,400	10,300	12,200	30,900
d. Equipo de oficina	15,400	30,800	45,200	91,400
e. Salarios de oficina/Impuesto planilla	63,000	77,000	91,000	231,000
f. Pago garantizado del propietario	82,000	90,000	100,000	272,000
g. Gastos de alquiler	8,550	0	0	8,550
h. Gastos de funcionamiento	4,555	5,500	6,500	16,555
i. Gastos fijos misceláneos	2,700	3,400	4,100	10,200
j. Depreciación (facilidad, activo administrativo)	8,750	11,667	11,667	32,084
Total gastos de operación (1+2)	**982,849**	**1,163,308**	**1,318,289**	**3,464,447**
Ingreso neto de operaciones (Gan. Bruta - Gastos)	**403,276**	**573,098**	**670,078**	**1,646,452**
Ingreso neto de operaciones (como porcentaje de las ventas)	*25.08%*	*28.51%*	*28.99%*	*27.76%*
Otro ingreso (Ingreso de interés)	1,313	1,378	1,447	4,138
Otro gasto (Gasto de interés)	20,627	28,105	25,844	74,576
Ganancia (Pérdida) neta antes de impuestos	**383,962**	**546,371**	**645,681**	**1,576,014**
IMPUESTOS: 1. Federal, Empleo propio	132,996	196,335	235,066	564,397
2. Estatal	28,797	40,978	48,426	118,201
3. Local	0	0	0	0
GANANCIA (PERDIDA) NETA DESPUES DE IMPUESTOS	**222,169**	**309,058**	**362,189**	**893,416**
Ganancia (Perdida) neta (como porcentaje de las ventas)	*13.81%*	*15.37%*	*15.67%*	*15.07%*

Proyecto de Hoja de Balance

Nombre del negocio:

Dayne Landscaping, Inc.

Proyección por: Diciembre 31, 2011

ACTIVO			% de Activo
Activo actual			
Efectivo	$	83,363	12.41%
Caja chica por cobrar	$	0	0.00%
Cuentas a cobrar	$	0	0.00%
Inventario	$	10,000	1.49%
Inversiones a breve plazo	$	0	0.00%
Inversiones a largo plazo	$	0	0.00%
Bienes fijos			
Terreno (valuadas al costo)	$	200,000	29.77%
Edificios	$	163,050	24.27%
1. Costo	175,000		
2. Menos Depr. acumulada	11,950		
Mejoras	$	0	0.00%
1. Costo	0		
2. Menos Depr. acumulada	0		
Equipo	$	92,833	13.82%
1. Costo	104,000		
2. Menos Depr. acumulada	11,167		
Mobiliario	$	0	0.00%
1. Costo	0		
2. Menos Depr. acumulada	0		
Autos/vehículos	$	122,600	18.25%
1. Costo	160,000		
2. Menos Depr. acumulada	37,400		
Otros bienes activos			
1.	$	0	0.00%
2.	$	0	0.00%
TOTAL DE ACTIVO	$	**671,846**	100.00%

PASIVO			% de Capital Pasivo
Pasivo actual			
Cuentas a pagar	$	0	0.00%
Notas pagaderas	$	27,337	8.72%
Interés pagadero	$	0	0.00%
Depósitos prepagados	$	0	0.00%
Impuestos pagaderos			
Impuesto federal acumulado	$	0	0.00%
Impuesto estatal acumulado	$	0	0.00%
Impuesto sobre planillas acumulado	$	0	0.00%
Impuesto de ventas acumulado	$	0	0.00%
Planilla acumulada	$	0	0.00%
Obligaciones a largo plazo			
Notas pagaderas a inversionistas	$	0	0.00%
Notas pagaderas a otros	$	286,281	91.28%
PASIVOS TOTALES	$	**313,618**	100.00%

VALOR NETO (ACUMULADO)			% de Valor Neto
Propiedad	$	0	0.00%
o			
Sociedad			
1. (Nombre 1), ____ % acumulado	$	0	0.00%
2. (Nombre 2), ____ % acumulado	$	0	0.00%
Corporación			
Capital social	$	20,000	5.58%
Superávit pagado	$	5,000	1.40%
Ganancias retenidas, asignadas	$	0	0.00%
Ganancias retenidas, no asignadas	$	333,228	93.02%
TOTAL VALOR NETO	$	**358,228**	100.00%

Activo - Pasivo = Valor Neto

y

Pasivo + Valor acumulado = Total activo

1. Ver Análisis de la Declaración Financiera para índices y anotaciones

Análisis de las declaraciones financieras resumen

Lo que sigue es un resumen de un análisis de la declaración financiera en 2010 y 2011 por Dayne Landscaping, Inc., tal como se desarrolló en las siguientes cinco páginas de tablas (páginas 35 hasta 39).

*Lea este material y luego borre las notas.
El escritor debe buscar las normas de la industria.

	2010 HISTORICO	2011 PROYECTADO	NORMA DE LA INDUSTRIA	
1. Capital neto de trabajo	$119,846	$66,026	$80,000	+ó
2. Indice actual	8.34	3.42	2.0	+
3. Indice rápido	8.03	3.05	1.0	+ ó
4. Margen de ganancia bruta	87.01%	86.19%	85.0%	
5. Margen de ganancia de operación	23.21%	25.08%	25.0%	
6. Margen de ganancia neta	14.28%	13.81%	14%	
7. Deuda al activo	30.93%	46.68%	33.0%	-
8. Deuda al valor acumulado	44.77%	87.55%	100%	-
9. RI (Recuperación de la inversión)	56.38%	33.07%	24%	+
10. Análisis de declaración de ingreso vertical*				
Ventas/ingresos	100.00%	100.0%		
Costo de productos	12.99%	13.81%	15.0%	+ ó
Ganancia bruta	87.01%	86.19%	85.0%	
Gastos de operación	63.80%	61.11%	62.0%	+ ó
Operaciones de ingreso neto	23.21%	25.08%	23.0%	+ ó
Ingreso por intereses	0.16%	0.08%	N/A	Variable
Gastos por intereses	0.71%	1.28%	4.0%	Variable
Ganancia neta (antes de impuestos	22.66%	23.88%	19.0%	+ ó

* Todos los artículos aparecen como total de ingresos

11. Análisis de hoja de balance vertical *				
Activo corriente	69.14%	13.90%	18.0%	+
Inventario	2.54%	1.49%	2.0%	
Activo total	100.0%	100.00%		
Pasivo actual	8.29%	4.07%	15.0%	-
Pasivo total	30.93%	46.68%	50.0%	-
Valor neto	69.07%	53.32%	50.0%	+
Total pasivo + Valor neto	100.0%	100.00%		

* Todos los artículos son % de Activo Total:
Pasivo & Valor neto se expresan como % de Total Pasivo + Valor neto

Notas:

Dayne Landscaping, Inc., ha aprovechado el constante crecimiento del mercado, y también inteligentemente ha incorporado la seriedad del retiro de nieve para aumentar sus ingresos significativamente durante los meses del invierno. La compañía ha ganado un elevado margen de ganancia neta, inusual en el inicio de un negocio de servicios ($111,059). Los Indices de Deudas (Deuda:Activo, 30.93% y Deuda Valor Acumulado,44.77%) son mejor que el promedio en la industria. Un balance inicial en 2011 de $131,178, sin deudas otras que $16,332 de notas a pagar en un previo préstamo, le dan a la compañía suficientes fondos de mercadeo para expandir sus servicios a las áreas corporativas de jardinería ornamental y diseño de áreas. La compra de sus actuales instalaciones, actualmente bajo un contrato de arrendamiento (usando $100,000 en efectivo + $275,000 en fondos de prestamo) no aumentaran la proporcion de la Deuda y la Tasa de Valor Acumulado (proyectada en 87.55%) más allá de un límite seguro. Las proyecciones indican un alto aumento en las ventas con la adquisición de nuevo personal, vehículos, y equipo para enfrentarse a una creciente base de clientes. La compañía experimenta un rápido pero controlado crecimiento. Las proyecciones financieras indican que la compañía será más que capaz de cumplir con sus obligaciones de pagar el préstamo de $275,000 con interés, y todavía mantener un buen movimiento del efectivo y una creciente rentabilidad.

Tablas de Índices

Análisis de Declaraciones Financieras

Dayne Landscaping, Inc.

Tipo de análisis	Formula	Histórico: 2010	Proyectado para 2011
1. Análisis de liquidez a. Capital neto de trabajo	*Hoja de balance* Activo actual — Pasivo actual	Activo actual 136,178 Pasivo actual 16,332 **Capital neto de trabajo $119,846**	Activo actual 93,363 Pasivo actual 27,337 **Capital neto de trabajo $66,026**
b. Indice actual	*Hoja de balance* Activo actual Pasivo actual	Activo actual 136,178 Pasivo actual 16,332 **Indice actual 8.34**	Activo actual 93,363 Pasivo actual 27,337 **Indice actual 3.42**
c. Indice rápido	*Hoja de balance* Activo actual menos inventario Pasivo actual	Activo actual 136,178 Inventario 5,000 Pasivo actual 16,332 **Indice rápido 8.03**	Activo actual 93,363 Inventario 10,000 Pasivo actual 27,337 **Indice rápido 3.05**
2. Análisis de la costeabilidad a. Margen de ganancia bruta	*Declaración de ingresos* Ganancias brutas Ventas	Ganancias brutas 676,834 Ventas 777,864 **Margen ganancia bruta 87.01%**	Ganancias brutas 1,386,125 Ventas 1,608,200 **Margen ganancia bruta 86.19%**
b. Margen ganancia de operación	Ingreso de las operaciones Ventas	Ingreso de las operaciones 180,564 Ventas 777,864 **Margen ganancia oper. 23.21%**	Ingreso de las operacio 403,276 ventas 1,608,200 **Margen ganancia oper. 25.08%**
c. Margen de ganancia neta	Ganancias netas Ventas	Ganancias netas 111,059 Ventas 777,864 **Margen ganancia neta 14.28%**	Ganancias netas 222,169 Ventas 1,608,200 **Margen ganancia neta 13.81%**
3. Indice de deudas a. Deudas a activo	*Hoja de balances* Pasivo total Activo total	Pasivo total 60,919 Activo total 196,978 **Indice deudas a activo 30.93%**	Pasivo total 313,618 Activo total 671,846 **Indice deudas a activo 46.68%**
b. Deuda a valor y acumulado	Pasivo total Valor acum. total del propietario	Pasivo total 60,919 Valor acumulado total del prop. 136,059 **Indice deuda a valor 44.77%**	Pasivo total 313,618 Valor acumulado total del prop. 358,228 **Indice deuda a valor 87.55%**
4. Medidas de las inversiones a. RI *(Recuperación de la inversión)*	*Hoja de balance* Ganancias netas Activo total	Ganancias netas 111,059 Activo total 196,978 **RI (Recuperación Inversion 56.38%**	Ganancias netas 222,169 Activo total 671,846 **RI (Recuperación Inversion 33.07%**
5. Análisis de la declaración financiera vertical	*Hoja de balance* 1. Cada activo es % de Pasivo Total 2. Resp. y Valor Acum. son % de R y V acumu *Declaración de ingreso* 3. Todos los artículos % de ingresos totales	NOTA: *Ver adjunto* Hoja de balance y declaración de ingresos	NOTA: *Ver adjdunto* Hoja de balance y declaración de ingresos
6. Análisis de la declaración financiera horizontal	*Hoja de balance* 1. Activo, pasivo y valor acum. medidos contra 2o año. Aumentos y descensos se declaran como monto y porcentaje *Declaración de ingresos* 2. Ingresos y gastos medidos contra 2o año. Aumentos y descensos se declaran como monto y porcentaje	NOTA *El análisis horizontal* no es aplicable a este caso Solamente un año en negocio	NOTA *El análisis horizontal* no es aplicable a este caso Solamente un año en negocio

Dayne Landscaping, Inc.

IV. Documentos Auxiliares

Comparación con la competencia

Curriculum vitae del propietario

Carta de recomendación

Hoja hipotética de un plan de negocios

Nota. Para fines de brevedad, hemos decidido incluir solamente parte de los documentos auxiliares que se encontrarían en el plan de negocios de Dayne Landscaping, Inc.

Competencia

Vendedor ➡ LANDSCAPING	*GARDEN SHOP*	*LANDSCAPING PLUS*	*DAYNE*
Jardinería ornamental			
Diseño	Sí	Sí	Sí
Diseño oriental	No	No	No
Mantenimiento	Si	Si	Si
Control de las pestes	No	No	No
Servicios de nieve			
Arado	Sí	Sí	Sí
Retiro	No	No	No
Tiempo en responder	Lo necesario	Lo necesario	Lo necesario
Garantía	No	No	No
Servicios	Sólo en NH	NH, MA	NH, MA, CT
Precio por hora	$25.30	$30-35	$20-30

Robin T. Dayne

161 Thoreaus Landing
Nashua, NH 03060
603-888-2020 (W) 603-889-2293 (H)

Resumen

Cinco años de experiencia en la industria de la jardinería ornamental. Habilidoso en las ventas, soporte y operaciones de nuevas cuentas para una compañía establecida de jardinería ornamental. Dirigió una oficina con 10 empleados, relacionada con servicios a clientes. Eficiente en la dirección y en el trabajo de la industria del servicio de jardinería ornamental.

Experiencia

Jardinería ornamental, Nashua, NH   2004-2009

Gerente de oficina, Enero 2008-2009

Dirigió a 10 empleados que vendían y atendían las cuentas de los clientes. Responsable por la planificación de programas, y le gerencia del inventario (equipo y herramientas) para 10 empleados. Implantó la primera "encuesta sobre la satisfacción de los clientes" por teléfono, aplicada a toda la base de clientes.

- Desarrolló el proceso de "chequear" herramientas, ahorrándole a la compañía $10,000 en inventario perdido.

- Organizó el mercadeo telefónico necesario para la encuesta entre los clientes, lo que produjo un aumento en las ventas de $25,000.

- Implantó y dirigió una línea de emergencia para atender a los clientes insatisfechos.

- Responsable de todas las cuentas principales y de los empleados que trabajan en esos sitios.

Supervisor de cuentas, Dic. 2006 - Dic. 2007

- Mantuvo 20 cuentas, dirigiendo el trabajo de todos los trabajadores de tiempo parcial.

- Ofreció capacitación a empleados de tiempo parcial para el mantenimiento del césped.

- Administró el inventario, el equipo y las herramientas de cada trabajador.

- Administró todos los aspectos del servicio a la clientela, y recibió un premio de excelencia por todas las cuentas a fin de año.

- Programó todo el retiro de la nieve y coordinó emergencias durante nevadas.

42

Especialista en cuentas de jardinería ornamental, Junio 2033 - Nov. 2006

- Trabajó en todos los contratos de jardinería ornamental de grandes corporaciones.

- Recomendó cambios en los diseños de jardinería ornamental y obtuvo contratos adicionales para la compañía.

- Proporcionó servicios de retiro de nieve durante tempestadas y emergencias.

- Aprendió las operaciones de todo el equipo de jardinería ornamental, sus herramientas y vehículos.

Equipment Rental, Inc.   **Enero 1996 - Mayo 2003**

Gerente del escritorio de servicios, 1996-2003

- Responsable de todas las funciones relacionadas con el alquiler de equipo o maquinaria de las compañías.

- Medió en y resolvió todos los problemas relacionados con las cuentas de los clientes.

- Recomendó medidas a tomar para mejorar el proceso de resolución de problemas, y ello originó un servicio más rápido para los clientes.

Cualidades personales

- Organizado
- Excelentes cualidades para comunicarse
- Considerable capacitación y experiencia en administración
- Dedicado a ofrecer al cliente un servicio excelente
- Considerable conocimiento de la industria de la jardinería ornamental

Educación

Obtuvo su bachillerato en horticultura en la Universidad de New Hampshire. Estudios independientes en el Instituto de Aprendizaje Superior con especialización en Protección Ambiental.

Afiliaciones e intereses

Miembro directivo de la Cámara de Comercio de Nashua. Miembro del comité 'Programa de Embellecimiento' de la ciudad. Voluntario en servicios comunitarios de Nashua.

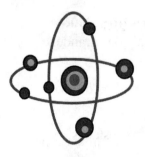

rtd Marketing International, Inc.
81 Walden Pond , Nashua, NH 03060

Noviembre 22, 2010

Estimado probable inversionista:

Es un placer tener la oportunidad de escribir esta carta de recomendación para Robin T. Dayne.

Hemos mantenido contacto con Dayne Landscaping, Inc. desde febrero. Nos pusimos en contacto con ellos inicialmente para que nos retiraran la nieve, porque la compañía cuyos servicios usábamos no podía garantizar que nuestras instalaciones estarían limpias antes de las 7 am, lo que necesitábamos para que nuestros empleados pudieran estacionarse antes de comenzar a trabajar. Dayne Landscaping pudo darnos esa garantía e hizo una labor excelente al cumplir con su cometido durante algunas tormentas muy severas.

Desde entonces, nos hemos comunicado con ellos para el mantenimiento de nuestra jardinería ornamental y hemos recibido la misma calidad de servicio. Ellos recomendaron cambios que nos ahorrarían dinero y nuestra propiedad luce tan bien como no había lucido en años.

Recientemente solicitamos sus servicios para instalar un jardín oriental, que es único en su género y muy atractivo. Hasta nuestra clientela internacional ha hecho comentarios acerca de nuestra ornamentación tan única y, en nuestros negocios, las primeras impresiones pueden significarlo todo.

Yo los recomendaría altamente, basado en el nivel de su servicio, la calidad de su trabajo y su seriedad, y se les debería tomar en cuenta ahora que solicitan fondos.

Si Ud. tiene preguntas qué hacernos, por favor póngase en contacto conmigo. Se me puede llamar a mi número privado 603-882-2221 durante horas de trabajo.

Cordialmente,

Heather Pope

Heather Pope
Presidenta

Suposiciones para el plan del negocio de Dayne Landscaping, Inc.

Solicitando un préstamo bancario

- **Objeto.** Comprar terreno e instalaciones actualmente bajo arrendamiento por Dayne Landscaping, Inc.

- **Condiciones propuestas.** $275,000 por 15 años @9%; necesita los fondos para el 1o de abril de 2011, pagos pueden comenzar el 1o de mayo de 2011 (ver programa de amortización, plan C)

Suposiciones financieras

1. $25,000 de capital como contribución inicial por el dueño a la corporación (no es un préstamo)

2. 5% necesarios inicialmente para todos los contratos de retiro de nieve

3. 5% de comisiones por ventas para pagarle a los agentes representantes

4. Bonos de $500 cada uno, que se pagará a quienes obtengan nuevos contratos para la corporación

5. Salarios para cuatro (4) supervisores @ $15,000 cada uno, total $60,000 (+ las prestaciones y los impuestos de planilla)

6. Salario para el presidente, garantizado a $65,000 para 2010; se proyecta un aumento a $82,000 para 2011

7. Salario para el gerente de oficina @ $22,000 (+ las prestaciones y los impuestos de planilla)

8. Salarios para los asistentes administrativos (uno en 2010, dos en 2011) @ $15,000 (+ las prestaciones y los impuestos de planilla)

9. Salario para trabajadores de tiempo parcial @ $7 por hora. Se les contratará conforme lo requiere el volumen

10. Cuotas de licencias y permisos con la ciudad y el estado durante el año

11. Depósito en el alquiler de $5,700 por el primero y el último mes

12. Calefacción y electricidad a $60 por pie cuadrado, para un total de $360 mensuales, y $4320 anuales

13. Seguro contra incendios y responsabilidad civil a $50 por pie cuadrado, para un total de $300 mensuales, y $3,600 anuales

14. Todos los seguros a $8,000 anuales. El costo total de los seguros es $11,600

15. Dos camiones que se compraron con el préstamo en 2010: $60,000 al 8% de interés; el interés en cinco años = $12,955.05 (ver programa A de amortización)

16. Cuatro segadoras grandes compradas con el préstamo en 2010: $16,000 al 8% de interés; el interés en cinco años = $2,049,79 (ver programa B de amortización)

17. Cargos al impuesto estatal sobre los ingresos en el 7.5% de las ganancias netas

18. Impuesto federal sobre los ingresos basado en el Programa de Impuestos Federales a las Corporaciones (15%-25%-34%-39% de las ganancias netas)

19. Estimado de impuestos pagados trimestralmente, basados en ganancias netas reales y proyectadas para 2010 y 2011

20. Inventario final: 2010 = $5,000; 2011 proyectado a $10,000

Formularios en Blanco y Hojas de Trabajo

Listas para copiarse para su propio uso

Los formularios que se muestran en las páginas que siguen se proporcionan para que Ud. los copie, y que los use al escribir su plan del negocio.

Los formularios que contienen "Gastos variables" y "Gastos fijios" tienen espacios para que Ud. los rellene en sus propias categorías. Se deben adaptar a las necesidades de su negocio en particular. Esto necesitará que Ud. decida los encabezados de cada categoría cuando comience la sección financiera de su plan del negocio, y que mantenga los mismos encabezados durante las declaraciones financieras.

Las categorías se desarrollaron examinando las diferentes cuentas en su libro mayor, o usando las categorías de su libro diario de ingresos y gastos. Esos gastos que son frecuentes y de consideración tendrán su encabezado propio (por ejemplo: publicidad, alquiler, salarios, etc.) Los gastos menores e infrecuentes se incluirán bajo el mismo encabezado de "misceláneos" ya sea en los gastos variables o en los fijios de cada una de sus declaraciones financieras.

Hoja de Trabajo de Efectivo a Pagarse

Nombre de la compañía: _____

Período cubierto: _____ a _____

1. Gastos iniciales
    Licencia del negocio
    Registro de la corporación
    Gastos legales
    Otros gastos de iniciación:
        a.
        b.
        c.
        d.

2. Compras de inventario
    Efectivo para artículos de reventa

3. Gastos variables (Ventas)
    a.
    b.
    c.
    d.
    e.
    f.
    g. Misceláneos gastos variables
Total de gastos de venta

4. Gastos fijos (Administrativos)
    a.
    b.
    c.
    d.
    e.
    f.
    g. Misceláneos de gastos administrativos
Total de gastos administrativos

5. Bienes (Compras a largo plazo)
    Efectivo por pagarse en el período actual

6. Obligaciones
    Desembolso en efectivo para cancelar
    deudas, préstamos y/o cuentas a pagar

7. Participación del propietario
    Efectivo que retirará el propietario

TOTAL DE EFECTIVO A PAGAR $ _____

Hoja de Trabajo - Fuentes de Ingresos

Nombre de la compañía: _____

Cubre período de _____ ___, ___ a _____ ___, ___

---

1. Efectivo en caja   _____

2. Ventas (Ingresos)

    Ingresos por venta del producto*   _____

    Ingresos por servicios   _____

    Depositos por ventas o servicios   _____

    Recaudación de cuentas cobrables   _____

3. Ingresos varios

    Intereses

    Pagos de prestamos por recibirse   _____

4. Venta de bienes a largo plazo   _____

5. Responsabilidades   _____

    Fondos del préstamo (a recibirse durante el periodo actual; de bancos por medio de SBA o de otras institucciones de préstamo)

6. Participación

    Inversiones del propietario (Solo/con socios)   _____

    Capital contribuido   _____

    Venta de acciones (Corporación)   _____

    Capital especulativo   _____

                                                 A. Sin ventas =   _____

TOTAL DE EFECTIVO DISPONIBLE

                                               B. Con ventas =   _____

Declaración Pro Forma del Movimiento del Efectivo

Nombre de la compañía: _____

Año: 20

	Enero	Febrero	Marzo	Abril	Mayo	Junio	TOTALES 6 MESES	Julio	Agosto	Septbre.	Octubre	Noviembre	Diciembre	TOTALES DE 12 MESES
BALANCE INICIAL EFECTIVO														
RECIBOS EN EFECTIVO														
A. Ventas/Ingresos														
B. Por cobrar														
C. Ingreso de interés														
D. Venta activos a largo plazo														
TOTAL EFECTIVO DISPONIBLE														
PAGOS EN EFECTIVO														
A. Costo artículos para vender														
1. Comprass														
2. Materiales														
3.Mano de obra														
Costo total de artículos														
B. Gastos variables														
1.														
2.														
3.														
4.														
5.														
6.														
7. Gastos variables misceláneos														
Total Gastos Variables														
C. Gastos fijos														
1.														
2.														
3.														
4.														
5.														
6.														
7. Gastos fijos misceláneos														
Total Gastos Fijos														
D. Gastos del interés														
E. Impto. Federal sobre ingresos														
F. Otros usos														
G. Pagos activo a largo plazo														
H. Pagos al préstamo														
I. Retiros del propietario														
TOTAL DE EFECTIVO PAGADO														
BALANCE/DEFICIENCIA DE EFECTIVO														
PRESTAMOS A RECIBIR														
DEPOSITOS VALOR ACUMULADO														
BALANCE FINAL DE EFECTIVO														

Análisis Presupuesto Trimestral

Nombre del negocio: **Para el trimestre que termina:** _____ __, 20___

ARTÍCULO	TRIMESTRE ACTUAL			AÑO HASTA LA FECHA		
	Presupuesto	Real	Variación	Presupuesto	Real	Variación
VENTAS/INGRESOS						
Menos costo de los artículos						
GANANCIAS BRUTAS						
GASTOS VARIABLES						
1.						
2.						
3.						
4.						
5.						
6.						
7.						
8.						
9.						
10. Gastos variables misceláneos						
GASTOS FIJOS						
1.						
2.						
3.						
4.						
5.						
6.						
7.						
8.						
9.						
10. Gastos fijos misceláneos						
INGRESO NETO DE LAS OPERACIONES						
INGRESO DEL INTERÉS						
GASTOS DEL INTERÉS						
GANANCIA NETA (Antes de impuestos)						
IMPUESTOS						
GANANCIA NETA (Después Impuestos)						

DECLARACIÓN ARTÍCULOS SIN GANANCIA

1.Pagos al activo de largo plazo						
2.Pagos al préstamo						
3. Retiros del propietario						

DESVIACIONES DEL PRESUPUESTO

	Este trimestre	Año hasta la fecha
1. Artículos en declaración de impuestos:		
2. Artículos sin ganancia :		
3. Desviación Total		

Proyecto de Ingresos por Tres Años

Nombre de la compañía: **Actualizado:** _____ ___, 20____

	Año 1 20___	Año 2 20___	Año 3 20___	TOTAL 3 Años
INGRESOS				
1. VENTAS/INGRESOS				
2. Costos de bienes vendidos (c-d)				
a. Inventario inicial				
b. Compras				
c. Costo productos disponibles.Ventas (a+b)				
d. Menos inventario final (12/31)				
3. Ganancias brutas en ventos (1-2)				
GASTOS				
1. Variables (Ventas) (a hasta h)				
a.				
b.				
c.				
d.				
e.				
f.				
g.				
h. Gastos misceláneos de variables				
i. Depreciación (Partida del activo)				
2. Fijos (Administrativos) (a hasta h)				
a.				
b.				
c.				
d.				
e.				
f.				
g.				
h. Gastos de misceláneos de administración				
i. Depreciación (Activo de administrativo)				
TOTAL GASTOS DE OPERACIÓN (1+2)				
INGRESOS NETO DE OPERACIONES (Ganacias brutas menos gastos)				
OTROS INGRESOS (Ingresas de interés) OTROS GASTOS (Gastos de interés)				
GANANCIA (PERDIDA) NETA ANTES DE IMPUESTOS				
IMPUESTOS 1. Federal				
2. Estatal				
3. Local				
GANANCIA (PERDIDA) NETA DESPUES DE IMPUESTOS				

Gráfica de un Análisis
del Punto de Equilibrio

Nombre de la compañía: _____   **Fecha del Análisis:** _____ __, 20___

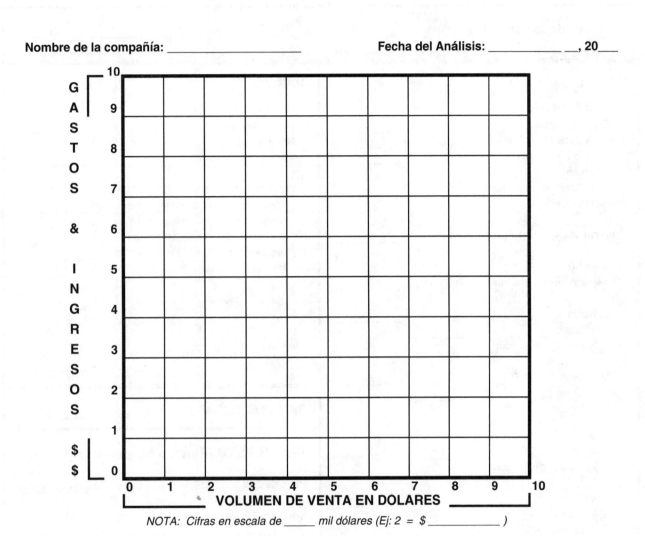

NOTA: Cifras en escala de _____ mil dólares (Ej: 2 = $ _____)

Matemáticamente

Punto de Equilibrio (Ventas) = Costos fijos + [(Costos variables/Ingresos anticipados) x Ventas]

1. S (en el punto de equilibrio = $_____ + [($_____ / $_____) x S]

2. S (en el punto de Equilibrio) = $_____ + (_____ x S)

3. S = $_____ + _____Ventas

4. S − _____ S = $_____

5. _____S = $_____

6. S (el punto de equilibrio) = $_____ / _____

Punto de Equilibrio

S = $

Hoja de Balance

Nombre de la compañía: **Fecha:** _____, 20___

ACTIVO

Activo Corriente

Efectivo	$ _____
Caja chica por cobrar	$ _____
Cuentas a cobrar	$ _____
Inventario	$ _____
Inversiones a corto plazo	$ _____
Gastos prepagados	$ _____

Inversiones a largo plazo $ _____

Activo fijo

Terreno (valuado al costo) $ _____

Edificios $ _____
   1. Costo
   2. Menos depr. acum. _____

Mejoras $ _____
   1. Costo
   2. Menos depr. acum. _____

Equipo $ _____
   1. Costo
   2. Menos depr. acum. _____

Mobiliario $ _____
   1. Costo
   2. Menos depr. acum. _____

Autos/Vehiculos $ _____
   1. Costo
   2. Menos depr. acum. _____

Otros activos
1. $ _____
2. $ _____

TOTAL ACTIVO $ _____

PASIVO

Pasivo actual

Cuentas a pagar	$ _____
Notas a pagar	$ _____
Interés pagadero	$ _____

Impuestos pagaderos
   Impuesto federal sobre ingresos $ _____
   Impuestos a autoempleados $ _____
   Impuesto estatal sobre ingresos $ _____
   Impuestos accumulados de ventas $ _____
   Impuestos sobre la propiedad $ _____

Planilla acumulada $ _____

Pasivo a largo plazo
Notas pagaderas $ _____

PASIVOS TOTALES $ _____

VALOR NETO (Porción del propietario)

Propiedad $ _____
   o
Sociedad
  _____, ___% porción $ _____
  _____, ___% porción $ _____
   o
Corporación
  Capital social $ _____
  Superávit pagado $ _____
  Ganacias retenidas $ _____

VALOR NETO TOTAL $ _____

Activos - Pasivos = Valor Neto
y
Pasivos + Valor Neto = Activos Totales

Declaración de Perdidas y Ganancias (Ingresos)

Nombre de la compañia: _____

Para el año 20___

	Jenero	Febrero	Marzo	Abril	Mayo	Junio	Totales 6 Meses	Julio	Agosto	Sept.	Octubre	Nov.	Dec.	Totales 12 Meses
INGRESOS														
1. VENTAS/INGRESOS														
2. Costo de bienes vendidos (c-d)														
a. Inventario inicial														
b. Compras														
c. Costo productos disponibles														
d. Menos Inventario final (12/31)														
3. GANANCIAS BRUTAS EN VENTAS														
GASTOS														
1. Variables (Ventas) (a hasta h)														
a.														
b.														
c.														
d.														
e.														
f.														
g.														
h. Gastos misceláneos														
i. Depreciación														
Total gastos variables														
2. FIJOS (Administrativos) (a hasta h)														
a.														
b.														
c.														
d.														
e.														
f.														
g.														
h. Gastos misceláneos de fijos														
i. Depreciación														
Total gastos fijos														
Total Gastos de operación														
Ingresosnetos de las operaciones														
OTROS INGRESOS (Interés)														
OTROS GASTOS (Interés)														
Ganancia (perdida) neta antes de impuestos														
Impuestos: a. Federal														
b. Estatal														
c. Local														
GANANCIAS (PERDIDAS) NETAS DESPUES DE IMPUESTOS														

Declaración de Perdidas y Ganancias (Ingresos)

Compañía: _____

Período cubierto: _____ ____, 20____ hasta _____ ____, 20____

INGRESOS		
1. VENTAS/INGRESOS		$
2. Costo de bienes vendidos (c-d)		
a. Inventario inicial		
b. Compras		
c. Costo productos disponibles, Ventas (a-b)		
d. Menos Inventario final (12/31)		
3. GANANCIAS BRUTAS EN VENTAS (1-2)		$
GASTOS		
1. Variables (Ventas) (a hasta h)		
a.		
b.		
c.		
d.		
e.		
f.		
g.		
h. Gastos misceláneos de variables		
i. Depreciación		
2. FIJOS (Administrativos) (a hasta h)		
a.		
b.		
c.		
d.		
e.		
f.		
g. Gastos misceláneos de variables		
h. Gastos misceláneos de variables		
i. Depreciación (sala de exhibiciones)		
Total gastos de operación (1+2)		
Ingresos/netos de las operaciones		$
OTROS INGRESOS (Ingresos de interes)		
OTROS GASTOS (Gastos de interés)		
Ganancia (perdida) neta antes de impuestos		$
IMPUESTOS		
a. Federal		
b. Estatal		
c. Local		
GANANCIAS (PERDIDAS) NETAS DESPUES DE IMPUESTOS		$

Análisis de las Declaraciones Financieras

Tablas de Indices

Nombre de la compañía:

Tipo de análisis	Formula	Proyectado para 20___	Histórico: 20___
1. Análisis de liquidez a. Capital neto de trabajo	*Hoja de balance* Activo actual — Pasivo actual	Activo actual Pasivo actual **Capital neto de trabajo**	Activo actual Pasivo actual **Capital neto de trabajo**
b. Indice actual	*Hoja de balance* Activo actual Pasivo actual	Activo actual Pasivo actual **Indice actual**	Activo actual Pasivo actual **Indice actual**
c. Indice rápido	*Hoja de balance* Activo actual menos inventario Pasivo actual	Activo actual Inventario Pasivo actual **Indice rápido %**	Activo actual Inventario Pasivo aactual **Indice rápido %**
2. Análisis de la costeabilidad a. Margen de ganancia bruta	*Declaración de ingresos* Ganancias brutas Ventas	Ganancias brutas Ventas **Margen ganancia bruta %**	Ganancias brutas Ventas **Margen ganancia bruta %**
b. Margen ganancia de operación	Ingreso de las operaciones Ventas	Ingreso de las operaciones Ventas **Margen ganancia oper. %**	Ingreso de las operaciones Ventas **Margen ganancia oper. %**
c. Margen de ganancia neta	Ganancias netas Ventas	Ganancias netas Ventas **Margen ganancia neta %**	Ganancias netas Ventas **Margen ganancia neta %**
3. Indice de deudas a. Deudas a activo	*Hoja de balances* Pasivo total Activo total	Pasivo total Activo total **Indice deudas a activo %**	Pasivo total Activo total **Indice deudas a activo %**
b. Deuda a valor acumulado	Pasivo total Valor acum. total del propietario	Pasivo total Valor acumulado total del prop. **Indice deuda a valor ac. %**	Pasivo total Valor acumulado total del prop. **Indice deuda a valor ac. %**
4. Medidas de las inversiones inversiones a. RI *(Recuperación de la inversión)*	*Hoja de balance* Ganancias netas Activo total	Ganancias netas Activo total **RI (Recuperación Inver) %**	Ganancias netas Activo total **RI (Recuperación Inver) %**
5. Análisis de la declaración financiera vertical	*Hoja de balance* 1. Cada activo es % de Pasivo Total 2. Resp. y Valor Acum. son % de R y V acumul. *Declaración de ingreso* 3. Todos los artículos % de ingresos totales	NOTE: *Ver adjunto* Hoja de balance y declaración de ingresos	NOTA *Ver adjdunto* Hoja de balance y declaración de ingresos
6. Análisis de la declaración financiera horizontal	*Hoja de balance* 1. Activo, pasivo y valor acum. medidos contra 2o año. Aumentos y descensos se declaran como monto y porcentaje *Declaración de ingresos* 2. Ingresos y gastos medidos contra 2o año. Aumentos y descensos se declaran como monto y porcentaje	NOTA El análisis horizontal no es aplicable a este caso Solamente un año en negocio	NOTA El análisis horizontal no es aplicable a este caso Solamente un año en negocio

Formulario para actualizar los seguros

Compañía asegurada: **Fecha:**_____ ____,20____

	Compañía	Contacto	Protección	Costo anual
1				$
2				$
3				$
4				$
5				$
6				$
7				$
1. Costo total anual de los seguros				$
2. Costo promedio mensual de los seguros				$

NOTAS:

1

2

3

Glosario de Términos de Negocios y Financieros

El siguiente glosario define los términos de negocios y financieros con los cuales Ud. no se ha familiarizado. El uso de estos términos le ayudará a hablar y escribir en un lenguaje que será comprendido por los probables prestamistas e inversionistas, así como por sus asociados con quienes Ud. entrará en tratos.

Acción Una de las partes iguales en que se ha dividido la propiedad de una corporación. Una "acción" representa una propiedad parcial en una corporación.

Activo Algo de valor que se posee. Las cuentas por cobrar son un activo.

Activo circulante neto El exceso del activo actual sobre el pasivo actual.

Administración El arte de dirigir y supervisar un negocio.

Agente de aduanas Individuo autorizado para que, previo pago de sus honorarios, se encargue de preparar los documentos necesarios y dé los pasos para obtener autorización para que la mercadería pase por las aduanas.

Agente de carga La compañía responsable del transporte de los productos importados y exportados; se encargan de la documentación, los permisos, y el transporte.

Amortización Liquidación de una cuenta por medio de pagos. Proceso de cancelar una deuda gradualmente en un determinado período de tiempo.

Análisis Desglose de una idea o un problema en partes; un examen concienzudo de las partes de algo.

Análisis del punto de equilibrio Método que se usa para determinar el punto en que un negocio ni ofrece ganancias ni incurre en pérdidas. Ese punto se expresa ya sea en total en dólares de ingresos, compensados exactamente por los totales de gastos o en unidades de producción, el costo de la cual es exactamente igual al ingreso que se deriva de su venta.

Arrendamiento Un convenio de renta a largo plazo.

Artículos de incorporación Un documento legal que se registra con el estado, establecelos propósitos y las regulaciones de una corporación. Cada estado tiene diferentes regulaciones.

Balance Monto de dinero que permanece en una cuenta.

Bruto Total en general antes de las deducciones.

Capital Dinero disponible para invertir, o el total de activos acumulados, disponibles para la producción.

Capital de deuda Parte del capital a invertirse que se tiene que obtener en préstamo.

Carta de crédito Documento emitido por un banco a un individuo o negocio, por el cual el banco ofrece su propio crédito en vez del crédito del individuo o negocio.

Cobrable Documentos listos para ser pagados. Cuando se vende en crédito, se guarda una cuenta llamada "cuentas por cobrar" y cubre lo que se le debe a Ud. y quién selo debe. En contabilidad, una "cuenta cobrable o por cobrar" es un elemento activo.

Colateral Un convenio sobre las mutuas responsabilidades entre dos o más partes.

Contador Alguien con experiencia en mantener los registros de un negocio. Generalmente, un profesional altamente capacitado, a diferencia de uno que solamente lleva los libros. Un contador puede organzar los libros necesarios para que un negocio opere y ayuda al propietario a comprenderlos.

Corporación Organización voluntaria de personas, ya sea personas o entidades legales, unidas legalmente para formar una organización de negocios; una entidad legal artificial creada con fondos del gobierno y que la ley considera como un individuo.

Cosignatarios Firmantes conjuntos de un convenio de préstamo, que prometen cumplir con las obligaciones en caso de incumplimiento.

Costos de operación Gastos que se originan por las actividades actuales del negocio. Costos que se producen para poder hacer negocios: Salarios, electricidad, alquiler, entregas, etc.

Crédito commercial Permiso para comprar de los abastecedores en una cuenta abierta.

Cuenta El registro de una transacción en los negocios.

Cuentas por cobrar Registro de lo que se le debe a Ud. Todas las cuentas de crédito, una vez reunidas, son conocidas como "cuentas por cobrar".

Débito Dineros pagados.

Declaración de ingresos Un documento financiero que muestra cuánto dinero (ingresos) entró y cuánto se pagó (gastos) en dinero.

Declaración de pérdidas y ganancias Una lista del monto total de las ventas (ingresos) y los costos totales (gastos). La diferencia entre ingresos y gastos es su ganancia o su pérdida.

Declaraciones financieras: Documentos que muestran su situación financiera.

Depreciación Una disminución en el valor a través de la edad, el uso o el deterioro. La depreciación es un gasto normal al efectuar negocios, que se debe tomar en cuenta. Existen leyes y regulaciones que gobiernan la manera y los períodos de tiempo que se pueden usar al calcular la depreciación.

Descuento en efectivo Una deducción que se hace para obtener el pronto pago de una cuenta.

Deuda Aquello que se debe.

Deudas incobrables Dinero que se nos debe y que no podemos colectar.

Efectivo Dinero en mano o fácil de adquirir.

Empresario El innovador de una empresa comercial que reconoce las oportunidades para introducir un nuevo producto, un nuevo proceso, o una organización mejorada, y que reúne el dinero necesario, ensambla los factores para la producción y organiza la operación que explotará la oportunidad.

Equipo de capital Equipo que se usa para manufacturar un producto, proveer un servicio, o usar para vender, almacenar, y entregar mercadería. Tal equipo no se venderá durante el transcurso normal del negocio, pero se le usará y desgastará o consumirá en el transcurso normal del negocio.

Especulación commercial Riesgos financieros que se corren en una empresa.

Ganancia Beneficio financiero; lo que se recupera después de los gastos.

Gastos controlables Aquellos gastos que puede controlar o restringir un negociante.

Gastos fijos Aquellos costos que no varían de un período al otro. Generalmente, esos gastos no se ven afectados por el volumen de los negocios. Los gastos fijos son los costos básicos que todos los negocios van a tener cada mes.

Hoja de balance Una declaración detallada que asienta el activo y el pasivo totales en un negocio, mostrando su valor neto en determinado momento.

Impuesto de aduanas Impuesto que se pone en los productos importados a los Estados Unidos. En algunas naciones podría referirse al impuesto sobre los productos exportados de ese país.

Indice La relación que existe entre una cosa y otra. Un "índice" es una forma abreviada de comparar cosas que se pueden expresar como números o como grados.

Interés El costo de pedir dinero prestado.

Inventario Una lista del capital que se retiene para venderlo.

Liquidar Resolver una deuda, o convertir en efectivo.

Margen de ganancia La diferencia entre su precio de venta y sus costos.

Menudeo Venta hecha directamente al consumidor.

Mercadeo Todas las actividades involucradas en la compra y venta de un producto o servicio.

Mercadería Artículos que se compran y venden en un negocio. La "mercadería" o el abastecimiento son parte del inventario.

Mercado objetivo Individuos específicos, que se distinguen por sus características socioeconómicas, demográficas e intereses, y que son los más probables clientes en potencia para los productos y servicios de un negocio.

Movimiento de efectivo El verdadero desplazamiento de efectivo en un negocio; ingreso de efectivo menos el efectivo que egresa.

Negocio de servicios Un negocio al menudeo que trata en actividades para el beneficio de otros.

Neto Lo que queda después de deducir todos los gastos del bruto.

No repetitivo Que ocurre una vez, que no se repite. Los gastos "no repetitivos" son aquellos involucrados en el arranque de un negocio, que sólo se tienen que pagar una vez y no volverán a presentarse.

Pagadero Listo para pagarse. Una de las cuentas normales que guarda un tenedor de libros es "cuentas pagaderas, o por pagar". Es una lista de las cuentas que se deben y que se deben pagar.

Préstamo   Dinero prestado que se paga con interés.

Presupuesto   Un plan que se expresa en términos financieros.

Pro Forma   Una proyección o estimado de lo que puede resultar en el futuro a causa de las acciones del presente. Una declaración financiera pro forma es una que muestra cómo resultarán las operaciones reales del negocio si se realizan ciertas suposiciones.

Recibos en efectivo   El dinero que un negocio recibe de sus clientes.

Seguro de responsabilidad civil   Protección contra riesgos por acciones por las cuales un negocio puede ser responsable.

Sociedad   Una relación legal de negocios en la que dos o más personas comparten responsabilidades, recursos, ganancias y obligaciones.

Sociedad limitada   Una sociedad legal en que se permite que algunos propietarios asuman responsabilidad solamente por el monto que han invertido.

Tarifa   Impuestos sobre la exportación y la importación.

Teneduría de libros   El proceso de registrar las transacciones comerciales en los registros de contabilidad.

Términos o condiciones de venta   Las condiciones de pago por una compra.

Toma del mando   La adquisición de una compañía por otra.

Valor acumulado   El valor monetario de una propiedad o negocio que excede los reclamos y/o embargos le han entablado otros.

Valor neto   La participación del propietario en un negocio, representado por el exceso del total del activo sobre el total de montos que se deben a acreedores externos (total del pasivo) en un momento dado. El valor neto de un individuo se determina deduciendo el monto de todas las obligaciones personales del total de todos los bienes personales.

Valores   Una acción de propiedad en una corporación; otro nombre para una acción. Otra definición sería mercadería acumulada.

Venta al por mayor   Vender para reventa.

Volumen   Monto o cantidad de negocios; el "volumen" de un negocio es el total que vende en un período de tiempo.

Indice